by Ignace J. Gelb

A STUDY OF WRITING

文字研究

[美] 伊格纳斯·格尔博_著
蒋修若_译

上海古籍出版社

译者序

《文字研究》的作者格尔博(Ignace J. Gelb),以其在亚述学和近东语言文化历史方面的研究而闻名。他在楔形文字和阿卡德文本的释读、古代阿卡德语法和词汇方面取得重要成就,曾参与亚述学词典的编纂工作,在美索不达米亚古代经济、社会历史方面也卓有建树。同时,他还在闪米特字母的研究、赫梯文字和卢维文字的考释方面作出了重要贡献。凭借其近东文字研究背景,格尔博成为以宏观视野和全新视角对世界文字体系进行全面、完整、科学研究的先驱,《文字研究》正是他进行世界文字史和普通文字学研究的代表作。直到今日,《文字研究》仍然在西方文字研究中具有不可替代的意义和价值。

20 世纪初到 50 年代,是世界文字材料前所未有丰富的年代。考古学、金石学、古文书学得到了迅速的发展,学者们不仅发现了大量未经过长期辗转传抄的文献古写本,而且获得了直接刻镌或书写在古老的材料(大到碑石、泥板,小至印章、指环)上的碑刻铭文。深埋于地下上千年之久的文字材料,以及它们所书写记录的语言,通过几代学者艰辛的努力,终于得以成功释读。释读工作在对象上从个别到系统,在时间上由近至远,逐渐展开,楔形文字、埃及文字、赫梯文字、原始比布洛斯文字、克里特线性文字等被解读成功。原来已经为人们所熟悉的希腊字母及其后裔(拉丁字母、斯拉夫字母等)、闪米特字母及其较远的支裔的较为古老的形式,也在这一时期被人们所发现。

然而，相对于材料的丰富，世界文字史和普通文字学研究的科学方法和理论则相对匮乏。相对于经历了历史比较、类型研究、共时描写、结构与功能等多种方法，已经建立起一套成熟而完整的理论的语言学，西方文字学的研究，大多数仍然停留在材料的类聚、汇总，以及对字母体系内部亲缘关系的考证，严谨的术语、科学的方法和普遍规律的探索相对不足。格尔博之前的文字学家，也大多仅仅聚焦于某一种文字体系或者某一类文字现象，如闪米特字母的北支(阿拉米、迦南)与南支的分布、迦南—腓尼基—希腊字母、阿拉米—印度、阿拉伯、希伯来字母分支在整个世界范围内的传播路线。《文字研究》之前的文字学著作，也多将重点集中在对世界文字材料的描写呈现与历史比较上，如泰勒(Taylor, 1883)的《字母：字母的起源与演变述论》(*The Alphabet: An Account of the Origin and Development of Letters*)、克劳德(Clodd, 1900)《字母的故事》(*The Story of the Alphabet*)、迪龄格(Diringer, 1948)《字母：人类历史的钥匙》(*The Alphabet: A Key to the History of Mankind*)等。

格尔博在《文字研究》一书中开宗明义，指出“本研究旨在为建立新型的文字科学奠定基础，我们或许可以将其称为‘文字学’”。以往文字史的研究，他认为“主要从‘描述—历史’的视角对个别文字系统进行研究”，而《文字研究》最终目标却在于“从‘比较—类型’的视角建构世界文字使用和变化的普遍规则”。“对一门学科仅仅采取历史描写这种简单的方法是无法使其成为一门真正的科学的。构建一门科学的理论背景，最重要的不是从认识论的角度提出：‘什么’‘何时’‘何地’的问题，而是关注‘怎样’，最终‘为什么’的问题。除去一些个体文字体系研究中的例外，目前，在普通文字学领域内，‘怎样’和‘为什么’的问题几乎从未被提出和回答。”

《文字研究》可分为五个部分。第一章“文字作为一种符号系统”，探讨在各种符号系统中文字的价值、作用与特征。接下来的四章，对不同地域、时期、民族所使用的各种类型的文字进行了描写与呈现，并在此基础上进行了分类与比较；第六章承前五章，从文字的事实出发，试图重现世界文字从最初的原始文字发展为成熟的音素文字所经历的演变过程。至此，作者始终着眼于文字本身，探寻不同文字现象的共性与差异，阐释文字发生流变的规律和动因。后四章则用来处理与文字相关的外部要素：例如，文字的未来，文字同语言、艺术和宗教的关系等。最后两章分别为术语表与全面的参考文献。

本书的一大贡献在于，明确了“文字学”的本质，明确其研究对象、范围和主要目标。格尔博在《文字研究》创新使用了“文字学(grammatology)”这一术语，他认为“文字学”不同于以往的金石学(epigraphy)、古文书学(paleography)、语文学(philology)，“事实上，金石学和古文书学都不能称之为具有普遍性和科学性的学科。这两个领域都没有从一种普遍的、理论的视角对文字进行研究”。“文字学”建立的意义，在于从普遍的和理论的视角对文字进行研究。这一研究应该具有材料上的全面性和完整性，因此必须能够“关注世界上所有的文字，甚至那些我们所不甚了解的文字”；应该具有时间上的延续性，因此需要探索世界文字的演变规律。格尔博认为，普通文字学研究必须具有“普通”的广度和深度，不应局限于有限的时代和地域范围之内。他参考英译自德文的《文字学：古代与现代语言字母参考手册》(*Grammatography: A Manual of Reference to the Alphabets of Ancient and Modern Languages*, 1861)，部分借用 grammatography 一词。但考虑到 gramma(to)的语源就是文字字符，graphy 也有“书写”“文字”之义，二者有所重复，故改造为 grammatology，并给予严格界定，指出 grammatology 是科学研究文字系统和具体文字的学科(the scientific study of writing systems or scripts)。还在书中说明，这一术语的创制是为了与以往的 graphology

（笔迹学）与 philography（文献笔迹学）相区别。格尔博重视文字学术语的选词、定名和定义。在正文和术语表中对一些以往定义不清、使用混乱的术语进行了甄别和说明，如“图画文字”（pictography）“表意文字”（ideography）等。科学的术语定名、定义为建立成熟的文字学奠定了基础。

要使文字学的研究不再停留在材料汇聚的阶段，而是进一步上升到科学和理论的高度，就必须引入科学的方法。对于这一问题，格尔博在《文字研究》第一章将要结尾处明确指出：“现存所有的文字研究最大的缺憾是缺乏系统的类型学观念。”相比于同时代的文字学著作，格尔博的《文字研究》，在一定程度上，将类型学、结构主义、系统论、语言层级等方法和理念贯彻始终，既没有过多关注文字符号外在形式上的相似和差异，也没有重点强调文字的发生学和地缘学分类。这些对文字类型的探讨，以今天的眼光来看，或许存在不尽确切和不合事实之处，但并不能以此抹杀格尔博在构建文字学方法和理论框架方面的努力和成就。

在探索世界文字类型的基础上，格尔博最终将视角转向了世界文字发展的普遍原则和一般规律。这就是《文字研究》中的“单向发展”原则（unidirectional development）。格尔博指出：“在文字发展的进程中，单向发展的原则意味着，不论文字最初的原始形式为何，在到达最终发展结果的过程中，除了从词—音节文字→音节文字→字母文字的发展顺序之外，没有其他的顺序存在。因此，没有任何一种文字是从音节文字或字母文字开始的（借源文字除外，因为借源文字直接或间接地使用了其他一种文字体系的因素，而这种文字体系已经经历之前的发展阶段）；但是某一种文字体系可能自然地停滞在某一发展阶段，不再继续向前发展。因此，世界上存在着一些文字体系，仍然停留在词—音节或音节文字的发展阶段。”

单向发展说原则的提出，首先证实了不同文字类型的产生时间有先后之分：从总的历史方面来看，音节文字出现的时间晚于表词文字……字母—音素文字产生的时间晚于音节文字。这是由社会的需求、语言的特点以及人类思维能力与认知心理共同决定的。其次，说明不同文字类型之间可能存在着某种联系："一种新的文字类型中所产生的新特征，总能在之前的某些相关文字类型中找到某些依据，这是文字发展规律中的重要部分。"因此，将文字的发展规律简单归纳为文字类型的单向发展，实际上是早期文字学研究努力寻求发生学同类型学之间的契合点的表现。当然，随着对世界文字认识的不断深入，我们也逐渐意识到，单向发展的实质，是将自然生物进化论泛化到语言文字，将文字的不同类型视作文字不同的发展阶段，并最终受到"西方中心论"影响的结果，这是格尔博和《文字研究》在时代和观念上的局限。事实上，文字类型的变化并不是发展规律的唯一内容，也并没有一种必然的规律能够决定一种文字类型必将自然地演变成另一种文字类型。

相对于"单向发展说"对文字表层规律的归纳和推衍，格尔博在《文字研究》中对文字符号数量、记录语言的方式等问题的探索更具价值。格尔博提出文字作为一种符号系统，同语言的情况类似，具有内部整合与平衡的能力，而这种能力又是同人们的生理机制、认知能力以及心理等因素密切相关的。首先，由于人们的记忆能力是有限的，因此总是试图通过最少数量的符号尽可能清晰地实现表达的有效性，这就是"经济原则"(principle of economy)或"归并原则"(principle of convergence)。经济原则体现在文字发展的各个重要关键节点："表音化"(在记录一个较难直接使用图形符号来表达的词时，借助另一个读音相同或相似而意义无关的符号)、"音节化"(词符数量不断减少，有限的音节符号足以表达)、"元音化"(将辅音和元音从音节中离析开来)，最终促使人们能够使用有限的符号系统记录无限的语言。同时，为了满足表达与交际的需求，又要求每一个文字符号尽可能准确对应语言中的某一单位，同其他符号加以区分。因此，为了区分语言中的同音异义词，人们需要借助不同的书写形式进行分化，这就是“分化原则”（principle of divergence）。经济和分化原则共同作用，既促进了文字的发展演变，同时又能在某一时期处于相对平衡稳定的状态。

最后，虽然《文字研究》的重点在于理论规律的探索，不过从内容上看，书中对世界文字材料整理、描述和归纳，对文字发生和起源过程的探讨，在文字传播扩散过程中符号的借用、衍生、变化等方面的阐释也丝毫不逊色。对文字材料的呈现和说明，不仅涉及大量美洲印第安人的原始图画和记号，埃及和西闪文字的性质的探讨，同时也涉及近东各种文字符号名称及音值的诸多问题。这些贡献，来源于作者在亚述学、闪米特语、埃及圣书字、赫梯文字考释等多方面的杰出才能。

这本著作既可以作为语言文字学家的专业研究书籍，也适合作为世界文字的科普和介绍性读物。

承蒙上海古籍出版社引进外文名著之幸，让本人从求学时期翻译评述的著作得以出版。由于时间和学力所限，译著中有些人名、地名、专业术语虽经反复斟酌和查证，仍然可能存在争议，在此一并致歉，并诚恳地希望得到指正。

蒋修若

2024 年 7 月

目　录

前　言

该书由十二章组成，分为五个部分。第一章，探讨文字在人类各种交际的符号系统中的地位。接下来的四章，对世界不同类型的文字进行描述与比较。第六章概括世界文字从早期的“图画文字”到完整的音素（字母）文字的演变过程。其后四章主要讨论与文字相关的普遍性问题：文字的未来，文字同语言、艺术和宗教的关系等。最后两章，前一章首次尝试整理出完整的文字学术语系统；后一章提供详细的参考文献。

本研究旨在为建立新型的文字科学奠定基础，我们或许可以将其称为“文字学”。以往文字史的研究，主要从“描述—历史”的视角对个别文字系统进行研究；本书则尝试从“比较—类型”的视角建构世界文字使用和变化的普遍规则。本研究的重要性在于，在上述普遍性原则的基础上，首次系统性地呈现世界文字的历史和演变。这种重建的新观点包括：用“词—音节文字”代替了所谓的“表词文字”；将传统的“闪米特字母”归于音节文字；将通常认为是文字范畴的“玛雅文字”和“阿兹特克文字”归于文字之前的记事符号；认为神秘的“复活节岛碑文”并非文字，而是某种用于巫术的符号。

由此，我们可以清楚地认识到，本书的立足点不是对世界文字历史进行综合全面的考察，而是对那些文字类型上具有代表性或对理解文字发展有着关键作用的文字进行重点考察。如果读者想在本书中看到对拉丁字母从古代历中世纪到现代的发展进程的讨论，恐怕他将一无所获，因为这一文字体系并不能体现任何与文字理论相关的新的有价值的东西。一般说来，我们今天的书写方式与古罗马人是一致的，而古拉丁文的字母都借自希腊字母，所以从原则上来说，古拉丁文的书写方式与希腊文是一致的。

对于某些学者而言，本书所做的大部分理论重建似乎是异端邪说，尤其是对于那些在狭窄的专业领域内继承传统的语文学家而言，要他们接受以全面的文字学的眼光演绎出的结论是十分困难的。这种态度的典型代表，就是我的一位同事，他请求我不要透露他的姓名。在关于中国文字的研究方面，我得到了他的许多帮助。我带着某种笃定将这位学者的回避态度归结为不愿与“异端”为伍，因此我期待有朝一日当他领悟真谛时会来致歉。

本书的研究主要以文字的内部结构作为依据得出结论；而根据外部形式依据得出的结论处于次要地位。因此，在将来与此类似性质的研究中，着眼于文字类型学和文字演变的细致探讨，还有很大的发展空间。在今后的研究中，文字的材料、数量、符号排列顺序、符号名称、附加符号（如超音质特征、节律特征、分词符）等领域，或许将会受到更多的重视。

本书的研究历时二十余年。纵观全书，“文字与文化”一章是由在大学期间提交的论文修改而成；而“文字的未来”一章则是两年前刚刚写就的。全书的主体部分是在二战后的数年内于美国完成的。长期的酝酿和修饰，近年来繁重的学术和行政事务，种种原因，或许能够对于最终的成果在风格和形式上的不统一作出解释。正因为后一个原因，我一直无法全面地利用最近两三年的科学成果。对于那些我未给予足够重视的文字学著作，我在这里要特别指出的有：詹姆斯·费里叶（James G. Février）《文字的历史》（巴黎，1948），德里弗（G.R. Driver）《从图符到字母的闪米特文字》（伦敦，1948）。

为了避免引起某些语言学家的误解，这里必须指出，该书中的“音节符号”是用来指称这样一种文字的单位，这种符号必须包含一个元音(可以仅有元音,也可以在前后加上辅音),可以包含也可以不包含超音质符号(如重音、声调、音长等)。因此,在文字学领域内对音节的定义同语言学的定义不同,语言学通常用"音节"代表一种语音单位,这种单位以韵律等超音质特征作为首要特征,可以包含元音,也可以不包含。

在进行如此广泛的研究工作中最为棘手的问题便是转写(transliteration)与译音(transcription)。在努力达成一致的过程中,没有人能比我更为清楚地意识到,我无法真正避免一定程度的不一致性。尤其遗憾的是,在我看来,**i**、**j**、**y** 的使用,在不同语言和文字的约定俗成中,呈现出了至今尚未能圆满解决的问题。

该书的最终出版要感谢许多国内外的同事、友人。我在罗马大学的老师,目前是宾夕法尼亚大学教授乔治·维达(Giorgio Levi Della Vida),普林斯顿大学教授朱利亚诺·邦凡特(Giuliano Bonfante),哥伦比亚大学教授约翰·洛茨(John Lotz),印第安纳大学的托马斯·塞贝克(Thomas Sebeok)教授,芝加哥大学的拉尔夫·马库斯(Ralph Marcus)、理查德·哈洛克(Richard T. Hallock)博士,尔娜·哈洛克(Erna S. Hallock)夫人,我以前的学生拜伦·科利马(Byron E. Farwell),他们仔细阅读了全书手稿,并提出了建设性意见。芝加哥大学的托基尔·雅各布森(Thorkild Jacobsen)教授,原来在芝加哥大学现在移居伦敦的亨利·法兰克福(Henri Frankfort)教授以及夫人,阅读了该书的第一章和第四章。研究过程中,关于苏美尔文字的问题,我从雅各布森教授那里获得了许多帮助,在涉及埃及文字的研究中,我从芝加哥大学的威廉·伊格尔顿(William F. Edgerton)教授、基思·西尔(Keith C. Seele)教授以及约翰·威尔森(John A. Wilson)教授那里受益匪浅;在涉及中文与汉字的研究中,陈梦家教授和邓嗣禹教授在芝加哥大学期间给予了诸多帮助。芝加哥大学的约根·雷索(Jorgen Laessoe)先生如此耐心细致地帮我绘制了许多图画。再一次,我向这些学者和友人致以最诚挚的感谢和敬意。

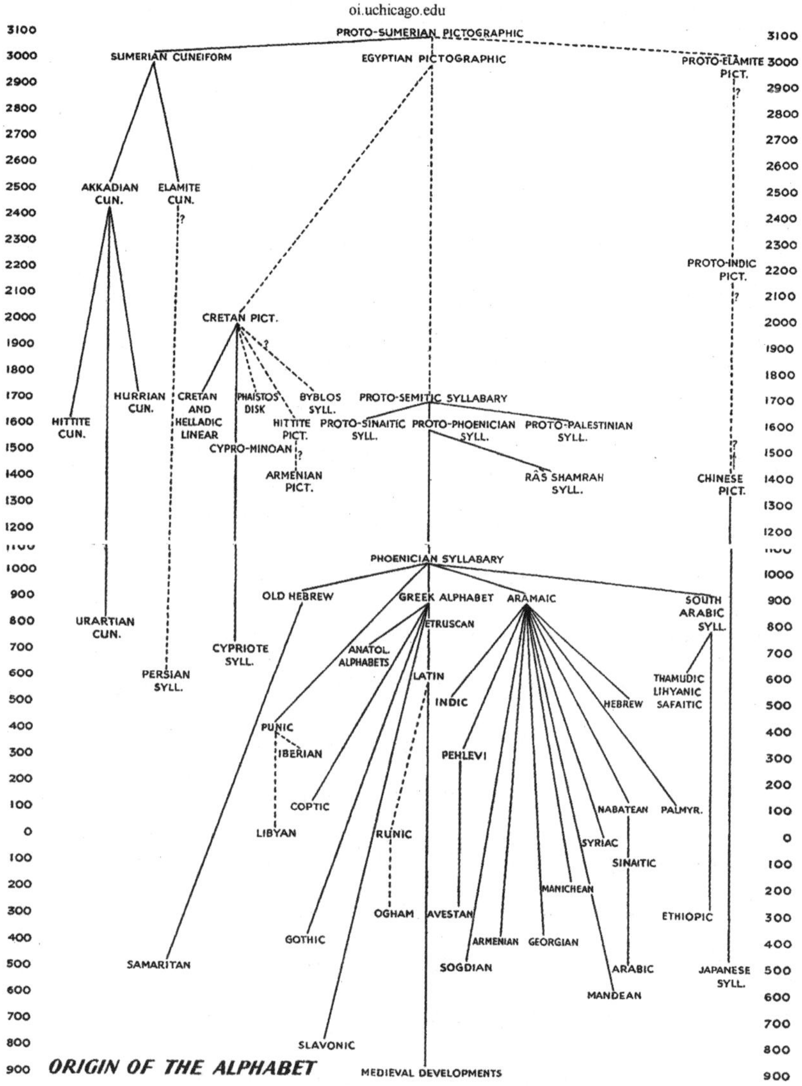

字母的起源

伊利诺伊州,芝加哥市

1951年6月

再版前言

目前的《文字研究》之所以再版发行，是为了更新旧版。不论在美国还是英国，旧版已经在图书市场上完全消失，一书难求。为了不改变旧版的格式，我们在不改变原书篇幅和页码的前提下，于这一版中对正文做出了少量简短的修改，将比较大的修改纠正以及增补都放在了书后的注释中。由于这一版作出的大量增补修缮，书后的注释、参考文献和索引进行了完全的重置，页码也改变了。除图 50、51 和 69 被更为完整的描述替代，新版收录的图片和旧版基本没有改变。

伊利诺伊州，芝加哥市

1962 年 11 月

第一章

文字作为一种符号系统

交流思想的方式

人类行为最为重要的两大外部特征是:表达与交流。我们称前者为个人行为,后者为社会行为。人类有许多种或自然或人工的表达思想和感情的方式。人们能够通过一种自然的方式进行表达,如用笑或哼唱来表达欢乐,用流泪或低吟来表达悲伤。人们也可以借助人工的手段来表达思想和情感,如一首诗,一幅画,或者其他的艺术品。人们通常试图使用约定俗成的,能被广泛理解和接受的方式来进行情感、思想和观念的交流。表达与交流之间存在着何种关系?是否存在着纯粹的交流行为或纯粹的表达行为?是否所有的作为社会化生物的人,只有在通过交流表达自己的情况下才能发现或认识自己?(正如亚里士多德的狮身人面像所显示的那样)换言之,是否所有在人类交流过程中伟大的艺术作品或文学形式都无法通过个人的表达得以实现?个人认为,在所有的人类行为中,表达与交流的目的联系甚为紧密,以至于通常当我们说起其一,就会自然而然地与此同时想到另一个。

为了交流思想和情感,必须存在有一种一方用来表达,另一方可以理解的约定俗成的符号系统。在通常条件下,交流要求两个(或以上)的人同时出现,其中一人发出交流的信息,另一人则接收信息。

交流的过程由两部分组成,发出与接收。由于发出信息的方式多种多样，很难对其进行系统的分类。我们的研究选择从接收的角度开始进行。接收的实现通常通过某种感官，其中视觉、听觉与触觉发挥着最为重要的作用。理论上来说，其他的感觉，如嗅觉与味觉，也应当被纳入考虑的范围之中。但是在事实上，它们只发挥非常有限的作用，无法形成成熟的符号体系。[1]

视觉的交流通常通过手势与模仿完成。[2]二者通常都是伴随着口语进行的，不同的个人以及社会阶层、民间组织对其使用的程度不同。有些人，为了达到言语表达的效果或者通过自然的刺激，会比其他人更为频繁地使用手势及模仿。在我们的社会里，“说话时指手画脚”是不好的习惯，但是众所周知，在南欧的某些国家和地区（如意大利）会比其他国家和地区，如斯堪的纳维亚半岛或英国，更大程度地使用手势及模仿。手势与语言的结合，不论何时，不论何地，在宗教仪式中都发挥着重要的作用。在某些地区，自然或社会条件对语言使用的限制可能带来以手势和模仿为基础的交流方式的发展，如缺乏自然语言能力的盲人中所使用的手语。这里我们可以以特利普派的僧侣为例，由于曾经立誓保持沉默，他们被迫创立了一种代替语言的手语体系。澳大利亚原住民中的寡妇在哀悼期间不被允许说话，所以她们在这种场合下经常使用手语。[3]彼此言语不通的印第安部落为了满足日益增长的交流需求，引进平原印第安人间使用的手语。

通过眼睛进行的视觉交流方式（除手势语之外），还应该包括通过火、烟、光以及旗语等手段实现的视觉符号。

最为简单的一种通过听觉符号进行交流的形式，就是用于呼唤他人的口哨声，此外，剧院里观众发生的嘘声或鼓掌声也是简单的交流方式，有时，一些人工手段，如鼓声、汽笛声、喇叭声也都被作为听觉符号来使用。[4]

最重要的听觉交流系统当然是直接传递到人耳进行交流的语

言。语言是无处不在的，在人类的知识所及的范围中，从来没有任何一个部族的人，不拥有成熟的语言。

用触觉交流情感的简单方式，包括握手、拍背以及爱抚。用触觉进行交流的最为完善发展的体系要算在盲人以及聋哑人群体中使用的盲文，最著名的盲文是由美国作家、教育家海伦凯勒发明的。[5]

以上提及的交流方式具有两个相同的特征：1.它们都具有瞬时性，因此受到时间的限制，语词和手势稍纵即逝，除非被复制，否则无法再修正。2.这些交流方式只能在邻近的人之间使用，受到空间地域的限制。

因此，人们需要寻找一种能够传达思想和情感的新方法，这种方式不受时间和空间的限制。这种需求引发了以下两种交流方式：1.实物，2.实物上的记号。

以实物为载体的视觉交流手段是非常有限的。当一个人在陵墓前堆着一堆石头或者建造一座石碑时，他希望表达他对逝者的情感，在以后的日子里永久地留存记忆。后来，人们常用十字架象征信念，以锚象征希望，这是更加现代的视觉符号。现代社会保留的视觉符号还包括数珠，其中的每颗小珠，根据其位置及大小，唤起某个特定的祷告者的回忆。我们还会想到所谓的"鲜花宝石语言"，其中每一种鲜花宝石都用以传达某种特定的感情。

通过实物来计数的记忆符号系统遍布在世界各地。最简单最常用的是"数字棒"，用以计算牛的数量，人们在牧牛人的监管下，在简单的木棒上切出刻痕，对应牛的数量。另一种简单的计数法便是使用麻袋中的小卵石。在秘鲁印加地区，人们发现了一种较为复杂的助记系统，即所谓的"结绳文字"（quipu writing）。在这种系统中，人们用不同长度和颜色的绳和绳结来记录人或物的数量。但是，关于结绳文字能够记录年份以及历史事件的所有报告，都仅仅是传说而已。不论是南美洲的秘鲁或是日本附近的琉球群岛上的现代结绳文字(knot writing),除了最为简单的统计性质的计数功能外,都不再作他用。[6]

这里,我们还要提到北美印第安人的贝壳串珠(wampums),它们用细线串在一起,作为货币、首饰,也作为交际的手段。在这种使用贝壳串珠的交流过程中,最简单的形式,就是按照北美印第安人约定俗成赋予颜色的不同含义,用不同颜色的串珠传递不同的信息,如:白色的串珠代表和平,紫色象征战争,等等。[7]形式更为复杂的贝壳珠串,则能够完整地记录数据和画面,我们或许可以将其纳入第二章探讨的“描绘—象征”阶段。

非洲埃维(Ewe)地区的族群中,常常使用实物作为辅助工具来记忆谚语和歌谣,与通过书写符号获得记忆在形式上是很相似的。卡尔曼霍夫(Carl Meinhof)讲述了这样一件事:[8]一位传教士在当地的土著人居住的棚舍中发现了一条系着众多羽毛、石头等物体的细绳。为了解答对于这串绑有诸多物体的细绳所代表的意义的疑问,这位传教士被告知,每一物件都被用来表示某一句谚语。玛丽·金斯利讲述了西非洲的另一种风俗,[9]那儿的土著歌手,总是随身携带着一张网,里面有各种物品,比如管子、羽毛、毛皮、鸟头、骨头等。每一种物件都用来提示某一首特定的歌。这些歌通过手势的提示被背诵出来。在观众席上的人们选择这张网中的某种物件,在歌者歌唱前,他们商量付给他的价钱。在某种程度上,歌者所携带的网可以看作是他演唱的曲库。

小贝壳也常常作为交际手段。约鲁巴的当地人群中,[10]用一个贝壳表示“蔑视和失败”,两个放置在一起的贝壳表示“关系和约定”,两个分开放置的贝壳则表示“分离和仇恨”,等等。令人惊讶的是,我们在其中发现了“表音原则”(phonetic principle)的证据。如:六个贝壳表示“吸引”,因为在约鲁巴语中,“efa”一词既表示“六个”也表示“吸引”。那么,如果一个年轻的男子送给一个女孩六个串成一线的贝壳，就是在传达着如下信息："我被你所吸引，我爱你。"在约鲁巴语中，"eyo"既表示"八个"，也表示"同意"。如果这个女孩回馈这个男孩八个贝壳，就表示："同意，我也同样爱你。"

匈牙利作家约考伊(Jokai)创作的故事中，[11]也包含了使用实物作为交流工具的现代例证。在故事中，一个人将一包咖啡送给另一个人，警告他小心来自警方的危险。这个故事也只能通过"表音原则"才能够得到解释：在匈牙利语中，"咖啡(kafe)"一词的读音同拉丁语中"当心(cave)"一词的读音相近。

同样在约鲁巴地区，从比较的视角可以看到更有趣的事。人们使用小贝壳传递信息。达荷美的一位国王攻占了约鲁巴的一座城市，当地的一位居民被捕，他急于通知妻子自己的处境，便寄给她石头、煤、辣椒、玉米以及破衣服，用以传达着这样的信息："石头"表示"健康"，表示"我的身体像石头一样坚硬强壮"；"煤"表示"灰暗阴郁"，传达的意思是"煤是黑色的，所以我的未来一片黑暗"；"辣椒"表示"热"，传达的意思是"辣椒是火热的，正如我的心在燃烧，因为黑暗的不可预知的未来而燃烧"；"玉米"象征"瘦弱"，传达的意思是"玉米总是被烘烤变干，由于痛苦和折磨，我的身体也会逐渐虚弱"；最后，"破衣"象征着"破碎"，传达的意思是"我的衣服都穿破了，并且被撕成碎片"。[12]与这个例子十分相似的，是希罗多德在"第四本书"中所记录的：斯基泰国王派遣一位传令官，给大流士带去了礼物，礼物是一只鸟，一只老鼠，一只青蛙和五支箭。波斯人向使者询问，这些礼物所代表的含义，但是使者说，国王交给他那些礼物时，并没有交代任何事情，随后这位使者便火速离开了，临行前对波斯人说，如果他们足够聪明睿智，那么就自己发现这些礼物的含义吧。波斯人进行讨论，大流士的判断是：这些礼物表示，斯基泰人对他们投降，他们的陆地和水域都交付波斯人……因为，老鼠是陆地上的生物，它们吃着和人类一样的食物；青蛙是水中的生物；鸟更像马；

箭则表示斯基泰人放弃他们在战争中的武器。与大流士所解释的含义完全相反,杀死高墨塔的七人之一,戈布利亚斯,对这些礼物的含义作出了如下解释:“波斯人,除非你们变成鸟飞上天空,或是变成老鼠躲入地下,或是变成青蛙跳入湖中,否则,你们将被这些箭射死,永远不能返回家园。”现代的文化历史学家们,大概不能同意我将古代部族和现代社会的原始部落的相似现象进行类比,并进行重新描述。他们不能仔细领略存在于古代和现代的平行例证的重要性。

与上面两个故事相似,是人们对于土耳其一位年轻女孩送给她所爱的人的一封“短信”的描写。[13]这封情书其实就是一个小包裹,里面装着不同的东西,用来表达不同的信息:一块压缩的茶砖,意思是“我再也不能喝茶了”;一根稻草,“因为爱你,我变得苍白憔悴”;一颗红色的果子,“当我想起你的时候,我就变得像果子一样通红。”一颗干杏,“我变得像干杏一样枯萎”;一块木炭,“我的心因为爱而燃烧着”;一朵鲜花,“你是如此英俊”;一块糖果,“你是如此甜美”;一块卵石,“你的心是石头做的吗?”;一片鹰的羽毛,“如果我有一对翅膀,我就会飞到你的身边”;最后是一颗胡桃的果仁,意思是“我将自己送给你”。

上述的这些用来交流的方法,在德语中有时被称为“Sachschrift”或是“Gegenstandschrift”,[14]意思是“实物文字”(object writing)。但是这个名称是完全不合理的,因为它们与我们通常所理解的文字没有任何关系。用实物传递信息的实用性很低,这种方式不能发展成为成熟的交际系统;这种交流手段仅限于狭小的地域范围。

所谓文字,不是通过实物本身进行表达的,而是通过实物或是其他物质上的标记表达的。书写符号,通常是通过人类手部的移动实现的,比如描(drawing)、画(painting)、划(scratching)、刻(incising)等。关于这一点,在不同语言“书写”一词的含义和词源中得到反映。英语中“书写”一词(to write)以及现代德语中“雕刻”

(reissen)对应古斯堪的纳维亚语中的“rīta”(在卢尼文中意义为“切割”)。希腊语用“γράφειν”,英语用“graphic、phonography”等,以及德语用 kerben(本义为“刻”)表示“书写”是同样的例子。拉丁语“scribere”,德语“schreiben”,英语中的“scribe、inscribe”等,最初的意思都是“刻”,希腊语“σκαριφᾶσθαι”义为“刻,划”也是类似的情形。哥特语表示“写”的词“mēljan”,就如现代德语中的“malen”一样,最初意义是“绘画”。最后,斯拉夫语表示“书写”的“pisati”一词,和与之相关的拉丁语中的“pingere”一词,原义也是“绘画”,这些词与现在的英语词汇“paint(绘画)、pitcture(图画)、pictography(图画文字)”也是一脉相承的。[15]在闪米特语族中,相似的发展情况也可以见到。表示“书写”的词根“šṭr”,最初意为“切割”。因此,我们可以推断,这个词根大概来源于阿拉伯语中表示“大刀”的词“sāṭūr”,表示“屠宰”的词“sāṭir”。同样表示“书写”的词根“ktb”,本义是“刻”。与此相似,在叙利亚语中的“makt^{e}bā”本义为“尖锥”;在南闪米特语族中,词根“shf”不仅表示“写”,同样也表示“挖掘”“凿洞”之义。

以上的描述为我们提供了文字产生的机制和背景,也揭示出早期图画同文字的密切关系。这是必然的,因为图画是实现视觉符号交流最为自然的方式。对于原始部族的人们来说,图画在一定程度上就如现代社会的文字一样,满足人们交流的需求。随着时间的推移,这种图画逐渐向两个不同的方向发展:1.艺术性图画,这种图画以一种独立于语言之外的形式,继续精确地描绘实物以及事件;2.文字,原来的图画逐渐成为一种符号,它们可以保留原始的图画形式也可以不保留,它们最终成为表达语言的辅助性符号。

通过触觉得以实现的交流,如布莱尔盲文;以及通过听觉实现的交流,如录音,这些都是在视觉符号系统基础上产生发展的辅助性方式。

图 1 展现了人们使用的各种不同的交流方式。

图 1　各种交流思想的方式

	瞬时性交流	长久性交流
通过视觉器官接收的方式	手势、模仿，外表，眼神交流，唇语，拟态舞蹈动作，使用火、烟、光以及旗语等手段发出的信号	(a) 实物：十字架、锚，念珠，“鲜花宝石语言”，数字棒，卵石，结绳记事，小贝壳 (b) 实物上的记号：图画、雕刻、文字
通过听觉器官接收的方式	哨声，歌唱或哼唱声，鼓掌声或嘶嘶声，语言，通过鼓声、哨声或号声传递的信号	留声机录音，话筒
通过触觉器官接受的方式	握手，拍背，爱抚，盲人和聋哑人的手语	通过手指接触刻写的文字进行阅读，布莱尔盲文

探讨人类进行交流的各种方式之时，我们应该仔细区分基本信息交流系统和辅助信息交流系统。通过以下的例子，我们能够很好地对二者的区别作出诠释。一位父亲通过哨声呼唤他的儿子去某地，他并未借助任何语言形式。他的思想或情感是直接即时地通过哨声进行传递的。这就是信息交流的原始形式。但是，如果这位父亲用哨声吹出了莫尔斯电码中的字母，表达了“s-o-n”这三个字母，他就是在通过语言中介进行交流。也就是说，借助语言形式作为中介，他才能表达让儿子去往某地的愿望。这种手段，我们就称之为辅助信息交流系统。

辅助性的信息交流系统是无穷无尽的。比如口语中的词“son”，是一个基本的语言符号，书写的词“son”是一个用来表达语言符号的书写符号。如果书写符号“s-o-n”又用闪光灯信号表达出来，那么闪光灯信号便是符号的符号。以此类推。

人类通过符号形成各种约定俗成的交流手段，但是目前英语中尚无足够确切的词表达。法国语言学家将之统称为“le langage”，将通过听觉器官感知的语言称作“langage parlé; langage articulé”，简称为“la langue”。美国西南部北欧裔英语系美国人用“speech”指通过听觉器官进行感知的语言，用“language”指称一切符号系统。[16] 符号学创造了一些术语。其中查尔斯·莫里斯使用"semiotic"这一术语,大概是最为确切的。[17]

是什么构成了人类一切交流的基础?当我们说交流思想、感情的时候表达的真正的意义是什么?以日常生活中三个具体的例子来说,演讲人做出一个手势要求安静,起床号吹响,街道上停车信号出现,传递的究竟是什么信息?对于行为主义学派的语言学家而言,答案简单清晰:交流的工具就是语言。在他们看来,语言是人类进行交流的唯一媒介,语言之外其他交流方式都是语言的辅助性替代品。[18]人类进行思考也只是一种"无声的语言",他们相信这种过程总是伴随着"声音器官无声地移动","是言语活动事实上已经发生,只是没有被他人接收而已"。但是,这种观点事实上是同行为主义学派语言学家的基本信条相背离的。[19]当然,无声的语言在各种形式的思考,特别是在凝神思考中发挥着十分重要的作用。举例来说,一个人冥想中想对另一个人说"出去"时,常常伴随着可被感知的嘴唇的移动,有时甚至声带也会明显地振动。另一方面,日常生活的经验、心理学实验都证明,我们也可以不借助无声词流进行思考,[20]也就是说,脑海中没有与事物相对应的词语形成,我们同样可以理解事物的意义。[21]至少那些天生的聋哑人就具备非有声语言彼此交流的能力,他们凝神思考时,或多或少可以看出手部和脸部的动作,这种反应是辅助性的。同样,具有正常语言能力的人在进行"无声言语"时,嘴唇发出的动作也是辅助性的。在日常生活中,不借助语言媒介而进行的交流也比比皆是。早上听见了起床的闹钟,立刻从床上一跃而起;高速公路上看见停车标志时,即刻做出反应。在这些过程中,都没有介入任何语言形式。闹铃的响声和交通信号灯给出的信号都直接进入了人们的脑海之中。

在交流的过程中,信息的发送和接收常常存在着巨大的差异。人们缓慢书写时,或许常常伴随着半发声(sub-vocal)的过程,这种过程很难被那些默读的人察觉。这是因为通常人们默读的速度是朗读速度的两到三倍。许多人都可以不借助口语音响而单纯凭借视觉进行阅读,这是已经得到确证的事实。

我们知道,几乎所有符号系统都可以被转化为语言形式的符号,因为在所有符号系统中,语言系统发展得最成熟,最完善。[22]但是在此基础上进一步推断,语言是任何交流方式的必要条件,就是谬误了。正如我们不能因为世界上的东西都可以被转换成钱,就说世界上的一切都等同于钱。

美国语言学家中较为保守和传统的学者赞成不借助语言符号(speech sign)的视觉图像和视觉概念存在的观点。但是他们同时认为,对语言学家而言,这样的无实体的"词"是毫无意义的,正如当时颇为流行的法国谚语"人们只有借助语言才能够完成思想的交流"。[23]语言学最为关注的始终是语词,不只是语词所代表的现实。[24]他们的错误在于想当然地认为语言和文字是同一的,认为语言学家只处理语言符号,文字史专家只能大量使用语言符号,将不借助语词的视觉图像或概念全部丢弃。事实上,广义上的文字并非在所有阶段都与语言具有同一性符号,文字学的学生也并非必须是一位语言学家。文字的初级阶段只是视觉符号,就像手势语一样,可以不借助语言的外衣传达意义。因此,或许非语言学家能够对此进行有价值的研究。只有当文字发展为完善的表音系统之后,文字能够再现语音要素,才能说文字和语言具有一致性,碑铭学或古文书学才成为语言学的分支学科。

这里,我们必须强调,表意(semasiogrphic)阶段的文字(表达意义和思想同语言之间只有松散的联系)和进入表音(phonographic)阶段的文字之间(表达语言)的明显差异。之所以强调这一点,是因为人们对于文字定义始终存在着争议。普通语言学家将文字定义为通过视觉符号记录语言的符号系统,[25]认为文字符号和语言单位保持着严格精密的点对点的对应关系。[26]他们显然对于文字的历史发展缺乏了解，因此没有注意到，这样一个定义并不适用于文字只能松散表达口头语言的早期文字。另一方面，那些认为进入表音阶段后的文字，仍然是同时记录观念和声音的文字学家们，[27]也没能充分理解以下事实：一旦人们发现了用书写符号精确记录语言的方法，文字便失去了其最初的独立性，成为口语的书写替代物。

文字的定义

当任何人被问及文字的定义时，大概都会给出如下的答案吧："怎么，这是世界上最容易不过的事了。每个孩子都知道文字是我们生活的基础，学会 abc 是我们学习一切知识的基础。"但是，其实问题并不这么简单。

当人们懂得用视觉符号来进行思想和情感的交流时，文字就产生了。这种视觉符号不仅为发出者所掌握，同时也为一切参与到这个系统中的所有人们所理解。最初，图画成为一种表达人类思想的视觉手段，它在很大程度上是独立于有声语言的。在文字的早期阶段，文字同语言的关系是十分松散的，文字符号同语言形式之间并不存在严格精确的对应关系。一条特定的信息只有一种含义，接收者也只能以一种方式理解；但是这条信息却可以用不同的语词，甚至是不同的语言读出。

在稍晚的阶段，由于"表音化"（phonetization）的系统应用，促使人们通过一种与语言顺序精确对应的形式来表达思想。从那时起，文字逐渐失去独立表达思想和观念这一特征，而成为语言的工具，通过这一工具，人们得以将语言以一种精确的形式永久地保存下来。

纵观人类的发明史，我们总会发现其中最为重要的，发挥着决定性作用的关键一步，正是这关键的一步促进了以后更为伟大的进步。在谈到科学发明的时候，我在其他的场合也时常举这个例子：虽然事实上，瓦特没有“发明”蒸汽机，但是在蒸汽机的发明过程中他发挥了决定性作用：因为是他最先认识到蒸汽可以作为一种动力加以应用。（参见后文）在探讨文字发展史时，我们也必须持相似的态度进行观察。文字发展过程发挥决定作用的一步就是文字的表音化。如果我们确信，蒸汽机始于瓦特，那么我们也同样可以假定，只有当人们学会用文字表达和记录语言时，文字才真正产生。这也就意味着，正如某些语言学家所言，文字仅仅是记录口头语言的工具。在此之前，那些未能记录语言的阶段，仅仅是向着文字方向的微不足道的努力和尝试，而不能称之为真正意义上的文字（real writing）。[28]这一定义的局限性是显而易见的，它忽略了以下事实：以上两阶段的“文字”都有一个共同的目的：使用约定俗成的视觉符号完成人类彼此的交流。再者，想要跳过文字发展的早期（primitive writings）阶段视而不见，或是将其视作发展的初级阶段，是不可能的。虽然，一切早期文字在表达语言时都存在着一定的不准确性，但是，不可否认，其中的某些类型的文字，如玛雅文字和阿兹特克文字，其系统性和约定俗成性，在某些方面，甚至能够同发展完善的苏美尔或埃及文字相媲美。

那么，文字究竟是什么呢？确切地说，文字就是人类通过约定俗成的视觉符号进行交流的系统。但很显然，原始人类所理解的文字和我们所理解的不是一回事。问题的关键是，文字的基础究竟是什么，是词还是观念，这是一切人类交流方式都要面对的问题。

对于原始印欧人、闪米特人或是美洲印第安人来说，他们完全可以通过一幅或一组简单的图画来实现交流的需求，而这些图画同语言形式之间并不存在清晰的联系。人们只需要直接理解这些图画本身,而不需要将其对应于任何口语符号。这便是我们通常所谓的原始表意文字(primitive semasiography)。

对我们而言,不论是专业学者还是普通人,文字就是“书写的语言”(written language)。随意询问大街上的任何一个人,他大概都会毫不犹豫地给出以上答案。伏尔泰用诗歌的语言对文字作出了相似的定义:“文字就是声音的图画,它同声音越相似,便越完美。”布雷伯夫说:“文字便是将言语绘画出来,将言语转化为视觉符号的创造性艺术。”法国作家们在文字的定义上达成了空前一致,因为他们的观点可以在亚里士多德那里找到支持。早在公元前,亚里士多德在其著作《逻辑学》的《解释篇》中的前言部分明确说明:“口说的词是精神活动的符号,书写的词则是口语的符号。”[29]

我完全同意语言学家“高度完善发展的文字,是通过视觉手段记录语言要素的符号”这一观点。举例来说,这个句子“Mr. Theodore Foxe, age 70, died today at the Grand Xing Station.(今天,希欧多尔・福克斯先生在大十字街车站逝世,享年 70 岁)”,虽然英文同拉丁文一样,被称为字母文字,但是,很明显,这个句子并不是完全按照字母的特征来书写的。除了 e、o、d 这三个字母其单独发音,th 这两个字母发摩擦音 θ,字母 x 发为两个辅音 ks,发音为“seventy”的单词写作“70”,用图画符号 X 加上字母符号 ing 来表示“crossing”这个单词。虽然存在这些非系统性,但是,这并不影响我们认为书写的句子中的每一个符号或是符号的组合都同某种语言形式对应或一致。我们当然不会将数字 70 视作表意符号,认为它和表音符号“died”存在着明显差别。语文学家通常认为书写符号“70”可能代表着不同的内涵,如“7, 0, 70,第 70”等。符号“70”和“died”都能准确地对应口语中的“seventy”或“died”这两个词,并且两者分别表示“数字”和“死亡”的意义。符号“70”是人们通过词符的方式书写,而 died 则是通过记录音素的方式书写,这一事实很容易解释为文字中的偶然现象，并不会引起任何困惑。人们将“Mister”写作“Mr.”，将“compare”写作“cf.”，将“and”写作“&”，用某些约定俗成的特殊符号来记录某些特殊的词，这在任何语言文字事实中都是常见的。[30]

如果我们将“语言要素”(linguistic elements)这个术语理解为短语、词、音节、音素以及非音质特征，那么在以上例子中，我们只探讨了记录词、音素以及非音质特征的符号。在通常的文字体系中，短语的符号十分罕见，但它们是速记体系中不可或缺的部分。当然，音节的符号是音节文字体系的特征。[31]非音质特征，如音长、音强(重音)、音调(或音高)以及停顿，只有停顿能够通过句子中的分词符以及标点符号(如逗号)部分地表示出来。通常情况下，非音质特征很难通过文字符号精准地表达出来。例如，在“你要回家吗?”这个句子中，疑问的语气可以通过词尾的问号表示出来，但是读者需要独立判断重音应该落在哪个词上，是第一，第二，第三或是第四个？与此相反，科学的转写，总是使用某些特定的符号，比如区别符或是数字，来准确地表达非音质特性。在démos中，用é来表示重音，在 ku_3 中，用3来表示声调。完整表示音调的标记符号只出现在乐谱中。图2展现了记录不同语言要素的文字。

图2 记录不同语言要素的文字符号

	文字符号	符号系统
音素(音位)	字母或字母符号	音素文字(字母文字)
音节	音节符号	音节文字
词	词符或表词符号	词文字
短语	短语符号	短语文字
非音质特征	非音质符号或记号	非音质文字

文字从来不能看作口语的精确对应形式。一个语言单位只用一个符号表达，一个符号只能表达一个语言单位，这种完全一一对应的理想状态在现实文字体系中从未出现过。即使是字母文字，

被认为是文字发展过程的最高级阶段,符号同语音之间的不一致性也随处可见。表音文字中文字符号与语言单位的不一致性可参见图 3。同时,图 3 还试图指出文字的历史特征与功能特征的不同之处。

“完善发展的文字体系能够表达语言”并不等同于“文字只能表达口语”。一切文字,即使是发展程度最高的表音文字,其中也充满了这样一些形式,当人们将它们读出时,总是含糊不清,容易产生误解。在文字中的那些“视觉要素”(visual morphemes),也就是说,只能在文字中得到表现的形式或拼写的存在,清晰地反映出如下事实:在某些时候,文字会发挥独立于语言之外的功能,这些功能往往对语言表达起到辅助性作用。在我们所见到的众多视觉要素中,[32]我们发现这样的例子:“sea 表示大海,而 si 是一种语调,因为你很容易看见(see)。”“危险已经安全渡过(passed)”或是“危险已经完全成为过去(past)”。“How much wood would a woodchuck chuck if a woodchuck would chuck wood?”(如果土拨鼠会扔木头,那它会扔多少木头?)在“她有一双可爱的灰色眼睛”中的“灰色”(grey)和“这是灰暗、沮丧的一天”中的灰暗(gray)。还有一些分歧存在于发音相同但拼写不同的词中,如“check—cheque”“controller—comptroller”“compliment—complement”。[33]

今天,有部分书写符号没有确定的口语形式与之匹配。例如,箭头在不同的情境下会有不同的含义。在道路上出现箭头往往表示“沿着箭头的方向前进”;但是如果同样的符号出现在洞穴的入口,或许就表示“由此进入”或者“此为入口”的意义。以上例子中的这类符号同处在早期表意阶段的文字有着许多相似之处,其意义不通过言语或声音表达,而是通过符号提示。这种符号体系并不属于通常我们定义的文字体系。在表音文字的体系中,箭头这个符号会随着时间推移而发展出一两个绝对明晰的言语义,如“去(那里)”或是“跟上”。

在漫画中，也会出现这样一些符号，它们很容易为人们所理解，但是它们在语言中却没有与之明确对应的词。这种符号，韦斯顿·拉巴赫将其称为“次语言表意符号”。[34] 比如，一个气泡表示“说话”；脚印表示“走”；Zzz 的锯木声表示“打鼾、睡觉”；发出光线的灯泡表示“主意，办法”；]％！＊’/＝♯表示“无法以言语表达”。

图 3 表音文字中语音文字的不一致性

音素符号	表示单个音素	i 表示“dim”中的 i，表示“dime”中的 ay，表示“dirt”中的 ə c 表示“Caesar”中的 s，表示“cat”中的 k x 表示“fox”中的 ks，表示“exam”中的 gz，表示“Xavier”中的 z th 表示“thin”中的 θ，表示“them”中的 ð，表示“Thomas”中的 t
	表示音节	l 表示“elm”的方言发音 eləm 中的 lə b 表示在画谜式文字中的“bi” q 表示“barbecue”的另一种形式“Bar-B-Q”中的 kyuu
	表示词	m 表示“米”“英里”“分钟”等 M 表示“Martin, Mary”等姓氏，“陛下”“先生”“星期一”等词的缩写形式 v.表示“看” e.g.表示“例如” No.或者 N°表示“数字” 希腊语中的 α 表示“一”
音节符号	表示音节	赫梯文字中的 ma 表示 ma
	表示单个音素	赫梯文字中 ta-ma 实读为 tam，ma 表示 m
	表示词	在阿卡德语中，ma 表示单词 mana，意为货币单位迈那
词符	表示词	十字符号表示“死” 数字符号 2 表示“两个，第二” °表示度数 &(在拉丁语中 et)表示“和” &c(et caetera)，表示“等等”
	表示音节	箭的形状在苏美尔语中表示 ti，表示音节 ti 的音值 7、7ber 表示单词 September 中的 septem & 在中世纪文字中表示 videlicet 中的 et
	表示单个音素	蜜蜂的象形符号在画谜式文字中表示音素 b

同样,表音文字体系之外,还存在着大量约定俗成的数学符号、逻辑符号,以及其他科学领域中的符号。如果在文字中出现了这样一个数学公式:

$$y(\lambda)=\underset{i=1}{\overset{n}{\pi}}\ \underset{j=1}{\overset{n}{\varepsilon}}e^{a_{ij}}+\lambda_{b_{ij}}$$

虽然其中的每一个符号在语言中都有确切相对应的词,但是这些符号以某种顺序和形式组合在一起之后,并不需要依赖通常的表音文字体系,就可以准确了解其中的含义。

文字中意义的传达有时候不单依靠符号的约定俗成的形式,也可以通过各种其他的辅助手段,这些辅助手段往往建立在图像、颜色、位置以及上下文语境的基础上。

在古老的东方文字体系中,如美索不达米亚文字、埃及文字,在它们的表音性质已经发展成熟之时,仍然存在着使用约定俗成的符号表达词或是表达音节的现象。即使在这样高度发达的表音文字中,有些时候,意义并不是通过约定俗成的符号,而是通过"描绘—象征"机制下的某些图画场景来表现的。因此,在一段描述拉美西斯二世征服别国土地取得胜利的文本中,拉美西斯的荣誉称号"征服外族之人"并没有用单独的楔形文字来表达,而是使用了一幅法老用绳子捆绑外族国王的画来描绘。[35]在另一个书写文本中,"国王给予的恩赐"通过一幅国王托着一盘面包的画面来表达。[36]以上两幅情境图画传达意义的方式,在早期埃及文字中非常普遍,在那尔迈调色板中就能找到,关于这一点,后文还将详细论述。

在现代文字体系中,颜色所发挥的作用似乎并不明显。但是颜色的组配有时的确具有区别意义的功能。比如说,在图表中,黑色或深色往往占主导地位,不论在手写作品或是印刷品中都是如此。早期,当所有的文字都是人们手写的时候,用颜色来表示区别似乎更为普遍。古墨西哥文字以及其后美洲印第安人的现代文字,都广泛使用不同颜色的符号。在切罗基印第安语文字中，白色用来表示和平或幸福；黑色表示死亡；红色表示成功；蓝色表示失败或麻烦。[37]最后，我们还要谈到多色圣经，其中颜色被用来表示某种资源。现代社会，万国语赋予颜色区别意义的重要功能。文字之外，颜色的组配被用来绘制地图或纹身。结绳记事中也使用不同颜色的绳结来记录数字。颜色的特征在“鲜花宝石语”中也用来传达某些信息。

有些时候，所谓的“位置原则”（principle of position; principle of positional value）也可以用来表达某种意义。我们都清楚地了解在数学系统中，摆放位置的重要性。例如，32 和 3^2 二者都使用相同的数字 3 和 2，但是由于二者摆放的位置不同，表达的意义则完全不同。在埃及文字中的“m^{x} $\underline{h}^{x}n^{x}w^{x}$”（在……里面）中，我们可以观察到字符位置的作用。通过把一个字符叠放在另一个字符之上，表示“水”的音节 m^{x}（w^{x}），加上表示“在……之下”的音节$\underline{h}^{x}$（r^{x}）（没有通过任何符号表现）；加上表示“坛”、“罐”的词 $n^{x}w^{x}$，合在一起构成“m^{x} $\underline{h}^{x}n^{x}w^{x}$”（在……里面）。[38]在现代社会，也有类似的例子，比如我们在信封的地址上会看到用 WOOD AND
JOHN MASS 表示“John Underwood, Andover, Massachusetts”（约翰·安德鲁，安丹佛，曼彻斯特）。至于分词符，虽然在古老的文字中并未留下痕迹，但也是位置原则发挥区别意义功能的重要表现。比如，我们都能够发现“see them eat”和“see the meat”；“a nice box”和“an icebox”的意义差异。

伴随着文字的位置原则，产生了上下文情境原则（principle of context of situation）。最近，马力诺斯基在其关于原始语言意义的研究中专门引入了一个术语，来表示这一原则。[39]因此，在我们询问“where is the pen?”的时候，即使“pen”有着不同的含义，如“钢笔”

“围栏”，听者仍然不会对这个句子的意思发生误解，因为这个问句必定发生在某个特定的语境下，这种语境让词的意思变得唯一而明确，不会发生歧义。同理，我们也同样非常清晰地了解不同的字母缩写在不同的语境下所代表的不同意义。比如 PG 在纳粹党的报告中表示“Parteigenosse”（纳粹党员），在德国军队的声明中则表示“Panzergrenadier”（装甲掷弹兵），在大学中使用则表示“post-graduate”（研究生）。[40]同样，在东方学期刊中，AO 表示“Der Alte Orient”（古老的东方）；而在德国以外的纳粹活动报告中则表示“Auslandsorganisation”（外务组织）。语境原则在其他符号系统中也时常发挥作用，例如，在手势语中，一个人以手指门，在某种情境下可能表示“出去”；也可能表示“那儿”或“请走这边”。现代的动画片很好地诠释了语境的重要性。对于那些对当时的背景一无所知的年轻一代来说，五十年前上映的政治动画片或许是完全不可理解的。[41]

研究的材料

重新建构文化的初始状态，我们依赖的主要是古代东方的材料。与其他文化研究相比，在文字史研究上这一点表现得尤为重要。苏美尔、巴比伦、亚述、赫梯、迦南、埃及以及中国这些古文明地区，上个世纪发掘的考古文献，极大地丰富了我们的知识，开阔了我们的视野，为研究开辟了新的道路。如果我们不借助古代东方的书写材料，要描绘文字的历史几乎是无法想象的。但是，我们常常感到掌握的东方知识不能满足研究的需求，当我们研究的历史越古老，我们掌握的资料就越匮乏。目前，构成人类文明的重要组成部分的艺术、建筑、宗教和社会等领域的起源都有了较为可信的结论，但是与其具有同等地位的文字的起源这一问题一直被包裹在重重迷雾之中，无法得到合理的阐释。

当古代的文献资料无法提供一些发展的线索时，我们必须从其他地方找寻新的途径。我们认为，生活在现代，或者是前几个世纪的某些原始部族，[42]它们的文明水平在某些方面同那些远古的文明有着种种相似之处。这些原始部族，如美洲印第安人、非洲布须曼人、澳大利亚土著居民，所使用的“书写遗存”（written remains）虽然同今天普遍意义上的文字相去甚远，然而却能够为我们提供某些有价值的背景，从而了解人们是如何学会使用视觉符号进行交流的。在研究中，我们也一定不能忽视那些在白种人（译者注：原文作 white men，人类学中的体貌特征概念，后文同。）影响下，通常是传教士影响下由本土居民创造的某些文字。因为这些文字体系（如阿拉斯加爱斯基摩人、非洲巴姆人，以及印第安切罗基人文字体系），向我们呈现了它们发展到最终形式之前的各个阶段。这种阶段的序列往往类似于文字自然发展演变的历史。

另一个卓有成效的研究方法来源于儿童心理学研究。观察显示，婴儿及孩童的精神态度及认知过程有时类似于原始社会部族。重要的相似之处之一表现为对具体物事进行描述的倾向。[43]正如一个孩子画一条垂直的线来表示房前的一棵树，原始人类也常常将图画符号同周围世界具体的物象和事件联系起来。文字和图画符号的这种倾向，是语言往往趋向于以具体形象的术语进行表达的结果。人们观察原始语言就会发现，原始人不用“胳膊”和“眼睛”这样的词，而常常使用“我的胳膊”“右眼”等。与此相似，在原始语言中也找不到“树”这样的词，而多是表示个体的“橡树”“榆树”等词。这同刚刚开始学习语言的孩子有很大的相似性。另一个重要的发现是，孩子绘画所使用的符号的发展方向同人类原始文字符号有很大的相似性。我们知道，孩子开始画出的图画，总是不成比例，也没有明显的顺序性和方位感。即使当一个孩子已经学会了写字之后，也时常从左到右或是从右向左"画"字符，对这两个方向的不同并没有意识。类似的缺乏方向感的符号，在许多原始文字体系中都能够找到。

关于在儿童和原始人类倾向于表达具体事物的现象，最近在对成人的某种精神障碍疾病——失语症的研究中得到关注。[44]研究发现，这些患有失语症的人们通常拒绝使用普遍性意义的词汇如"刀"，而是常常使用表达具体意义的词汇，如"面包刀""削皮刀"，或"铅笔刀"。这些人们重新学习语言的过程类似于孩子自然学习的过程。因此，对于失语症更为深入细致的研究或许能够滋生出另一个研究领域——语言和文字起源的研究。

文字研究

从通行的观点来看，金石学家(epigrapher)和古文书学家(paleographer)研究的最主要领域都包含文字研究。这两个术语时常通用，但两者的标准用法应仔细区分。金石学家主要关注那些用锋利工具刻画在坚硬材质上的文字，诸如石头、木头、金属、黏土等。而古文书学家则主要研究那些毛皮、莎草纸、纸上画出或写出的文字。一般来说，金石学主要关注年代更为古老的文字，而古文书学则关注稍后时代的较为年轻的文字。

事实上，金石学和古文书学都不能称之为具有普遍性和科学性的学科。这两个领域都没有从一种普遍的、理论的视角对文字进行研究。例如，截至目前，在这两个领域内从未出现一篇关注世界上所有的文字，甚至那些我们所不甚了解的文字，在此基础上论述文字符号从图形到线形，从圆形向方形发展变化的论文。目前我们所看到的，仅仅是狭小范围内的研究，如对古闪米特文字的研究，对古阿拉伯、古希腊、古拉丁文字的研究，当然也包括对中国古文字及古文献的研究等。但所有这些研究，都局限于有限的时代和地域范围之内。这些对具体文字的研究在一定程度上拓宽了视野，形成了研究对象相对广泛的研究，如闪米特或阿拉伯语文学、古典语文学、亚述学、汉学及埃及学研究等，但这些也仍然是对具体的某种文字体系的研究。

因为不存在"普通金石学"或是"普通古文书学"，因此也就不存在真正意义上的普通文字学。这一论断听上去十分荒谬，特别是对有些人而言，他们已经看到了数十本从普遍视角研究文字的著作。但是，我们强调的是，这些著作都是从历史描写的角度进行研究的。对一门学科仅仅采取历史描写这种简单的方法是无法使其成为一门真正的科学的。构建一门科学的理论背景，最重要的不是从认识论的角度提出："什么""何时""何地"的问题；而是关注"怎样"，最终"为什么"的问题。除去一些个体文字体系研究中的例外，目前，在普通文字学领域内，"怎样"和"为什么"的问题几乎从未被提出和回答。从理论角度来说，现存所有的文字研究最大的缺憾是缺乏系统的类型学观念。即使个体文字（如埃及文字、希腊字母）的研究再完美，也不是我们所需要的。我们缺乏的是，对于各种文字类型的理论性和比较性的评价，诸如对音节文字、字母文字、词文字、词—音节文字等各种文字类型的研究和探讨。目前，对于文字类型分类的某些争论，用"过渡"（transitional）这一术语可以最好地阐述美索不达米亚楔形文字和埃及圣书字这样持续使用了三千年的重要文字体系。[45]使用了这样的术语，这些文字分类的精确位置就毫无困难了。

这本书的宗旨是为建立完整的文字科学奠定基础。我们可以将这门新的科学命名为"文字学"（grammatology），它部分取自若干年前英国出版的一部文字学著作的名称。[46]这个术语比"笔迹学"

(graphology)这个容易引起误解的术语更准确,也比“文献学”或者“文献笔迹学”(philography)更为贴切,而“文献笔迹学”这个术语刚好也是为了区分“传统语文学”(philology)而新造的。

对于文字的描写将在以下四章分别呈现,在每章的最后,通常都会进行比较性评述,第六章将会探讨文字从早期表意阶段发展为成熟的表音文字阶段的历史演进过程。

第二章

原始文字（文字的前身）

本章将要探讨这样一些阶段：它们并不能称之为真正意义上的文字，但是逐步发展形成真正的成熟文字。在德语中，有一个非常准确的术语“Vorstufe（初步）”，用以描述在某些事物真正产生发展的第一个阶段之前的那个阶段，就如“史前”对于“历史”一样。我认为能够和“Vorstufe”对应的词是“forestage（舞台幕布之前的部分）”。但是这个术语却不适合在这里使用，因为它已经具有了“艏楼”或是“带艏楼的船”之意，尽管这些词在现代英语中已经不再使用了。

原始图画

人类历史上存在着这样一个时期，那时人们不知道如何书写。如果我们将成熟的文字定义为使用约定俗成的视觉符号表达语言要素的符号体系，那么这个意义上的文字的历史，不会超过五千年。在数万年以前，人们已经意识到了某种迫切交流的需求，开始在原始住宅的墙壁或是周围的岩石上刻画或是绘图。在这方面，原始人很像一个小孩子，一旦学会了爬，他们就开始在墙纸上胡乱涂抹，或是在地上画出一些简单的图案。

从最古老的旧石器时代开始，一直延续到现代，世界各地的人们都通过岩画，留下了自己的痕迹，从而表现出了他们的想象力和创造力。通过描画（drawn or painted）产生的图画可以称作“岩画”，通过切或刻(incised or carved)的方式产生的图画可以称作"岩刻"(petroglyphs)。人们通常描绘同自己存在各种联系的人或者动物。如闻名世界的欧洲旧石器时代栩栩如生的动物石刻,[1]以及南部非洲布须曼人留下的图画(图 4)。此外,在这片大陆,尤其是在北美的山区,人们还发现了为数众多的石刻和岩画(图 5、6)。[2]这些石刻和岩画通常伴随着许多流行的故事和传说。朱利安·斯图尔德在一篇生动有趣而又清晰明确的文章中揶揄了所有这些对石刻和岩画的解读,这些解读试图证明"埃及、斯基泰、中国,以及旧世界中包括以色列已经消失但命运仍然被许多人所关注的十大部族,在远古时代曾经入侵美洲,这些图画是那些被埋葬的财富的标记、古代占星术所使用的符号、已经消逝的痕迹仅存的记录、残酷的宗教的记号、上帝之手的杰作、狂热的头脑所构想出的另外一百件事情"。他进一步描述:"这些宗教狂热者大量地写作,激烈地争论,甚至进行决斗。"[3]而事实上,这些图画的目的要简单得多。

图 4　津巴布韦描绘祈雨仪式的岩画

图 5　俄勒冈的雕刻岩画

图 6　巴西西北部的岩画雕刻

在大多数情况下，要弄清原始人出于何种目的、何种需要才开始绘画或刻画，即使并非完全没有可能，也是十分困难的。因为我们无从了解当时的条件和情境。图画是巫术、宗教或是艺术的表现形式吗？人们绘制图画是为了祈求更多的猎物，还是艺术灵感的结晶？也可能是上述因素在同一时间共同促使了图画的发生。当一位猎人狩猎归来，收获颇丰；当一位武士从战场归来，他希望将自己的经历以图画的方式记录下来。这幅图画，可能是出于艺术创作的冲动而作，但与此同时，它也是对过去经历的事件的一种纪念，还有可能出于祈祷下一次狩猎或是远征的成功的目的而作。这些图画并不是文字，因为它们没有形成约定俗成的符号体系。只有绘制图画的人自身，以及听到过相关事件的家人或是朋友才能懂得这些图画的意义。

正如语言是从对声音的模拟中发展而来，文字来源于对实物以及人类自身的模拟。一切文字产生的基础都是图画。这一点不仅可以从现代社会的一切原始文字的图画性特征中得到证实，还可以从以下众多文字事实中得到确证：所有古老的东方文字体系——苏美尔文字、埃及文字、赫梯文字、汉字等，在产生伊始的确都是图画文字（picture writings）。

确切地说，早期的文字体系的符号在形式上并不完全类似于实物的图画，而往往是一些简单的线条和几何图形。从史前阶段一直到现代，人们在世界各地不断地发现这样的图形符号，有时出现在岩石上，但是通常出现在可以移动方便携带的物体，如陶器或是兵器上。（人们将其称之为“移动的艺术”。）

在我看来，毫无疑问，这些几何图形的符号并非表示什么抽象的形式，而是从具体的图画发展而来相对简略的图解式的符号。图7向我们展示出了一系列图画符号，这些符号表现了新石器时代西班牙岩画上刻画的线条形符号，以及稍晚时期法国马答其（Mas d'Azil)小块燧石上画的符号。胡戈·奥伯迈尔(Hugo Obermaier)在这一系列符号中展示了图画是如何随时间推移逐渐符号化,并且发展到这样一个阶段——人们已经无法辨识这些符号最初代表的意义。[4]在所有符号发展演进的过程中,最为显著最为常见的是所谓的"哈里路亚(hallelujah)人"使用的图画符号的演变。一个原来描绘着"举手保持祈祷姿势的人"的符号,演变成为了简单的线条形符号。

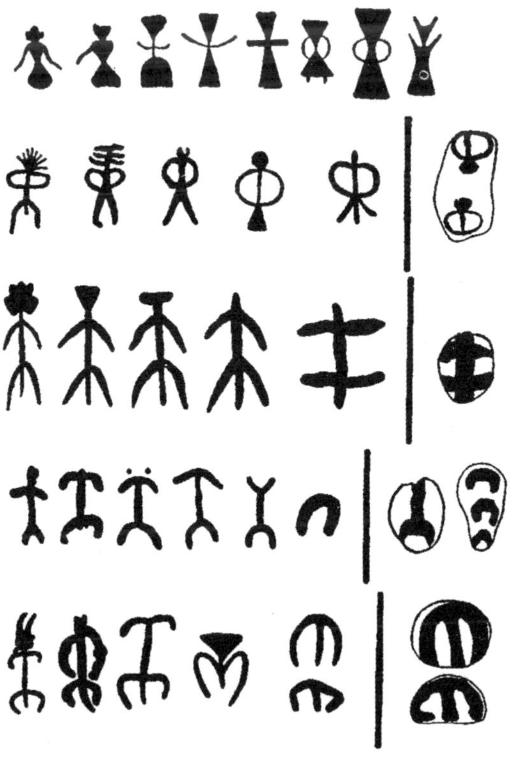

图7　西班牙和法国的线条形图画符号

几何图形符号是图画符号经过演变,线条化、抽象化、符号化的结果,这一事实可以在任何文字的发展过程中得到证实。一切著名的古老文字体系,如苏美尔文字、埃及文字、汉字等,都经历了这样的一个时期。在此期间,其文字符号呈现出潦草的、线条的形式,这种形式同原始的图画形式相去甚远，如果不了解图画符号和线条符号中间的发展阶段，人们通常很难相信线条形式是图画形式的直接产物。

描绘—象征图案

在文字的前奏（原始文字）阶段，最常使用的关于文字类型的术语便是人所共知的“图画文字”（pictographic）和“表意文字”（ideographic），但事实上这样的术语却极容易引起误解。美洲印第安人使用的文字便是其中的典型代表。在我们进行关于定义和术语的争论之前，首先让我们去看一看这些典型的例证。

图8　墨西哥的印第安岩画

在新墨西哥险峻的小路旁的一块岩石上，有这样的图画（图8），用来警告人们“禁止通行”。[5]这幅画提醒那些骑着马的人们，山羊能够越过岩石间的小道，但是马通常会坠入谷底。

美洲印第安人更为复杂的用于交流的例证在以下三幅图画中可见一斑。

图9展现的是苏必利尔湖湖边的密歇根岩石上的图画，这幅图画描绘了一次渡湖的军事行动。[6]在图画的上方，五只独木舟载着五十一个人，这五十一个人使用垂直的线条来表示。军事行动的首领名为基开马努西（Kishkemunasee），“捕鱼之王”，他的图腾是一只水鸟，这只水鸟画在第一只独木舟上方。从三个拱形（拱形代表神顶）下方的三个太阳，我们可以推断，这次行动持续了三天。图中的乌

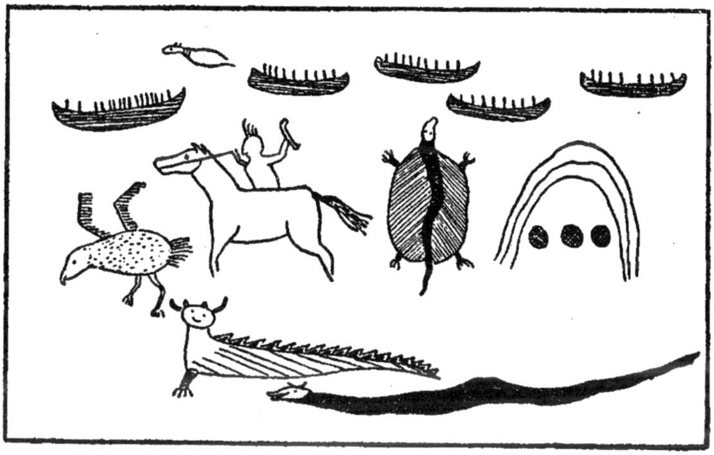

图 9　密歇根的印第安岩画

龟表示登陆顺利，一人骑一匹快马则表示行动非常迅速。作为勇气象征的鹰，表达着武士的精神。图中描绘的豹和蛇，分别是武力和灵敏的象征，在战争中，首领向它们寻求帮助。

图 10 是居住在印第安夏延族（Cheyenne）和阿拉珀霍族（Arapaho）居留地的一位名叫“乌龟随妻”的父亲，写给他在达科他州（Dakota）的派恩岭（Pine Ridge）居留地的儿子“小个子”的信。这封信写在半张普通纸上，没写一个字，装在信封里，信封上写着“派恩岭，夏延，小个子”。显然，他的儿子理解了这封信的意思，因为他立刻请来 V.T.麦吉利卡迪博士（Dr.V.T.McGillycuddy），派恩岭的印第安事务官员，告诉他父亲给自己寄来了 53 美元，作为自己返乡看望父亲的路费。而这位事务官员，与此同时，也收到了戴尔（Dyer）事务官员的来信，信中附有 53 美元，并解释了寄来钱的原因，从而使他明白了这封图画信的含义。以下解释让我们可以正确理解这封图画信：在左边的人物头上有一根线连接着“乌龟随妻”，右边的人物头上也有一根线连接着一个“小个子”，在右边人的右臂上又有一个“小个子”，这个人向“乌龟随妻”的方向跳跃前进，并且他的口中吐出两条线，线的末端连接到左边的人那里，显示出要将小人带往那

图 10 夏延印第安人的信

里。我们可以推测，图画的最后一部分是交流的核心，表达“到我这来”的含义，带有姓名图腾的两个大人，代表着寄信人和收信人。在两个大人之间的 53 个小圆物体，则表示美元的数量。两个印第安人都围着腰布，这同我们所了解的夏延人未受教育、未开化的事实完全一致。[7]

图 11 是奥吉布瓦（Ojibwa）的一位女孩子写给爱人的信，让他到自己家里来。[8]这个女孩用熊的图案表示自己的图腾，用斑泥螈表

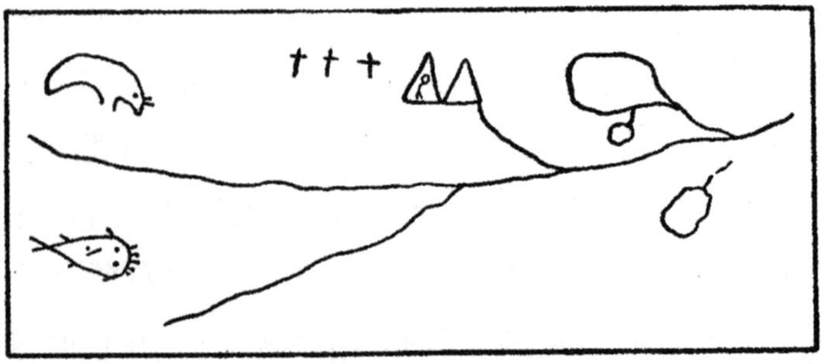

图 11 奥吉布瓦女孩的求爱信

示男孩的图腾。去往湖边的小路，用三个不规则的圆圈表示，由此延伸出去往两个帐篷的方向。三个基督教的女孩子，用十字架表示，在那儿露营。另外两个帐篷中的一个伸出一个女孩子的手臂，招呼来访的印第安男孩子。我们在这幅图画中可以发现一些地图中图表符号的特征，比如表示小路和湖泊的符号，以及用伸出的手表示邀请的含义。

交流有时候完全通过简单图画排列的某种顺序得以完成，德语中将这种按照一定顺序进行排列的图画称之为“fortlaufende Illustration”，意为“连环画”。现代社会中，这种图画的典型例证是“冒失鬼”类型无字的喜剧漫画，甚至是内容完整的一部小说，例如林德·沃德(Lynd Ward)创作在木块上创作的无字版画(《眩晕》《上帝的男人》《女士的鼓》等)。虽然这种连环画中单独的一幅图画意义显而易见，但是只有某种排列的顺序才能够准确揭示出所要传达的意义。

这种类型的另一个典型例子是塔斯马尼亚(Van Diemen's Land，即 Tasmania)总督向当地的居民发出的公告，公告以图画的形式表现了“鹦鹉学舌、负鼠以及当地黑人进行惩罚的法条”(图 12，译者注：此处原文引文疑有误，因此意义不明)。[9]第一幅图画表示黑人和白人应当和平共处。第二幅图画宣告这种和平由双方共同达成。第三幅图画指出：如果当地的一位居民杀了一位白人，那么他应该受到绞刑作为惩罚。第四幅图画指出，如果白人杀害了当地居民，也应当受到同样的惩罚。

我们以下所要引用的几幅图画按照某种逻辑顺序依次排列，传达某种信息的例子，全部都来源于阿拉斯加人使用的符号。当地的阿拉斯加人使用图画通知来访者和朋友，他们由于某种目的出门在外。这些图画通常画在一些长木条上，木条指向离家出门人的方向，并且通常放置在住宅门口某个显而易见的位置上。

以下是对木条上图案(图 13)的解读：[10]

图 12　塔斯马尼亚总督的公告

图 13　阿拉斯加人的狩猎通告

a,代表说话人,右手指向自己,左手指向出门的方向;b,说话人手里举着船桨,表示即将乘船出行;c,说话人右手托着脑袋,表示正在睡觉,左手竖起一根手指,表示一夜;d,一个圆圈中间有两个点,表示一个岛屿,岛屿上有茅屋;e 与 a 相同;f,一个圆圈表示他们到达了另一个岛屿;g 与 c 相同,不同之处在于举起两根手指,表示两夜;

h,说话者手持渔叉;i,表示捕获了一头海狮;j,表示使用弓箭捕获;k,两人坐在船中,船桨向下划水;l,表示说话人冬天的居住地。

另一个相关的例子见图 14,[11]阿拉斯加的捕猎者,运气不佳没能捕到猎物,因此正在挨饿,他们在木板上画出某些图案,然后将木板较低的一端放置在路口,因为那儿最有可能被其他居民发现。另一端则指向他们的藏身之处。以下是对于其中图画信息的解读:a,一只独木舟,船头有两个突起,两个人,是船的主人;b,一个人张开双臂,否定的动作表示“一无所获”;c,另一个人将右手放在嘴边,表示吃的动作,左手指向他们居住的住所;d,避难所。整个图画表示这两个人家里已经没有任何食物。

图 14 阿拉斯加人的去向符号

这些图画符号用来表示什么?它们仅仅是图画,或者已经是某种文字?这些问题并不难回答。这些图画符号由某些特定的人以某种特定的方式发出,用来传达某些信息,而这种方式又能够被收到信息的人所理解。很显然,这种图画符号从功能上看和一般意义上的艺术图画有所不同,因为人们绘制它们是出于交流和传递信息的目的,而非出于艺术的表达。但是,以上这些图画符号同一般意义上的图画的直接区别不仅在于目的,同时也在于实现的形式。我们所使用的这种图画符号,同一切用于交际的图画一样,使用约定俗成的实现形式,并且省略一切在交际表达中非必要的细节(草地、山脉等)。简而言之,我们用于交际的这些图画缺乏一切艺术的修饰,而这些艺术润饰在所有的艺术性图画中都是必不可少的。

我们在前面已经谈到，以上这些交流的手段都被赋予了容易产生误解的名称："图画文字"(pictographic writing)、"表意文字"(ideographic writing)。"图画文字"这一名称显然是不合适的，因为存在这样一些文字体系，如埃及文字、早期苏美尔文字等，它们同样具有图画的形式，但是在内部结构上却与这些北美印第安人使用的原始符号体系有着截然不同的特征。进一步说，"图画文字"这一术语反映的是文字外在形式上的特征，而非内部的结构特征。虽然外在形式在文字的研究中不应该被忽略，但是我个人却倾向于着重在内部特征的基础上重新构建文字演变的历史。因此，我们当然应该也能够创造出新的术语，来区分北美印第安人所使用的原始图画文字和稍晚时期更为成熟的图画文字体系，如埃及文字。比如，亚瑟·昂纳德(Arthur Ungnad)将前者称为 Bildschrift，后者称为 Bilderschrift，[12]但是这样的术语不便于记诵，而且听上去不太自然。

反对使用"图画文字"(pictography)这一术语的原因，同样也适用于反对"表意文字"(ideography)。这一术语，也同样超出了原始文字体系的范围，常常被用来指称一些完全不适于该术语的文字体系。东方学家们使用这一术语表示简单的词符。(而他们在这一领域中使用日久，以至于"表意文字"这一术语已成为语言学界中的"叛徒"。)由于"表意文字"这一术语的双重含义，在研究中我倾向于避免使用这一术语。

在我们努力寻找一个合适准确的术语来指称我们在这一章所提到的表达思想的这种方式时，我们必须关注这些符号使用的目的以及为了达到这种目的所使用的方法。以上举出的例子中，目的都是为了满足人们彼此交流思想的需求，手段都是图画符号，可能是单独的图画，也可能是一组连续的图画，用来表达意义。因此，文字的这个阶段，在德语中有时被人们称为"Gedankenschrift(思想文字)"，有时称为"Vorstellungschrift(陈述文字)"，还有时被称作"Inhaltschrift（内容文字）”。[13]这类图画或是连环画所描绘的，并传递到人们的视觉器官的那些信息，同出于艺术表达目的创作的图画并没有什么区别。事实是，尽管那些以传达信息进行思想交流为目的的图画同那些纯艺术目的的图画存在着某些区别，但是它们之间很大程度的相似性常常掩盖了这种区别。这一阶段的原始文字，我们可以称之为“描绘”或“象征”阶段，使用这个术语是为了强调这一阶段的文字在方式上同图画的相似性。

标识—助记符号

让我们允许自己进行一些对于人类进行交流的其他可能性的思索和推测，这些可能性或许能够成为真正意义上成熟的文字得以发展的基础。让我们假设，如果一个原始人在他的盾牌上画上一只豹子，那么这幅画或许在一开始就具有某种魔力，人们认为它能够将豹子的力量和敏捷传递给那个拥有盾牌的人。但是，随着时间的推移，盾牌上的豹子逐渐成为一种符号，这种符号的作用在于告诉人们这样一个事实：这只盾牌属于某个特定的人。那么，这个豹子的符号便成为了一种所有权的象征，发挥着某种实际的目的。作为所有权象征的豹子的记号当然还不能算是真正意义上的文字，虽然它已经代表了一个固定的人名，习惯性地同某个人有固定的联系，但是由于这种符号尚未成为结构完整的约定俗成的系统中的一部分，因此我们还不能将其称之为文字。但是，这的确是向文字发展的重要一步。

这样一种特定的符号系统通常出现在象征某种贵族身份地位的盾徽或纹章图案中。与之性质相同的符号是，军队中象征着不同等级的徽章标识，某种服务行业或是特殊职业的象征符号等。这些符号在现代欧洲并不罕见，比如钥匙常作为锁匠的象征，眼镜代表配镜师，喇叭代表邮局。

样式简单的线性或几何图形的符号常常出现在日常生活器具上，比如陶器、武器、骨头、石块等。它们从新石器时代一直沿用至今。前面已经谈到了法国马答其小块燧石上的几何图案，与之相似，在埃及的史前时代也常常在陶器上发现类似的陶符。图 15 展现了安纳托利亚(Anatolia)土耳其建筑上的石刻符号。与之相似的来源于世界各地的陶符和石刻的符号随处可见。标记不同动物种类的记号也属于这种类型。在大多数情况下，这种符号都用来表示某物的所有权或者其制造者。

图 15 安纳托利亚梅森的石刻符号

用于标识和记录所有人姓名的符号的方式，在北美印第安人中也常常使用，他们用这些符号来表示个人或部落的名称。也就是说，人们在称呼一个人的时候，可以喊他自己的名字，也可以喊其所属部落的名称，还可以直接以代表其姓名或部落名的图腾符号相称。

图 16 中我们援引了“奥格拉拉(Oglala)氏族名单”的一部分，这

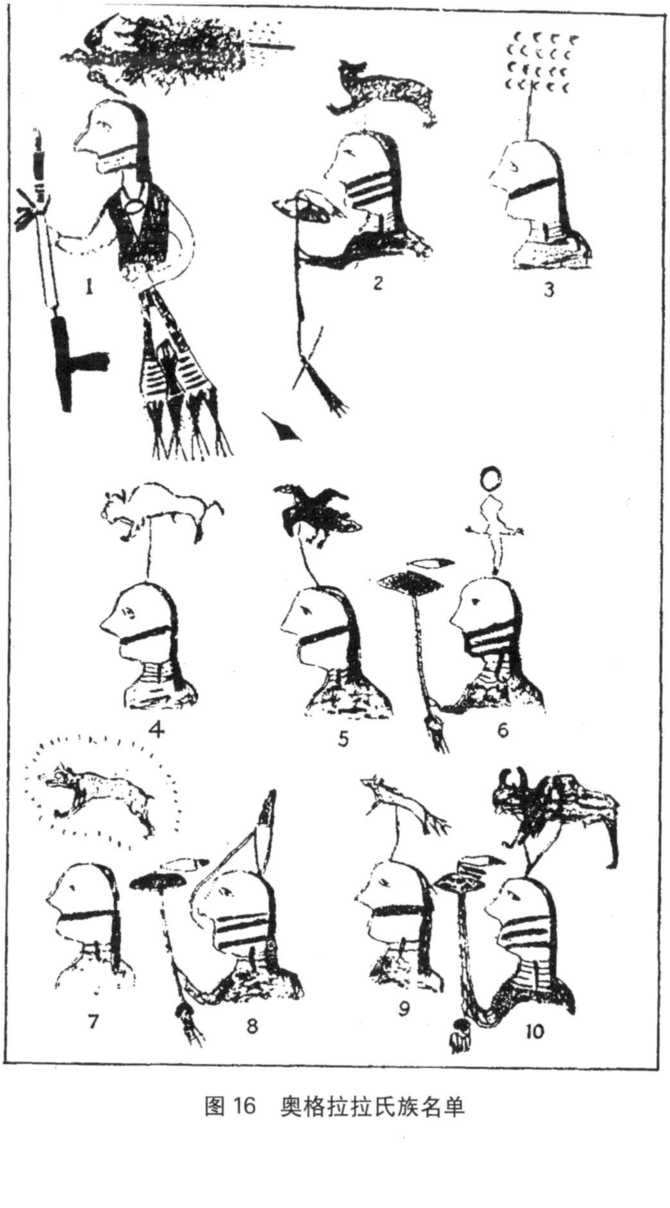

图 16　奥格拉拉氏族名单

份名单包括了北部奥格拉拉氏族的84个头像，代表了主要首领的标志性家族符号。[14]每个家族的首领都用右手举着这个符号，而每次这个代表姓氏的符号都会出现在这个首领的头上。以下是对这些代表家族姓氏的符号的解释：1.大路：用一条布满足迹的道路表示。飞翔的鸟象征着这条路能够快速行动；这个族的首领通常被称为"好路"，因为一条宽广的人来人往的大路往往是非常好的。2.熊向后看，3.带回许多，4.白色野牛，5.真正的鹰，6.盾牌男孩，7.熊停止，8.头戴羽毛，9.狗和鹰，10.红角斗牛。

更多代表个人姓名的符号在图17中得到展示，图17是"红云姓

图17　红云姓名统计表

名统计表”，[15]这项统计发生在1884年，是由当时达科他境内的派恩岭印第安人首领“红云”组织进行的。参与调查的289人都是这位红云首领的拥护者，但是并不能代表当地所有的印第安人。由于某些人的反对，当地官员拒绝承认红云为当地印第安人的首领，而是任命了另一个人。但是，这些印第安人为了表示自己对于红云的忠诚拥护，联名上书，将自己的姓名签在七张白板纸上，送往华盛顿。以下是我们对这些姓名符号的解释：1.红云；2.首领；3.行动缓慢的熊；4.公狗；5.小首领；6.红色衬衫；7.白色鹰隼；8.云盾；9.好鼬，其中“好”的意义是通过两条向上延伸到嘴边的波浪线，模仿“能言善道”的手势来表现的；10.非洲雕（尚不知如何解释）。在马勒里（Mallery）的另一本书中，我们可以看到更多的表示个人姓名的符号。[16]

图18展示的一些代表印第安部落名称的符号来源于“冬日大事记”，[17]解释如下：1—3.克罗人（Crows）用人来表示（或者简单地说，只用人头表示）。这些人的头发具有不同的特点，有的向上梳起，有的稍微向后梳；4.阿拉帕霍（Aropaho）在达科他语中意为“蓝色的云”，因此在图中用蓝色的圆圈圈住一个人头来表示；（5）阿里卡拉或雷族人（Arikara or Ree）用一穗玉米表示，因为印第安人以种植玉米而闻名；（6）阿西尼博因或霍赫人（Assiniboin or Hohe）用声带的

图18　印第安部落名称表

图像来表示(上唇、舌根、舌头、下唇、颊、颈),因为 Hohe 在印第安语中意为“声音”,或用来表示“麝牛的声音”;(7)卡亚瓦人(Kayawa)用一个人拼命转圈摆手,表示“不清醒的头脑”;(8)奥马哈(Omaha)用一个短发、脸颊通红的人头来表示。

同以上例子中的符号性质相同的,还有那些原始文字中的记事符号。同样,我们在北美印第安人那里,发现使用这种符号记录时间和歌谣的充分例证。

达科他州的印第安人用“冬日大事记”来纪年,[18]这种方法选择过去一年内发生的重要事件来为年份命名。这同古代苏美尔人和巴比伦人的纪年法是相同的。达科他人使用冬日大事记,[19]大概是由于他们所居住的地区通常十分寒冷,冬季很长,要持续半年多的时间。这同居住在极地的人们使用夏季纪年刚好相反。以下是从马勒里书中选择的某些例子:

或许是由于这一部落祖辈流传下来的建议和规则,负责冬日纪年的达科他印第安人孤狗(Lone-Dog)从年轻的时候开始,就保留了这样的传统,由他们来决定每年中发生的哪些大事可以作为此年的标志,以和其他的年份相区别。一旦做出了决定,他们就要使用适合的符号来进行记录,或者使用牛绳结。这些用来记录的绳子会在适当的时候对其他达科他州的印第安人展示,教会他们符号如何使用,不同的符号所代表的意义,以保证记录者逝世以后这门学问不会消亡。据某些印第安人称,某些年的纪年图的副本在某些部落中还有保存,大概是为了进行参考,因为负责冬日纪年的人和那些绳结无法经常被人见到。

达科他州冬日大事记的几个不同版本,记录的时间是从 1775—1776 年冬天到 1878—1879 年的冬天。其中由记录人用牛绳结记录的主要版本,记录的时间从 1800—1801 年至 1876—1877 年。虽然这个记录人被描绘为一个年长的印第安人，但是他或许还没有老到从 1800—1801 年就开始记事。正如马勒里所言：

或许是这个印第安人记录者从他的前辈那里获得了早期的纪年记录，当他成年以后，才开始独立承担这份工作，因此他首先是从前辈那里收集从前的记录，当他可以准确纪年以后，再独立进行记录。

以下便是达科他人冬日大事记的一些例子，Ⅰ Ⅱ Ⅲ分别表示记录同一事件的不同版本。

图 19 显示出 1800—1801 年是用 30（或 31）个达科他人被克罗人杀害这件事来记录的。这个符号由 31 根平行的线排成三列来表示，外围的三条线连接在一起。黑色的线代表着达科他人被敌人杀害（在颜色中，黑色往往用来表示死亡）。1801—1802 年，代表性事件是许多人死于天花，用一个人的脸上和身体都布满红色痘疹表示。1802—1803 年，代表性事物是马掌，大概是由于印第安人第一次看见了马掌，此后，达科他人偷来了一些钉上马掌的马。

下面的三年是不同版本中使用不同形式符号的例子。如：1815—1816 年，弓的方向不同；1817—1818 年，树和烟囱的位置不同。1815—1816 年是以一座由达科他桑萨克人（Sans Arc）建造的布满灰尘的大房子来作为代表性符号的。图中，房屋之上的那只弓或许就是暗示桑萨克部落，但是，如果是用弓的形状来表示“拱形”（arc），却没有找到能够表示“否定”（sans）的符号。还有另一种解释：图画上的弓形可能被解释为一根乌鸦的羽毛，这根羽毛表示达科他桑萨克人的总督“乌鸦酋长”（Crow Feather）的名字。1816—1817 年，用一张野牛的兽皮作为标识性（标志性）符号，表示那是一个野牛很多的时代。1817—1818 年的代表性符号，则是使用干木料建造的一家杂货店的房屋。建筑木料是用一棵死去的树来表示的。

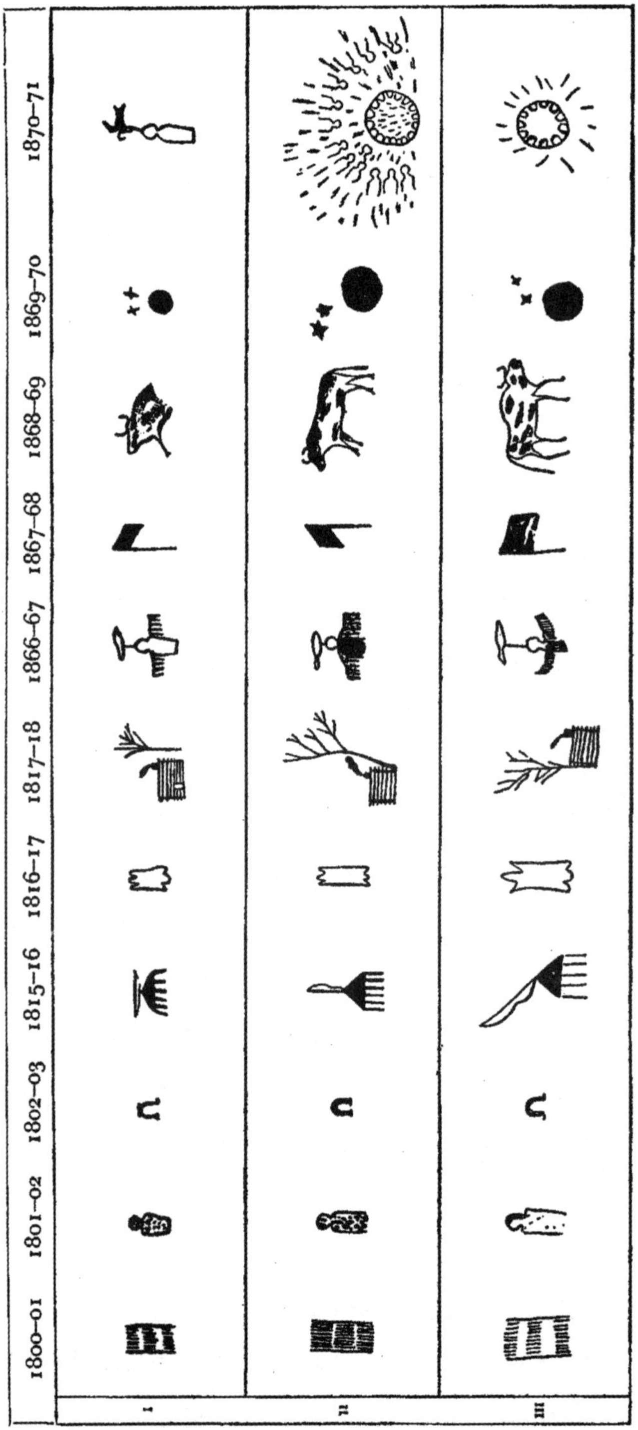

图19 达科他人冬日大事记

1866—1867 那一年的大事，是达科他酋长天鹅（Swan）的逝世。这一事件，是用一个戴着水中天鹅图腾的人来表示的。1867—1868 年，是用一面旗作为标志性的符号，这面旗象征着和平，在拉拉米尔要塞谢尔曼（Sherman）酋长和其他部族组织部落会谈，维系和平。1868—1869 年的符号，有可能象征着政府针对印第安人的水牛事件，也有可能是得克萨斯州的牛被引进到这个地区。在第一个版本中，我们可以观察到这种动物以简略的形式表现出来。这种简略的形式在其他年的符号中也曾出现，如 1864—1865 年的图形符号中，只画出了人头而非整个人的身体。

有时候，在选择作为一年的标志性事件时会出现分歧。比如，1870—1871 年，在第一个版本中，选择的事件是福莱姆（Flame）的儿子被杀害。而第二和第三个版本中，则选择昂克帕帕（Uncpapas）和克罗部族之间的一场战斗。

与之具有相同特征的助记符号，是奥吉布瓦印第安人刻在桦树树皮上用来记录歌谣的图画。[20]据马勒里的描述，这些歌谣通常同某些宗教的仪式联系在一起，主要用于新信徒秘密的入会仪式。这些歌词是一成不变的，尽管在某种程度上，随着世世代代的传承，其中的很多“词”已经成为历史，在现代日常用语中不再出现。事实上，这些歌词也不再能够被那些最好的现代巫师歌者完全理解，但是没有一个印第安人会想要去改变这些古代的歌谣的内容，因为那将会导致这些歌谣原来所具备的某种神奇力量的丧失。

图 20 给出了 Meda（祭司）的歌谣的内容，前面的四组由马勒里作出了解释：[21]

第一组：一间小药房中充满了圣灵。这些圣灵，据人们断言，带着双翼而来，是为了在这样的仪式中对印第安人进行指导。这位祭司，唱着这样的歌：“伟大的圣灵之屋，你听见了，你进入了。”祭司重复唱着这样的歌，挥舞着他的 shi-shi-gwun，每一个人按照祈祷的规

图 20 奥吉布瓦歌谣

则，举起一只手，不跳舞，静静站立。在这样的序曲中，也没有鼓声响起。

第二组：被允许的申请人，头戴羽毛，举起手臂，拿着水貂皮制成的小袋，旁边是风，代表着从一端倾斜而出。他开始歌唱，跟随祭司重复吟唱，所有人伴随着鼓声起舞，还有这样的歌声：“我总是爱着我所寻找到的，我进入长满新绿的树叶的小屋。”

第三组：象征着一个中间的停顿。在此期间，人们进行丰富的储备，准备着即将到来的宗教盛典。

第四组：一个人手举着一只碟子，手腕上装饰着各种有魔法的羽毛，象征着此人主持宗教仪式的身份。所有的人齐声歌唱："我将与你共享，我的朋友。"

图 21 中也向我们展示了一组记录歌谣的图画。这些歌谣同一种介绍新成员加入大巫医协会或加入大药会的宗教仪式有关。[22]

图 21 奥吉布瓦歌谣

在论及北美印第安人的文字时，我们应该注意到一种类型，这种类型有十几种例证，都出现在一本关于北美印第安符号语言的书的附录中。[23]这里举一个例子（见图 22），汤姆金这样解释："一个印第安人和他的妻子发生了争执，他想要去打猎，而他的妻子不想让他去。他给出了否定的符号，表明自己不愿意按照她的意愿行事。他拿走了自己的弓和箭，走进了森林。可是途中遭遇了一场暴风雪，他必须寻找躲避藏身之处。他看见两顶圆锥形的帐篷，于是向它们走去。但是他发现帐篷里住着两个病人，一个是得了麻疹的男孩，另一个是染上了天花的男人。他用尽全力跑出那里，来到了一条河边。他看见河里有鱼，于是抓了一条吃，在那里待了两天。此后，他重新出发，看见了一只熊。他打死了那只熊，非常高兴。再次出发后，他看见了一个印第安人的村落，但是当发现他们是自己的敌人后，他又逃离那里，来到湖边。在湖边行走的时候，他看见了一只鹿，他捕获了这只鹿，将它拖回自己的帐篷，送给他的妻子和小儿

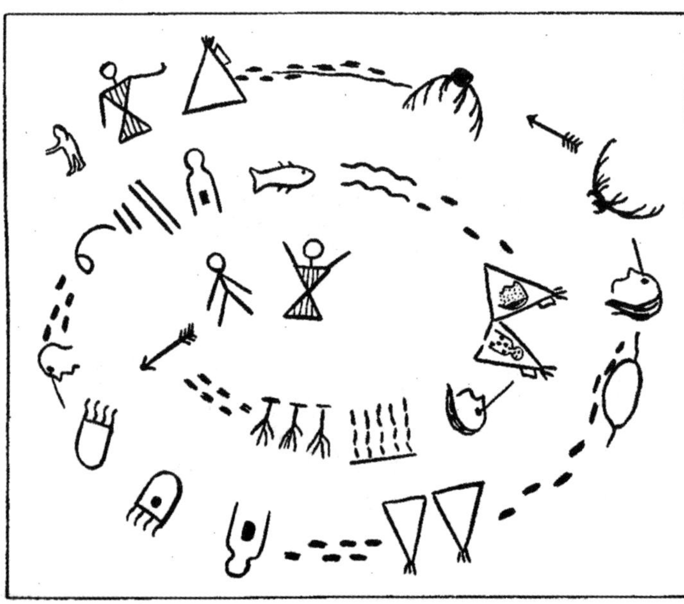

图 22　印第安文字

子。”这个故事从中间位置表示这个印第安人和他妻子的符号开始，按照逆时针方向的顺序，在左上角表示妻子和孩子的符号那里结束。我们一眼就可以发现，这些图形符号同我们先前探讨的那些北美印第安人的文字没有相似之处。确实，大部分符号源自印第安人的符号系统，但是整个符号的排列顺序，以及用数字 2 和表示“天”的符号（左上角附近）表示“两天”，而非两个表示“天”的符号，[24]让我们怀疑，这个作者或许臆想、捏造了其中一些符号。这种猜测得到了该书写作风格的佐证：全书以漫不经心的态度写成，仅供“我们年轻的朋友——童子军”使用。它也应当是对雅克·范·吉内肯（Jacques van Ginneken）的警告和提醒，提醒在进行北美印第安人的文字的研究工作中，不要将以上这些符号过于严肃地对待。[25]

在非洲多哥埃维地区的土著，能够使用助记符号来记录谚语，使用的方法同奥吉布瓦印第安人的方法相似。图 23 是这样一些例子。[26]针和线的图形代表着这样的谚语“线总是跟着针走”（反过来则不能成立），这句谚语的意思同英语中的“a chip off the old block（有其父必有其子）”，或是“like father, like son（有其父必有其子）”；穿着线的针和一块布的图形则表示“小小的针能缝出好好的布”，换言之，积少成多，相当于英语中的“great oaks from little acorns grow（万丈高楼平地起）”。“一山不容二虎”（因为其中一个迟早要认输），则用两个手拿着弓箭的人来表示。谚语“找到的不一定是自己的”，暗示拾到东西应当物归原主，则同英语谚语“finders keepers, losers weepers（谁捡到归谁，谁丢了谁倒霉）”意思刚好相反。这句谚语用这样的图画来表示：一个人手指着自己的胸膛，表示“我的”；另一个人左手举着自己捡到的东西。谚语“地球就像一棵猴面包树”（和猴面包树一样大，人们无法抱住它），使用一个人在树和地球之间张开双臂，试图抱住它们，最终徒劳的图画表示（地球用一个圆圈表示）。谚语“智者说，跑得太快，往往会因此死去”（所以应该慢慢行动)表达起来有些困难,用这样的图画表示:一个人(他能跑得很快),一条直线(表示前行);一个有翅膀的动物(代表死亡)。在当地人看来,死神一定是行动迅速的,因为不同地区的人们能在相同的时间死去。

图 23 埃维谚语

这种用来辅助记忆记录谚语的书写符号,在刚果地区也被人们使用。[27]实物的辅助记忆的功能可以参见之前的讨论。

北美印第安人使用的图画符号同非洲人使用的图画符号存在着很大的差别。北美印第安人的符号已经到达了系统性和规范性很高的阶段,而这种特征在非洲黑人的符号中是完全没有出现的,正如马勒里所言:[28]

早期印第安人的符号的一个显著的特征是,在每一种符号体系中,如每一个部落的符号体系中,每个印第安人都精确地使用同样的图画符号。表示人的符号、马的符号，以及其他表示一切事物的符号，每个人都尽可能以相同的方式和技巧进行描绘，表现出的概念和动机总是相同的。

在北美印第安人中，某个部落中的某个人所绘制的符号总是能够被这个部落中的其他成员所理解。而在非洲土著居民中，符号只能被绘制它的人或他最亲近的熟知符号意义的朋友所理解。

除去以上探讨的标识-助记符号系统之外，在世界各地还存在着一些其他的符号系统，但是使用非常有限。我们这里要谈到巴拿马的古纳(Cuna)印第安人，[29]玻利维亚和秘鲁地区的艾马拉(Aymara)印第安人，[30]在秘鲁西卡西卡(Sicasica)地区发现的符号，[31]尼日利亚土著居民使用的尼斯比迪(Nsibidi)符号系统，[32]或许还有班巴拉族多贡符号，以及苏丹其他部族的一些符号。[33]

在这一章中所提及的符号代表着文字的这样一个发展阶段，这个阶段被麦因霍夫(Meinhof)称为“Satzschrift”，也就是：“句—短语文字”。我认为这个术语完全不合适。以上的这些单个的符号并不能用来表示语言中的句子或短语，[34]而仅仅是用来提示年份或歌谣的某些记事符号。上面讨论的，1802—1803年的一只马掌的图形，并不是代表这样一个明确的句子“在这一年，印第安人第一次看见了打着马掌的马”，而仅仅是一种符号，用来帮助人们回忆这一特殊的事件。因此，我更倾向于将这类“原始文字”称为文字的“助记”或“记录”阶段。

实物助记符号，在世界各地都被广泛使用，用以辅助记录事件。古代苏美尔人，也感觉到了使用助记符号记录事件的必要性，但是他们没有使用实物作为记录的方式，而是选择在泥板上计数的方式。这次重要的创新，我们在第三章还要详细讨论，正是这些全新的符号，最终带来了真正意义上文字的诞生。

有限的符号系统

除了以上所描述的符号系统之外，我们在这一章还要讨论一些其他的符号体系，它们主要出现在美洲大陆。其中的重点是墨西哥中部的阿兹特克“文字”，以及尤卡坦、萨尔瓦多、英属洪都拉斯（译者按，即今伯利兹）以及危地马拉地区的玛雅文字。

如果有些学者发现，我们将这种形式复杂精细的中美洲符号，同北美印第安人和非洲土著的原始符号体系归为一类，或许他们会十分震惊。但是，如果我们以一种无偏见的角度来评判，就会发现，这样的结论并没有错。不管阿兹特克和玛雅文字的符号在外在形式上是如何的细致且复杂，但是从内在结构上来看，它们并没有达到超越北美印第安和非洲土著原始文字的更成熟的发展阶段。在中美洲的符号中，最先被人们明确理解和释读的，是数字和天文的符号。除此之外，还有部分符号也已经能够被人们所理解，但是这种意义的理解却是不借助任何语言形式作为中介的。虽然，表音化的现象在阿兹特克和玛雅文字中初见端倪，但是，二者却都没有到达成熟的文字体系（如古代苏美尔文字）中的表音化阶段。在我们对此作出更多的演绎和评价之前，让我们先来看看典型的中美洲文字。

图 24 是描述阿兹特克迁徙的“波杜里尼手抄本”的一页。[35]图画的左边，代表阿兹特克的四个部族（他们部族的名称用头上的符号表示）向一个叫做“祖先之地”（Tamoanchan，用一棵中间断开的树和一个祭台表示）的地方移动（“移动”用足迹表示），他们向另外的八个有亲缘关系的部落道别。在这个地方，阿兹特克人和有亲缘关系的部落参加一个宴会和宗教仪式（右下方的两幅小图），他们的首领

图 24　阿兹特克文字，波杜里尼手抄本中的一页

决定了这次迁徙。这两个部落首领的图形就在表示宴会和宗教仪式的图案上方。左边是阿兹特克人的首领（用“水和柱子”表示 Aztlan 这个词），在右边的是其亲族部落的首领，属于那八个部落中的一员，用右上方房子的图案表示，在房子图案下方，有相应的名称。右边的那个首领，从他左边眼睛喷向耳朵的水，我们可以看出他在哭泣。这次宗教仪式发生在晚上，因为在八个部落的名字的上方，我们看见的是带着星星的夜空。这些部落的迁徙，是用远离中心的足迹来表示的。

阿兹特克文字的另一个例子可参见图 25，[36] 其中的图形是按照如下的顺序对称排列的：1—20 代表 20 天（阿兹特克的纪年法中，一年由 13 个月组成，每个月由 20 天组成）；21—24 表示了四个最主要的神，分别是：Xochipilli，“花之王子”，左手中持一朵花表示身份（21）；Mictlantecutli，“黑暗王子”，用骷髅表示身份（22）；Chalchiuhtlicue，水神；用从肩上流下来的水（同蜗牛一起）来表示（23）；Tlaloc，天气之神，左手举着下颌骨，作为一种可以毁灭一切能力的象征（24）；25—40 分别表示了 16 位主神，他们的姓名是用“画谜法（同音假借）”的符号来表示的；41 描绘的是 Mayauel，培育和种植龙舌兰之神。

以上例子中，由于“表音文字”的极少的数量，让它们显得引人

图 25 阿兹特克文字，汉波士手抄本中一页

注目，它们出现于表示某些人名的场合。比如，阿兹特克“地理之神”的名字是“Quauhnauac”，“靠近森林”之义。由表示“树、森林”的词“quauh”，及表示“邻近”的词“nauac”组成。而这个符号，在书写时，使用表示“树”的符号“quauh”和表示“说话”的符号“naua-tl”组成。表示“寺庙负责人”一词“Teocaltitlan”，使用的书写符号是表示“嘴唇”的符号（te-n-tli）、表示“道路”的符号（o-tli）、表示“房屋”的符号（cal-li），以及表示“牙齿”的符号（tlan-tli），将这几个词的符号组合在一起，省略了音节 ti。[37]这种偶尔发生的表音现象，并不能作为中美洲符号体系已经进入了文字的成熟阶段的证据，因为在那些原始

部族所使用，完全不可能发展为完整的表音文字体系的符号中，表音原则也时常出现。

相比于阿兹特克文字，我们对于玛雅文字更可谓知之甚少（图 26）。[38]虽然，人们已经对玛雅文字的释读进行了各种尝试，但是唯一确定的结果仍然是，在这些符号中，人们完全理解的仅限于数字符号和天文符号。除此之外，一些关于神的符号和其他领域的符号也开始渐渐为人们所破解，其中的某些符号也使用了表音的方法，正如我们在阿兹特克文字中所发现的一样。

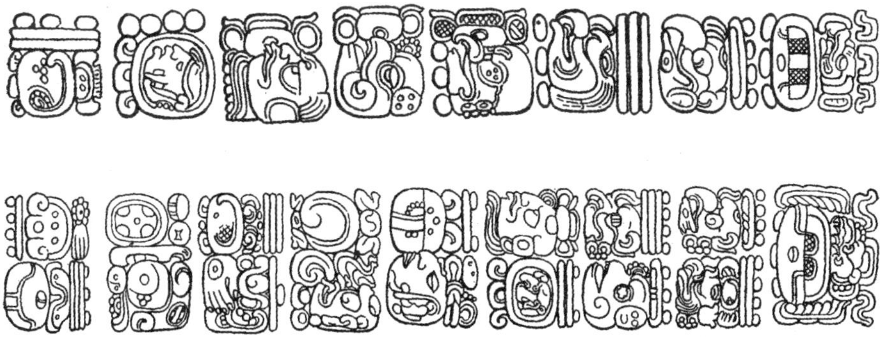

图 26　库班的玛雅文字抄本

我们现在所能了解的，是一位西班牙主教兰达（Diego de Landa）于 16 世纪中叶的一部著作中的描述，他描述了当时在尤卡坦（Yucatan）地区使用的 27 个玛雅字母的符号。我们现在能够明确的一点是：按照“兰达字母表”，没有人能成功释读破解玛雅文字。[39]即使我们承认，这些字母的确是于 16 世纪在西班牙外来的影响下产生的，并且在尤卡坦的一些地区内局部使用的；但这也并不能得出这样的结论：这些字母呈现了前哥伦布时期印第安人的文字系统。

关于玛雅文字不是表音文字体系这一结论最好的证据莫过于它们至今无法释读。这个结论是不可避免的，只要我们还记得文字释读最基本最重要的原则：“只要一种表音文字所依据的语言能够被理解，那么这种文字最终将得到破译释读。”因为玛雅人的语言直到今天还在使用，因此，我们可以明确地认定，我们无法释读玛雅文字的原因只能是，这种文字本身不是表音文字。

而我们认为中美洲符号体系不能被称为具有表音性质的另一个有力证据，来源于对以下文字符号的分析。图 27 是 16 世纪在白种人的影响下创造的一套教义问答集，被用来让墨西哥人改信天主教。[40]虽然这套教义中包含着一些同当地语言中的词相对应的符号，但是这些文字仍然不能够以平常释读表音文字的方式释读。这些符号和符号的组合仅仅表示意义，而且只能在对罗马天主教教义足够了解的基础上得到理解。如果我们试着分析其中的部分符号，或许能够更好地理解这套文本的特征。同耶稣有关的七篇教义从第二行的第二列开始，用十字架和表示酷刑的工具的图画来表示耶稣。第一篇："圣父唯一的儿子，圣灵所孕，圣母玛利亚所生”用数字 1 表示，一张纸的图形表示教义，圣父用独特的王冠和胡须表示，圣灵用一只鸟表示，圣母玛利亚怀中抱着自己的孩子耶稣。第二篇教义从第三行的第一列开始，因为文字是交错书写的，表示“被钉死在十字架上，被埋葬”。从第五行的第二列开始，给出了十诫。第一诫，“当崇敬天主，超越一切”，用一个人手中的一颗心来表示。第五诫，“不可杀人”，图中一人手持利剑，另一人则试图保护。文本中其他的符号也可以按照相同的方法，仅仅依靠天主教义的帮助得到释读，而不需要任何阿兹特克和玛雅语言以及书写符号的知识。以上对于墨西哥的天主教义的分析，清晰地表明，以上的书写符号并非表音文字，而是典型的原始文字体系，和我们在此章前面所探讨的那些符号体系相同。如果，在 16 世纪西班牙人的影响下，阿兹特克和玛雅文字都没有成功发展成为表音文字体系，那么我们很难认为在更早的前哥伦布时期会出现这样性质的文字。

不出意料的话，有人或许会问，为什么创造了足以同伟大的古

图 27 阿兹特克的宗教书

代东方相媲美的文明的前哥伦布时期的印第安人,却没有创造出同东方文字相似的文字?这里,本人认为,北美印第安文化还不能同近东文化相提并论。由于对于美洲考古学领域并不熟悉,我不能在二者的文明之间做出明确的比较。但是我还是坚持表达个人的看法,或者说,主观感觉。美洲的前哥伦布时期文化,由于金属、工具和武器的匮乏,仅仅限于农业文明。在那里,我们甚至没有发现畜牧业。同时,那里缺乏车轮,因此没有马车和带轮轴的陶器,再加上人们之间不断地相互残杀,因此,无法同东方文明相提并论。与之相反,东方文明,从最古老的历史时期开始,就具备了发达的铜和青铜冶炼技术,因此带来工具和武器的极大丰富,农业和畜牧业的高度发展,出现大量的马车和轮轴,同时,没有相互残杀的痕迹。高度发达的历法,是美洲印第安文化最为显著的特征,同其他文化成就的稀缺相比,历法代表了其独一无二的成就。在某一专业领域内的如此高水平发展的现象是让人惊讶的，但却不是唯一的。卢里斯坦高超的青铜器制作艺术，正是出自文化贫乏的扎格罗斯山脉地区；与此相似，希伯来在政治、经济、技术等方面碌碌无为，却诞生了高度发展的宗教文明。

有些学者始终相信，美洲原始文字在当时正在向成熟文字发展，他们同时也相信，美洲原始文化在异族占领下被扼杀在萌芽状态。而这显然不是事实。西班牙入侵之后，在废墟中仍然发现了许多玛雅的城镇，这些城镇已经证明玛雅文明呈现出衰落的趋势。[41]更进一步说，即使对于阿兹特克和玛雅符号浮于表面的认识，也足以证明如果没有外来文化因素影响，阿兹特克和玛雅文字无法独立发展为真正的文字。七百年停滞不变的书写符号，[42]奇形怪状的样式，对于不必要细节的过分关注，从文字使用的经济原则来说实在是大忌。这些都预示着这种符号体系的衰落，就如巴洛克风格的没落一样。

当我们将阿兹特克和玛雅符号体系纳入原始文字的类别中时，我们还要强调一点。必须明确，我们这样的归类并非在暗示，中美洲的符号体系同此章开头所探讨的北美印第安人的符号体系一样，处在文字发展中的较低水平。即使对于一个非专业的观察者而言，阿兹特克和玛雅文字符号形式也明显表现出比北美印第安符号更强的系统性。除此之外，我们还应该注意到，中美洲符号中出现了北美印第安人符号中完全不存在的表音现象，其中高度发达的计数系统，更加反衬了北美印第安符号的原始性。中美洲计数和记事的方法是非常发达的。例如，5 个人是用数字 5 的符号和人的符号组合而成的，[43]这与古老的东方文字体系相同，而同北美印第安人记事符号完全不同。北美印第安人通常只能分别用 5 个表示“人”的符号。所有这些特征都将中美洲文字符号指向一个比北美印第安人使用的符号更高级的阶段，但是我们并不能进一步得出这样的结论，认为中美洲文字符号在结构上同东方文字体系完全相同。中美洲文字符号同北美印第安人的符号存在很大的相似之处：一是“描绘—象征”方法的使用，另一个则是系统化的表音化的缺乏。也正是这两个主要特征，将所有的美洲印第安符号同其他文字区分开来。我非常同意两位著名的美洲印第安文化人类学家的观点：“美洲大陆上的任何部族都不曾创造出真正意义上的文字”，[44]“在我们看来，玛雅符号并不是真正的文字，其同埃及象形文字相差甚远。”[45]

第三章

词—音节文字体系

成熟的文字体系全部起源于东方——这里的“东方”包括从地中海东岸延伸至西太平洋的广阔地区。由于历史和现实的原因，埃及及受到古埃及文化影响的非洲国家，前希腊时期的环爱琴海地区，也应该被纳入东方文化圈的范畴之内。

在以上被定义的广阔地域内，我们发现了七种独立发生并发展成熟的文字体系。这七种文字体系都已经证实有独立的起源：

美索不达米亚平原的苏美尔文字体系，公元前3100年—公元75年

原始埃兰文字体系，公元前3000年—公元前2200年

印度河谷地区的原始印度文字体系，约公元前2200年

中国汉字体系，公元前1300年至今

埃及文字体系，公元前3000年—公元400年

克里特和希腊地区的克里特文字体系，公元前2000年—公元前1200年

安纳托利亚和叙利亚地区的赫梯文字体系，公元前1500年—公元前700年

虽然“七”是对神秘学者、犹太学者以及“普世主义”者都具有神圣意义的特殊数字，但恰好发现并了解“七”种东方文字体系的存在，纯属偶然。东方地区存在着丰富的文字体系等待人们的发现。

通过地下的挖掘和考古，每隔几年，就会有一种新的文字体系为人们所知晓。可以确定的是，除了以上七种文字，迄今为止尚未有新的文字发现。最近在亚美尼亚地区发现的数量众多的原始亚美尼亚文字，由于所知甚少，无法得出确定的结论。[1]尚未成功释读的费斯托斯(Phaistos)文字和比布洛斯(Byblos)文字，很有可能是音节文字，因此我们归入到下一章去讨论。至于人们花费极大努力试图进行研究的神秘的复活岛文字，如果以能否记录语言的标准来看，甚至不能称之为文字，因为它们只是一些出于巫术目的的图画符号的混合。[2]最后，美洲印第安文化中的玛雅文字和阿兹特克文字并不是真正意义上的成熟的文字，因为即使在它们最高级的阶段，它们也始终不曾具备最早期的东方文字体系所具备的特征。

鉴于在这些古老的文字体系中，有三种文字体系——原始埃兰文字、原始印度文字、克里特文字尚未准确释读或者仅仅得到了部分释读，我们在这一章里，主要探讨剩下的四种我们已经充分理解的文字体系。其中，苏美尔文字时间最早，并且是唯一具备了充分的材料，能够基本重现早期面貌的文字体系。因此，我们从对苏美尔文字的完整呈现开始，然后探讨埃及文字、赫梯文字和汉字，其后，我们也将对那些尚未释读或部分释读的文字体系进行必要的概述，最后，我们归纳总结东方文字体系的共同特征。

苏美尔文字体系

楔形文字的发源地在美索不达米亚平原，即底格里斯河和幼发拉底河平原。“楔形文字”(cuneiform)这一术语是拉丁语的“楔子(cuneus)”，加上“图像，图形(forma)”，从字面上来看，就是楔子形状的文字。对于楔形文字的破译和释读，起源于19世纪上半叶，最早的释读者是德国的乔治·弗里德里希·格罗特芬德(Georg Friedrich Grotefend)和英国的亨利·罗林森(Henry Rawlinson)。此后,楔形文字的释读取得了很大进展,到19世纪末,人们已经能够准确地读懂记录近东地区不同古代语言的楔形文字。这些语言主要包括居住在南美索不达米亚平原的部族所说的苏美尔语,这个部落的种族和语言归属尚不明确;以及一种使用于美索不达米亚平原北部的闪米特语,这种语言包括两种代表性方言——巴比伦语和亚述语。在公元前三千纪即将结束之际,苏美尔语消亡了,完全为阿卡德语所取代。

19世纪美索不达米亚平原上的考古发现使人们逐渐意识到这样的事实:虽然"楔形文字"这个名称基本适用于这种文字使用的主要时期,但是并不适合其产生初期。值得注意的是,人们从美索不达米亚南部地区的地下所挖掘出的,刻在泥板上的文字符号并不是楔形的。不久之后,人们又发现,所发现的泥板时代越早,上面出现的文字符号就越近似于图画,就像我们在埃及象形文字中所观察到的那样。因此,很显然,美索不达米亚的楔形文字是从早期的图画文字发展而来,人们目前正在试图详细地重构其发展的各个阶段。最近在南部美索不达米亚乌鲁克(Uruk,《圣经》称Erech,希腊语称Orchoe,在今伊拉克瓦尔卡)地区发现的上千块泥板使得这一工作变得大为轻松。这些泥板使人们可能勾勒出早期美索不达米亚文字体系发展的清晰画面。[3]

图28　乌鲁克最早的泥板图画文字

国家经济的发展和行政管理的需要促进了苏美尔文字的产生。由于国家组织运河的开掘，灌溉体系的建立和完善，社会生产力大大提高，农作物收获的盈余促进了城市粮仓的产生，因此也就有了记录城市所进口货物和所送出的手工制品数量的需求。

目前最早的苏美尔文字记录发现于乌鲁克，也就是通常所说的"乌鲁克遗址四期"(Uruk Ⅳ)中。这一遗址的精确年代，就如其他近东地区所有早期遗迹的测定年代一样，仍处在空想范围，最极端的年代测定差差不多有一千年。因此，当一位学者将原始文字产生的时间推测为公元前 41 世纪到公元前 38 世纪中叶时，[4]其他学者有可能将发生时间鉴定为公元前 3000 年。[5]由于缺乏具体的证据，我在这里只能谈谈我的看法，我以为对于一位文字史研究者而言，可能性最小的时间似乎是最可以接受的。那些高深的年代学家们所假定的，苏美尔文字起源于公元前 4000 年中叶，成熟的文字体系大概在公元前 2500 年得以形成，这一千多年的时间跨度，在我看来，并不符合苏美尔文字发展的事实。与此相反，我倒宁愿同意那些相对不那么知名的年代学家们所提出的 400—500 年的时间跨度，因为这个结论更接近于我对苏美尔文字的内在结构和外在形式进行观察后所了解的事实。这里存在着一条我们所不能跨越的界限，那便是最早的埃及圣书字的时间。这是因为，按照通常的观点，埃及文字是在苏美尔文字的影响和启发下产生的(详见后文)，那么，如果我们将埃及文字的时间确定为公元前 3000 年左右，那么早期的苏美尔文字的时间不应当晚于公元前 3000 年。但是，对于埃及早期的年代溯源，也仍然没有更准确的结果，这大概是因为，更深一步的研究将会得到新的结论，从而将以往推定的埃及第一王朝的时间缩减几个世纪。如果这种情况不可能出现，那么按照上面已有的结论，最早的苏美尔文字的时间应当被确定为公元前 3100 年左右。

在我们将所发现的早期的美索不达米亚文字的遗迹归为苏美

尔人时，我们必须反对这样一种简单的结论，即苏美尔人是美索不达米亚文字真正的“发明者”。事实上，学者们在近些年间愈发清楚，在较早的时期一个不同于苏美尔人的其他种族(在这里我将其称为“X部落”)定居在美索不达米亚周边地区，完全不能排除是这个“X部落”而非苏美尔人，首先创制了后来被我们所熟知的苏美尔文字。

苏美尔文字最简单的形式是一些标记性的符号，这些标记物中间有孔，显示出用绳穿过的痕迹。这些符号同某一实物或某一组实物联系在一起。这些记录标记符号的物体，通常用黏土制成，极少的时候也用石膏作为材料，它们的作用仅仅是一种陶筹(cylinder seal)上的压痕印记，也就是说，这是人们标识所有权的符号。当人们送出某件东西，便会将所送出的数目用某种符号来表示，但是并没有任何表示这一实物本身的符号。[6]这种符号体系的局限性是显而易见的，因为虽然接收物品的人在当时了解物品的名称，毕竟这些标记性符号是随着物品一同送出的。但是，一旦这些陶筹符号离开了实物本身，它们所记录的意义便逐渐失去，被人们淡忘。另一个更大的局限在于，使用这种方法，只能记录陶筹所有者的名字。

所有这些局限性，都促使人们创造出更为完善的能够代表实物本身的符号体系，并且使用书写符号代替陶筹上的印记符号。尽管图 28 显示出的小泥板，[7]在释读上还有一定的困难，但是很明显，上面的符号只能表示实物和所有者；而与之相比，图 29 显示出了符号得到了很大发展，[8]而且也更容易被释读。我们可以观察到在一个记录分类账目的泥板上记录着许多小的事件，每一次事件都使用了一些半圆形的符号来表示，人名则用一个或者更多的符号来表示。所送出的物品被记录在反面，我们可以清晰地看到这个符号表示 54 头牛。很明显，对于记录者来说，这些牛属于哪个具体的人并不重要，也没有任何符号来表示这些牛是被其他人买进或是送出。

我们认为，书写个人姓名的符号取代了表示所有权的陶筹印记

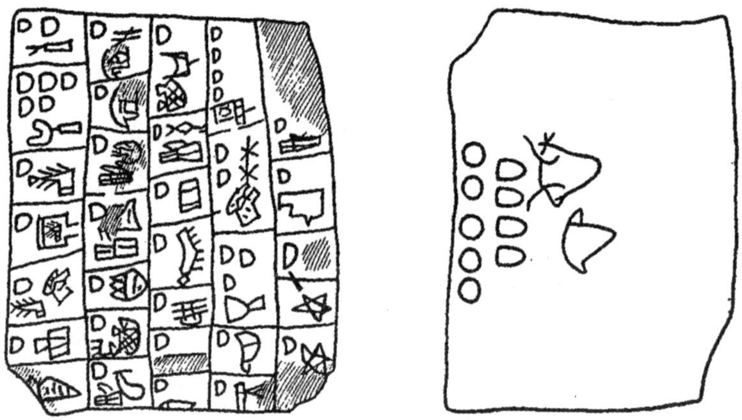

图 29 乌鲁克的分类账目泥板

是苏美尔文字发展的关键一步。但是我在这里必须强调，我始终强烈反对以下这样的观点，即认为苏美尔人在使用陶筹的过程中产生了创造文字的想法，或是认为美索不达米亚文字直接的祖先是陶筹符号。[9]在我看来，纵观整个历史过程，陶筹符号所发挥的作用，以及为了达到这种作用所使用的形式同文字符号是如此不同，这种巨大的差异，让我们很难认为陶筹符号的使用会对文字的发生产生什么实质性的影响。陶筹符号作为一种所有权的象征，不论从实用的角度或是从宗教的角度而言，它都是所有者身份的证明，而文字是一种传播的媒介。陶筹符号从宗教和神话的角度细致描绘图画，所描绘出的图画符号同所有者没有直接的联系。但是文字所使用的符号，无论是象形的还是非象形的，其目的始终在于传递书写者所要表达的信息。即使早期乌鲁克文字中非常个人化的符号形式与当时的陶筹符号也存在着很大的区别，我们可以通过乌鲁克文字和陶筹符号中表示牛和羊的符号的对比得到结论。

在早期乌鲁克文字中使用的符号，大多数是仅仅限于表达数字、实物和人名的词符。我们将文字的这一阶段称为“表词文字”(logography)或“词文字”(word writing)，这一术语同所谓的“表意文字”(ideography)应当严格区分开来。[10]只要稍微仔细比较一下早期的乌鲁克文字和我们在前文所提到的北美印第安人的原始符号体系，任何人都能很清楚地发现二者之间的差异。[11]

在表词文字发展的最初期，最容易表达的是具体意义的词。比如用羊的图形来表示一只羊，用太阳的图形来表示太阳。但是很快，人们便发展出了新的方法，通过这种方法，图画符号不仅仅能够表示它们直接描绘的实物，也能够表示同这些实物在意义上有着间接联系的词。因此，表示太阳的图形可以进一步用来表示“明亮”“白色”等词，再发展还可以用来表示“日子”等词。与此相似，画着一个女人和一座山的图画可以用来表示“女奴”，二者的组合是因为通常被带到巴比伦地区做女奴的女孩子们来自附近的山区。

这种类型的表词文字当然也有其局限性，这种局限性在于它难以表达语言中除实物名词以外的其他成分以及语法形式，这一不足还并不十分严重。因为想要表达的意思通常可以通过“上下文语境”得到补充，“上下文语境”是马力诺斯基(B. Malinowski)在他关于原始语言意义的研究中使用的术语。[12]与之相比，更严重的问题在于这种文字无法完全表达人名。美洲的印第安人表示人名的象形符号完全可以满足人们需要，因为它们只在部落内使用；但是在像苏美尔里的大型中心城市中，情况却并非如此。在印第安部落中，其中的每个人都相互认识，因此每个人都有一个独立使用的名字。但是在大的城邦中，即使彼此住得很近，人们也可能互不相识，并且有可能许多不同的人使用相同的名字。因此，在文本中，这些有着相同名字的人需要使用父系姓氏和出生地等信息进一步区分开来。更进一步说，印第安人所取的姓名，如“白水牛”(White-Buffalo)或是“大熊”(Big-Bear)，在表达上相对容易。这样的姓名在苏美尔人中很少见，如图30所示，大多数苏美尔人的名字是类似“恩利尔神赐予生命”(Enlil-Has-Given-Life)这样的形式，很难用印第安人的方式来表达。

图 30 乌鲁克时期记录姓名的文字符号

表达姓名的需要最终促进了“表音化”的产生和发展，这一点在阿兹特克和玛雅文字中已经得到了证实。因为在这两种原始文字体系中，表音原则很罕见，并且主要用来表示姓名。表达语法形式要素的需求在促使表音化进程中的作用并不那么重要，这一点可以从后来文字发展的事实中得到证实。也就是说，即使表音化已经得到了充分发展，在很长一段时间内，文字仍然无法完整地表达语法形式。

因此，我们可以认为，表音化现象的出现，主要原因是表达某些词和音节的需要。这些词和音节无法使用图画或图画的组合来直接表达。表音化的原则往往适用于这样一些词，它们可以使用一些与其在发音上相近，并且易于书写描绘的文字符号来表示。这一过程可能直接促进表音转换手段的形成，比如使用“膝盖(knees)”的图画来表达姓名“Neil(同 kneel 发音相同”)；使用“太阳(sun)”的图形来表示“son”这个词；甚至进一步将“膝盖”和“太阳”这两个图形组合在一起，来表示“Neilson”这个名字。[13]部分的表音手段可见使用盾徽上的“熊(bear in)”表示柏林(Berlin)；或是用“修道士(monk)”来表示“慕尼黑(Munich)”。表音手段还适用于这样的情况，人们需要通过它来区分意义相似，使用相同表词符号来表示的读音不同的词。例如，一幅描绘着面对面的两个女人的图画有可能表达这些词“不和”“争吵”“诉讼”，为了进一步明确所要表示的是“不和”(discord)这个词，人们会在表示两个女人的图形旁边加上一条细绳(cord)，因为这样能够表示这个词中的最后一个音节“cord”，词义因此而明确。当然，这个词也可以完全通过表音手段来表示，使用两个符号，一个表示“圆盘(disk)”，另一个表示“细绳(cord)”。

尽管乌鲁克铭文尚未释读出来，我们仍然可以断言，这种文字中的表音化原则出现很早。法尔肯斯坦(Falkenstein)曾引用“箭”这一符号作为表音化的例子，这个符号发现于苏美尔文字第二古老的阶段(乌鲁克三期)。[14]这个符号表示的是苏美尔语中的“ti”一词，这个词既有“箭”的意思，也有“生活”的意思。在文字的最初阶段(乌鲁克四期)中，“men(在苏美尔语中表示‘王冠’)”一词，是用“王冠”的象形符号加上表音符号“en”来表示的。[15]因此，或许神圣的名字Sin，原来是Suen或Suin，是通过su-en这样的表音符号表示的。[16]或许，当人们对早期的乌鲁克文字有了更为清晰详尽的了解以后，会发现更多这样的例子。

一旦被发现和使用，表音化原则便迅速扩展开来。它为语言的表达开辟了一个广阔的、全新的视野，不论多抽象复杂的语言形式，都可以借助表音化原则，通过有限的书写符号来表示。完整成熟的文字体系的建立，要求约定俗成的符号形式和表达原则。符号的形式必须得到规范并且被固定下来，这样每个人都能使用相同的符号。符号的形式和所表达的词和意义的固定的联系也必须建立起来，这种符号必须具有固定的音值，表示语言中固定的音节。此外，对于文字体系更进一步的规范还出现在：文字符号的位置、方向、形式以及书写顺序。文字符号的顺序通常同其所记录的语言的书写顺序一致，这一点同北美印第安人和阿兹特克人使用的“描绘—象征”符号系统的情况恰恰相反，同埃及文字也有所不同。但是，人们应当明确的是，出于艺术和实用等原因，文字符号的顺序可能随着词和短语的情况发生相应的变化。

文字符号的约定俗成，不仅仅要求规则的建立，同时也要求记录者对文字符号外形和规律进行学习。在乌鲁克四期遗址中发现了少量学校使用的泥板，[17]上面提供了一些字符表，用于苏美尔教育和学术活动。在此后的苏美尔历史中,这些领域非常发达。

在公元前三千纪前半段的某一时期,苏美尔文字体系首先被闪米特部族—阿卡德人的文字所取代,稍晚又被其东部的邻国埃兰文字所取代。在公元前二千纪里,美索不达米亚北部的胡里安人和安纳托利亚地区的赫梯人借用了阿卡德文字。在那个时期,由于阿卡德人实现了最大程度的文化扩张,阿卡德语也相应成为整个近东地区的统一使用的交际语。亚美尼亚的乌拉尔图人,在公元前一千纪的前半段使用了美索不达米亚文字记录他们的语言,它是借用楔形文字的最后一个国家。

上述楔形文字之外,我们还应当注意到乌加里特文字和波斯文字,二者都是独立创造的文字系统,它们同美索不达米亚文字唯一的联系和相似之处,就是他们也同样使用楔形符号来表达概念。

纵观美索不达米亚文字的历史,它的最佳书写材料是泥板。因为用尖笔在泥板上绘制圆形的符号有一定困难,所以随着时间的推移,书写开始要求人们通过简单的笔画写出有棱有角的符号。由于笔尖在黏土上书写的自然压力,这些符号一端在外形上像楔子,因此发展成为楔形文字。稍晚时期,人们也开始在其他的材料上书写楔形文字,比如石块或金属。图31呈现出文字从早期的图画符号向楔形符号发展的过程。这便是我们通常对于楔形文字的起源和发生所作出的解释。但是必须注意到,目前也出现了一些证据,证明美索不达米亚人也曾使用木头作为书写的材料。相对于黏土而言,木块更能促使圆形的符号向有棱角和方块的外形发展。汉字在公元元年左右,开始发展为"方块字",这也同样是因为在木质材料上刻写圆形符号十分困难。希伯来用以书写《圣经》的"方块字母"(scriptura quadrata)的产生也有相同的原因。

苏美尔音节文字体系中的音节符号,通常表示由一个元音和一个辅音组成的单音节,很少出现双音节的情况。

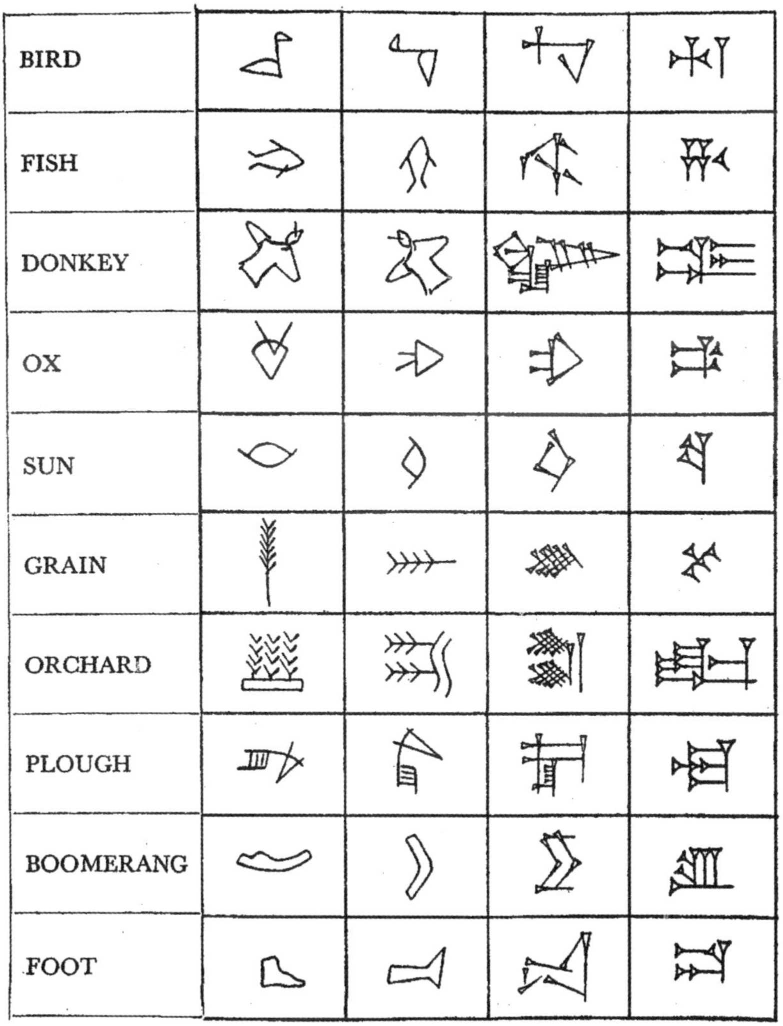

图 31　从早期图画文字到楔形文字的十个字符

美索不达米亚文字的音节符号，从来就不能准确表示其所记录语言中所有可能出现的音节。文字的经济原则要求人们使用最少数量的符号记录尽可能多的语言形式，因此就出现了许多经济原则作用下的省略情况。美索不达米亚文字系统中，不区分符号所表音节的收尾辅音是浊音、清音还是重辅音。因此，IG 这个符号，可以用来表示音节 ig、ik、iq，与之相似，符号 TAG 可以表示音节 tag、tak、 taq。除此之外，在某些古老的苏美尔文字体系中，如古阿卡德文字和古亚述文字，甚至不区分音节开头出现的不同的辅音。比如，在这样的文字中，符号 GA 可以表示 ga、ka、qa。在所有的楔形文字体系中，所表音节以 i 结尾的符号也可以表示以 e 结尾的音节。因此，符号 LI 可以同时表示音节 li 和 le。当某些音节没有专门的符号来表示时，可以使用具有相似辅音的音节符号。例如，使用表示音节 rim 的符号来表示与之相似的音节 rin。在苏美尔文字符号中，很难找到使用不同的音节符号来表示包含相似辅音的音节，这种情况在其他音节文字体系中是很少见的，唯一与之相似的是汉字体系。在美索不达米亚文字体系中，音节 ral，无法使用单个的音节来表示，必须使用 ra-al 的符号组合来表示，而在其他的音节文字体系中，这个音节往往使用 ra-l(a)或 ra-l(e)来表示。这种书写音节的方式，我们所见最早的证据是乌尔南舍（Ur-Nanše，约公元前 2500 年）时期用 Ti-ra-áš 表示 Tiraš。这一方式涌入美索不达米亚书写系统，在某种程度上最终成为书写由"辅音＋元音＋辅音"构成的单音节的两种常规方式之一。美索不达米亚文字用 ra-al 表示音节 ral 的现象可以用省略原则来解释。在某些多音值的符号中，比如一个符号可以表示 gul，也可以表示 sun，出于区别和明确地表示音节的考虑，人们通常会将表示 gul 的符号写成 gul-ul，也就是说，使用基本符号加上表示强调的表音补充符号，这样就可以提示人们，这个符号应该读作 gul 而不是 sun。而 gul-ul 可以被缩写为 gu(l)-ul，这样一来，gul 这个符号就会被认为仅仅表示 gu，而 ul 则用来补充剩下的部分。

通常，美索不达米亚音节文字是由这样的典型的符号组成：da、du、dam、dum 等，每个符号都能够精确地提示元音。但是，在美索不达米亚文字中，同样存在着这样的符号，WA 表示音节 wa、wi、we 和 wu，换言之，表示辅音 w 加上任何一个元音。[18]还存在着一种类型的符号，代表形式是 Aʾ 或 ʾA，表示一个弱辅音加上任何需要的元音。早期的亚述学家常常将前者(指 Aʾ)转写为 w,后一个符号(指ʾA)直至今日仍常被那些没有准确区分音节和音素文字的学者转写成ʾ。后一个符号是从一种更古老的形式发展而来,这种形式可以表示以下音值:aḫ、iḫ、eḫ,稍晚时还可以表示 uḫ。此外,最近的发现表明,符号 IA 在某一阶段可以表示一个辅音 y 加上任何元音。类似于LAḪ 或ḪAR 这样的符号,可以表示任何央元音。此外,更多的如 LI/LE、IG/EG、LAB/LIB、DIN/DUN 这样的符号,同时表示几个元音也是有可能的。

我们应当注意的是,美索不达米亚文字体系通常无法准确地记录辅音,而使用相同的符号表示具有相同元音的清音、浊音、重辅音。我们还观察到两种不同的书写方式。一类符号能够准确地记录辅音但是不能记录元音(如 WA 、WI、WE、WU);另一类符号与之相反,能够准确记录元音,而不能记录辅音(如 GA、KA、QA 以及 AG、AK、AQ)。两种方式中,第二种方式在美索不达米亚远比第一种重要。因此,美索不达米亚音节文字是这两种过程共同作用的结果。它们的目的都在于使用最少数量的文字符号来更有效地记录语言。这便是文字的经济原则,在许多音节文字体系中都有出现。如埃及文字能够准确地标识辅音而不能标识元音。而在赫梯文字、塞浦路斯文字以及早期日本音节文字中,都不能准确区分清音、浊音、重音以及送气辅音。

如果我们试图重新再现按照经济原则创造美索不达米亚音节文字的两种方式,我们可以得到下图:

图 32　音节符号的两种构成方法

方法 1	方法 2
同一符号表示 ga 或 ka 或 qa	同一符号表示 wa 或 wi 或 we 或 wu
同一符号表示 gi 或 ki 或 qi	同一符号表示 ya 或 yi 或 ye 或 yu
同一符号表示 ge 或 ke 或 qe	同一符号表示 aḫ或 iḫ或 eḫ或 uḫ
同一符号表示 gu 或 ku 或 qu	同一符号表示ḫar 或ḫir 或ḫer 或ḫur

埃及文字体系

埃及文字被称为“圣书字”，这个名称来源于希腊语 ιερογλυφικα γραμματα（“神圣碑铭文字”），命名的缘由大概是人们相信，在埃及，这种文字主要用于宗教目的；并且刻写在石板上（ιερός 意义为“神圣的”，而 γλυφειν 意为“刻写”，因此，顾名思义，表示刻写在石板上）。1822 年，法国人弗朗索瓦·商博良（François Champollion）通过将罗塞塔石碑上的埃及文字和希腊文字对译，成功地释读了埃及圣书字。

埃及文字的起源并不像苏美尔文字那样清晰明确。我们在距离上埃及的古老城镇底比斯南约 50 英里处的希拉康玻里，发现了一些板岩调色板，处于埃及文字初始阶段。其中对于我们研究讨论最有帮助的是“那尔迈调色板”（图 33），之所以将其命名为“那尔迈”，是因为其正反两面顶端区域中央的两个核心的符号，在后来的埃及文字中被人们读为“那尔迈”。由于“那尔迈”这个名字在后来的埃及历史中从未出现，因此认为这个符号所表示的是埃及第一王朝奠基人——美尼斯法老的名称这一观点，仅仅是一种纯假说。

让我们来看一看这幅调色板的反面。处在中心位置的画面是埃及的一位国王举起锤矛向敌人的膝盖上打去。画面的右边是一只鹰，也许代表着荷鲁斯神，鹰抓着一根绳子，绳的另一端绑在一个尼罗河三角洲的一个人身上，这个人头上的六根纸莎草茎象征着三角洲地区。整幅图可能是在记录上埃及王国的建立者美尼斯攻占下埃及（尼罗河三角洲地区）的事件，这一事件大约发生在公元前 3000 年。此外，我们在这幅调色板周围还发现了一些分散的图

图 33　那尔迈调色板

形符号，分布在哈索尔和降伏的敌人的头像之间，不管我们将这些符号释读或解释为什么，它们大概仅仅表示某种姓名或头衔。以上整幅图画的结构，同我们所见的早期苏美尔文字的结构存在着很大的区别，而与阿兹特克文字却存在着某些惊人的相似之处。因为二者都是通过描述—象征的方法，以艺术的方式细致地描绘整个事件，而完全不具备文字的主要特征——按照语言的顺序记录语言。

那尔迈调色板以及希拉康玻里地区发现的其他一些石板上的姓名，很显然是用“同音隐语”的方法记录的，这一点同美洲印第安人的原始符号系统和早期苏美尔文字符号都是相同的。

美尼斯之后不久，埃及产生了成熟的表音文字体系，或许是受到了苏美尔文字的外来刺激和影响。在经历了时间很短的一段过渡期(在此期间的音节符号很难理解)后,一种成熟的文字体系产生了,其中所遵循的文字原则在整个埃及文字史中一直延续。纵观埃及文字的整个历史,它是完全意义上的“词—音节”文字。

埃及的圣书字(碑铭体),通常使用于庄重正式的场合,发挥陈列展示的作用,而不是日常生活用字。因此,埃及文字后来发展出两种手写字体,首先发展出僧书字(僧侣体),而后是民书字(人民体)(图 34)。埃及文字的碑铭体、僧侣体、民书体的符号形式演变参见图 35。

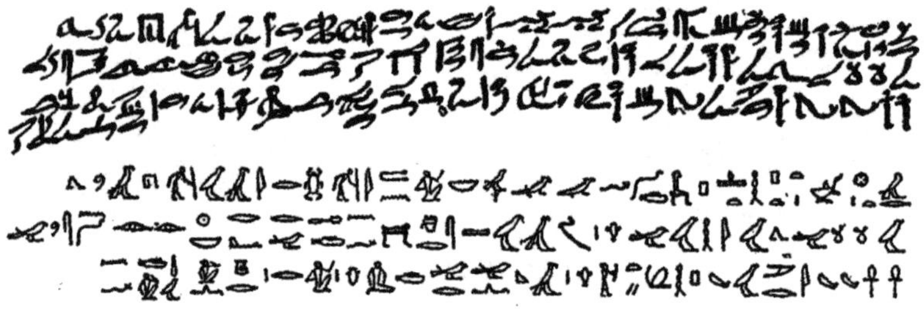

LITERARY HIERATIC OF THE TWELFTH DYNASTY (*Pr.* 4, 2–4),
WITH TRANSCRIPTION

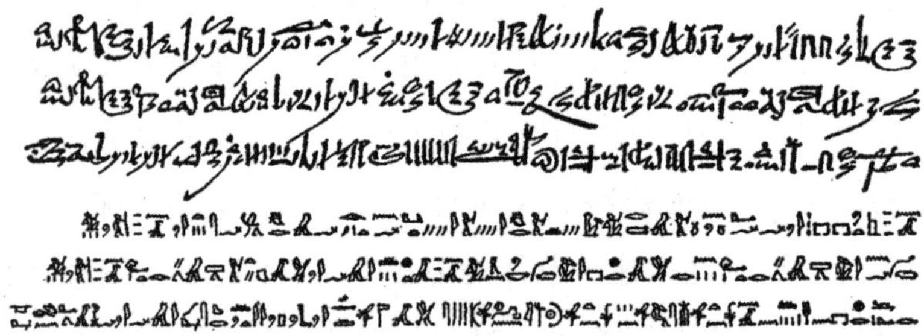

OFFICIAL HIERATIC OF THE TWENTIETH DYNASTY (*Abbott* 5, 1–3),
WITH TRANSCRIPTION

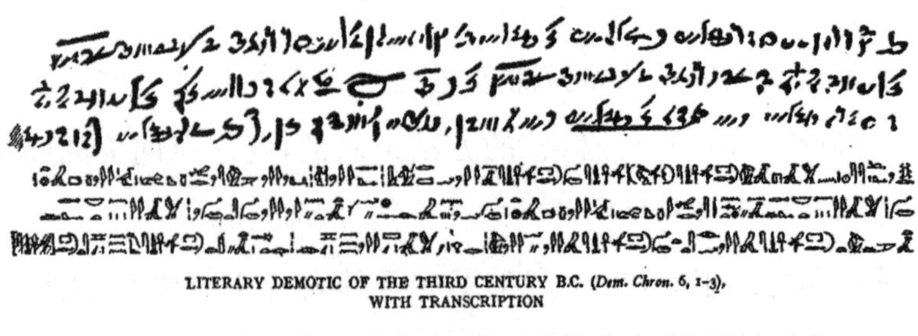

LITERARY DEMOTIC OF THE THIRD CENTURY B.C. (*Dem. Chron.* 6, 1–3),
WITH TRANSCRIPTION

图 34 埃及僧侣体、民书体以及相应碑铭体的对照、释文手书

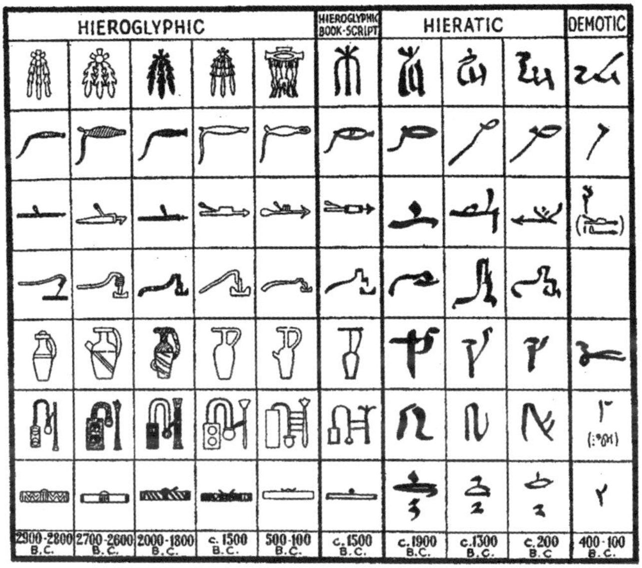

图 35　埃及碑铭体、僧侣体、民书体文字符号的形式演变

埃及音节文字包括 24 个单辅音符号，每一个符号又由一个首音加上一个元音构成，比如 m^x 代表 m^a、m^i、m^e、m^u以及$m^{(x)}$（图 36）。此外，还有 8 个双辅音符号，由两个辅音加上任何元音构成。比如，符号 $t^x m^x$ 可以表示如下音值：$t^a m^a$、$t^i m^i$、$t^e m^e$、$t^u m^u$、$t^a m^i$、$t^e m^i$、$t^a m^{(a)}$、$t^e m^{(e)}$、$t^{(a)} m^a$等（图 37）。

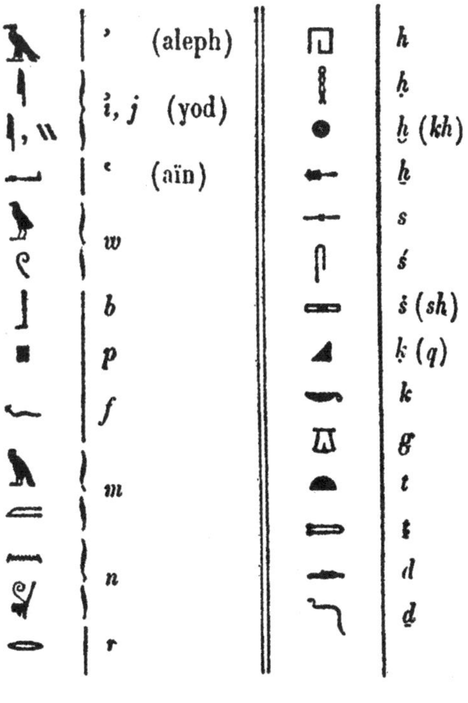

图 36　埃及文字中的单辅音符号

这里的“音节”取的是最直接的意义，指的是埃

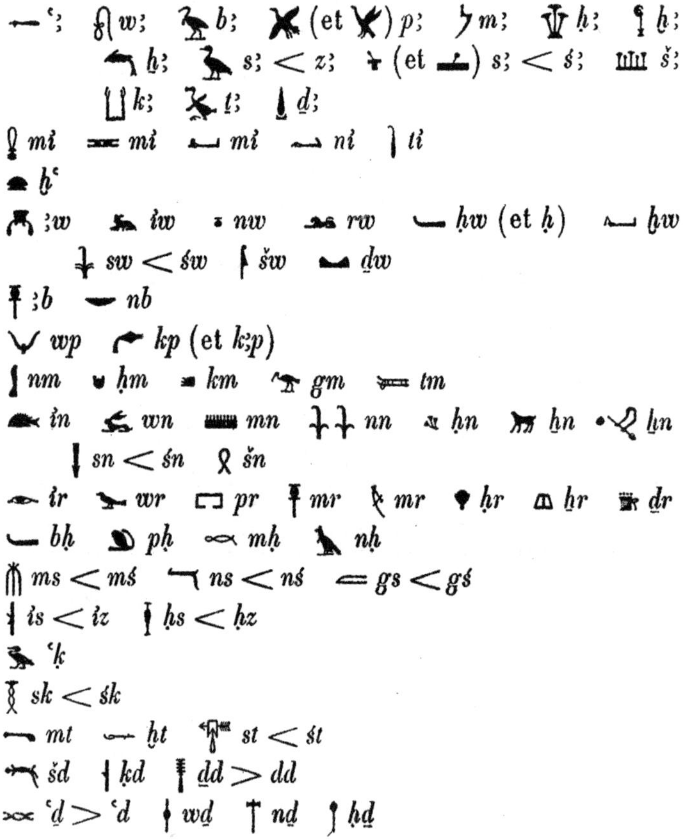

图 37　埃及文字中的双辅音符号

及文字中表音而不表意的符号。埃及文字体系是由这样的音节符号组成的。这个简单的术语不包含更复杂的意义，正如某些埃及学学者将埃及“表音”符号分为两类：音素符号（如 m）和音节符号（如 tm）。[19]正如科特·瑟斯（Kurt Sethe）所言，这两者之间并不存在着本质区别，因为它们具有相同的内部结构，只是前者包含一个辅音，而后者包含两个而已。[20]也正是这个原因，促使瑟斯以及所有的现代埃及学学者都将埃及文字中不表意的那些符号，不论它们是单辅音或是多辅音，统统归为辅音文字。我们下面将要着重探讨这个问题，问题的关键不在于埃尔曼（Erman）所提出的，埃及文字中的非表意符号是字母还是音节；而在于它们究竟是像埃及学学者普遍认为的，完全具备辅音性质；还是像我认为的，属于音节性质。

而坚持辅音性质的埃及学学者同坚持音节性质的我本人，都同意这样的观点：埃及文字中的表音符号，能够清晰完整地标示辅音，而不能标示元音。我完全同意瑟斯的观点，举例来说，埃及人使用转写作 mn 的这个书写符号，可以表示稍晚期的科普特语中的 măn、mīn、mĕn、mūn 和 mŏn，[21]这便意味着，在早期的埃及文字中，转写作 mn 的这个书写符号所表示的词中，包含着某些固有的元音。从实践的角度来看，人们转写作 mn 的这个书写符号，[22]看作是辅音性质，或者看作是表示 $m^x n^x$，$m^x n(^x)$，$m(^x)n^x$，也就是说，看作是音节性质，并没有什么区别。因为两种观点都正确说明了这样的事实：这个符号明确地表示辅音（m 或 n），但是无法明确表示元音（^{x}）。但是，如果从文字理论的角度来看，这两种观点之间却存在着很大的差异。埃及表音文字（非表意文字）不可能是辅音性质的，因为在文字发展史上，埃及学学者们所普遍认同的“埃及文字从表词文字直接发展为辅音文字”的观点，无法得到事实的佐证。通过对几十种文字体系的研究，我们发现埃及文字唯一有可能的并且已经得到事实证明的发展趋势，就是从表词文字发展为音节文字。[23]

观察古代东方文字体系的发展事实，如苏美尔文字、赫梯文字和汉字，还包括美洲印第安人和非洲土著居民在外来语言文字的影响下创造的某些现代文字，比如切罗基文字、巴姆文字等，我们发现，普遍的发展趋势都是从表词文字阶段发展为音节文字阶段。从认知的角度来看，这也是最符合自然规律的发展趋势。人们对词再分析的时候，只可能最先将其分为几个音节，而不可能直接分为几个单独的音素或辅音。事实上，当我们考虑到所有的美洲印第安人和非洲当地的文字都停留在音节文字阶段，而没有进一步向前发展为音素文字时，我们应该能够推断出，当地的居民大概是在将这些词进一步分割为单个音素的过程中遇到了困难。因此，如果我们将埃及表音文字符号视作是辅音性质的，那么我们不仅要承认，埃及文字是文字史中的例外，同时还必须承认，当时的埃及文字已经超前达到了与几千年后的希腊字母性质相同的发展阶段。

不管我们将埃及表音符号视作是音节性质或是辅音性质，有一点是明确的，那便是埃及文字符号无法表示元音。乍一看，我们会认为这是文字发展史上一种独一无二的突变，目前我们所熟知的其他文字，除了从埃及文字直接发展而来的闪米特字母，都能够表示元音。但是，如果我们观察美索不达米亚楔形文字符号，就会发现，这种不表示元音的现象并不是埃及文字所独有的。楔形文字中的一些符号从不表示元音，其他一些符号只能部分地表示元音。因此，在这些文字体系中，我们通常发现符号 WA 表示音节 wa、wi、we 和 wu，换言之，表示辅音 w 加上任何元音。与之相似，符号 LI 可以同时表示音节 li 和 le，符号 LAB 可以表示 lab 或者 lib。在美索不达米亚文字体系中，除去不能表示或只能部分表示元音的符号外，也存在着不能完全准确地表示辅音的情况，比如符号 AG 表示音节 ag、ak 或 aq，GA 则表示 ga、ka、qa。在这两种构成音节文字的方式中，目前看来，第二种方式在楔形文字符号体系中更为重要。而与此相反，在埃及文字中，第一种方式是组合音节的基础。两种方式共同的原则是经济原则，也就是尽可能使用最少数量的文字符号清晰明确地表达所记录的语言。

如果人们想要了解，埃及文字以及在此基础上产生的闪米特诸文字体系都出现了系统性省略元音的原因，我想那些研究闪米特文化的东方学学者们会给出答案。正如我们所了解的那样，埃及语属于闪米特语族，这一语族在形态上主要的特征就是辅音的稳定性和元音的多变性。因此，举例来说，词根形式 ktb（“写”），会出现如下变体：katab（“他写”）、kātib（写作者）、kitb（书），以及更多地保持辅音 ktb 不变而对元音进行变化的语法形式。这并不是像某些语言学家所说的那样，元音的地位在闪米特语族中不如在印欧语系中那么重要，或者，闪米特语中元音的作用不如希腊语中那样重要。因为，在以上两组语言中，缺失了元音后的释读同样困难。如果读了这个句子，你会发现，英语也可以同样不使用元音进行书写（'n rdng ths sntnc y wll fnd th bst prf tht 'ls th 'nglsh lngug cn b wrttn withut vwls）。[24]事实是，印欧语常常通过词尾的变化来表示形态和意义，而闪米特语言则主要通过内部元音的变化来表示。其实，内部元音的变化在印欧语中偶尔也会出现，如德语中的 brechen、brach、bräche、brich、gebrochen、Bruch、Brüche，或是英语中的 sing、sang、song、sung。因此，闪米特语族中辅音稳定元音多变的语言特征，应当是埃及人创立了这样一种音节符号的主要原因，这种音节符号能够准确地记录辅音，而常常省略元音。

更多关于埃及文字中非表意符号音节性质的证明可以参见对西闪米特音节文字的讨论。由于西闪米特文字明显是埃及音节文字的直接后裔，两种文字在内在结构特征上完全相同。因此，任何对于西闪米特文字音节性质的论证也同样适用于埃及表音符号性质。

如前所述，埃及表音符号，不论是表示单辅音符号还是多辅音符号，总是以辅音开头的。这一论断同某些埃及学学者的见解相左，在他们看来，埃及表音符号是辅音性质的，每个符号表示一个或多个辅音加上任何元音，这个元音可能出现在音节的开头、中间或末尾。比如"嘴"这个符号表示 ră、rā、rĕ、rē、ăr、ār、ĕr、ēr 等，"房屋"符号可以表示 par、pĕr、āpr、epr、epra 等。[25]认为埃及文字符号能够表示"元音＋辅音"这一观点的主要原因，大抵是人们观察到了这样一些文字符号，以元音或是弱辅音开头，比如介词 $i^x m^x$ 或 m^x（表示 in、from、with），或是 $i^x r^x$ 或 r^x（表示 as to），以及命令式的动词如 $i^x \underline{d}^x d^x$ 或是 $\underline{d}^x d^x$（表示命令"说吧！"），还有一些其他表示动词的形式。从这样的音节构成来看，某些(弱辅音加上)元音的结构在短音节中是存在的，因此得出了这样的结论，短音节中的第一个符号代表一个元音加上一个辅音。但是，在书写时，这种现象是无需解释的。因为在任何情况下，音节 aleph 都能够被解释为一种出现在两个连续辅音之前使之便于发音的辅助性成分。[26]我们通过闪米特语言中类似的现象也能证实这种解释，emna 或 min 表示“from(从)”，qutul 或 qtul 表示“kill(杀)”，以及其他例子。如果我们将埃及表音符号解释为由一个元音加上一个辅音构成，那么我们就必须证明出现在音节开头的元音，比如表示姓名的 Amon 和 Osiris 中的词首元音，也能够随意省略。

赫梯文字体系

图 38 早期的赫梯象形文字

赫梯象形文字的释读和破解发生在 20 世纪 30 年代，是几位不同国家的学者共同努力的结果：德国的赫尔穆斯·博塞特(Helmuth T. Bossert)，瑞士的埃米尔·福雷尔(Emil O. Forrer)，捷克斯洛伐克的贝德里奇·赫罗斯尼(Bedřich Hrozný)，意大利的皮耶罗·梅里吉(Piero Meriggi)，以及作者本人。但是，对于赫梯文字的释读和破译始终没有发展到完善的程度，我们对这种文字的认识和了解还不能达到同苏美尔文字和埃及文字相当的水平。也就是说，虽然对这种文字系统已经具备了大致清晰的了解，但是对于个体文字符号的释读中还存在着很多有待解决的问题。[27]

用来描述赫梯文字的“象形文字”(hieroglyphic)这一术语，来源于埃及“象形文字”。这意味着，赫梯文字，同埃及文字一样，是一种图画文字(picture writing)。但是，现在尚且没有任何事实能够证明赫梯文字是在埃及圣书字影响下产生的借源文字，也不能证明两者之间有任何联系。

赫梯象形文字在公元前1500年至公元前700年被人们所用，使用的地域广阔，从安纳托利亚中部一直扩展到叙利亚的北部。赫梯象形文字所记录的语言虽然同“赫梯楔形文字”所记录的语言存在着某种联系，但是二者绝不相同。后者的命名原因，大概是由于人们曾借用美索不达米亚平原的楔形文字符号记录和保存当时的赫梯语。两种赫梯语和文字在赫梯帝国同时使用，楔形文字及其所记录的语言仅仅局限于帝国的首都，波加科斯地区，并且在公元前1200年以后逐渐消亡；而赫梯象形文字却在整个国家范围内使用，它所记录的赫梯语也作为一种活语言始终活跃，二者一直延续至公元前700年。

赫梯象形文字的起源尚且不很清楚，但是目前的文字事实都将其发生和源头指向爱琴文明地区。早期赫梯文字符号的图画性特征，在古典时期的正式铭文材料中完整地保存，即使在最晚时期的草书体中，也依然可见。(图39释读见下章)

图39　赫梯象形文字的草书形式

赫梯文字词符的结构同其他早期的“词—音节”文字的符号存在着相同或相似之处。赫梯音节文字符号由 60 个音节符号组成，典型形式是 pa、pi、pe、pu，每个符号表示一个以辅音开头元音结尾的音节（图 40）。同样，出于文字的经济原则，赫梯文字符号同样不区分清音、浊音，送气和非送气辅音。最有代表性的赫梯音节文字是

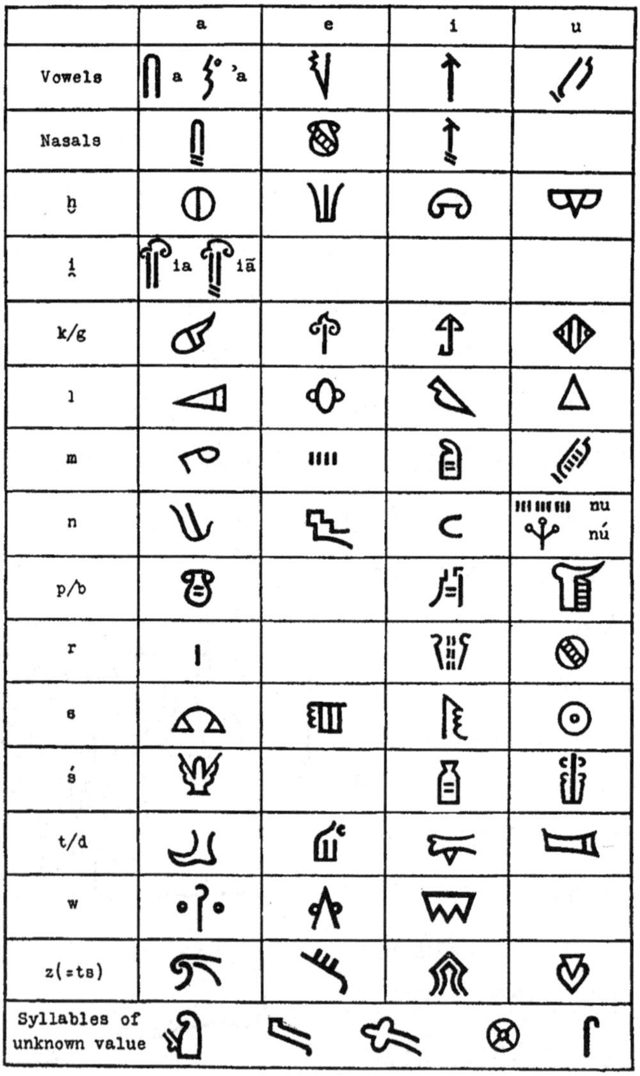

图 40　赫梯象形文字音节表

公元前一千纪初期在叙利亚半岛上所使用的文字，而与此同时通行于安纳托利亚地区的音节文字则包含了这样一些音节符号，这些符号发生了一些地域性的变化，和公元前1200之前的古老的音节文字一样，包含着某些在稍晚时期不再被人们使用的符号。除了pa这种类型的音节符号之外，赫梯音节文字还存在着一小部分同音隐语(rebus)符号，同样用来表示tra或ara这样的音节。

汉字体系

在古代东方四大文字体系中，汉字是唯一不需要专门进行释读和破译的文字，因为它代代相传，沿用至今。汉字大约出现于公元前二千纪中叶的商代，从产生伊始就呈现为成熟完整的、可以准确记录语言的文字体系。事实上，在汉字发展演变的历史中，虽然外在形式发生了很大的变化，但是其内部结构特征从产生伊始至今却没有什么大的不同。

最早的汉字是出现在兽骨(图41)、龟甲(图42)上的占卜用的甲骨文，以及青铜容器、兵器、陶器以及玉器上的一些篇幅较短的铭文。商代的汉字符号数量相当有限，不超过2500字，其中大部分文字符号的图画性特征都非常明显。[译者注：据目前统计，甲骨文已发现单字约4500字(于省吾《甲骨文字释林·序》)，已释读数量为1500字左右，商代金文的单字数量大约为5000字(张亚初《殷周金文集成引得·序言》)，其中约60%与甲骨文相同或相似。]但是，不久汉字就发展为线条化的形式，在某种程度上，人们已经很难发现它们的原始图画形式(图43)。

在汉字体系中，我们没有发现同其他三种古老的东方文字体系相似的完全意义上的音节符号。因为汉语中大部分的词都是直接

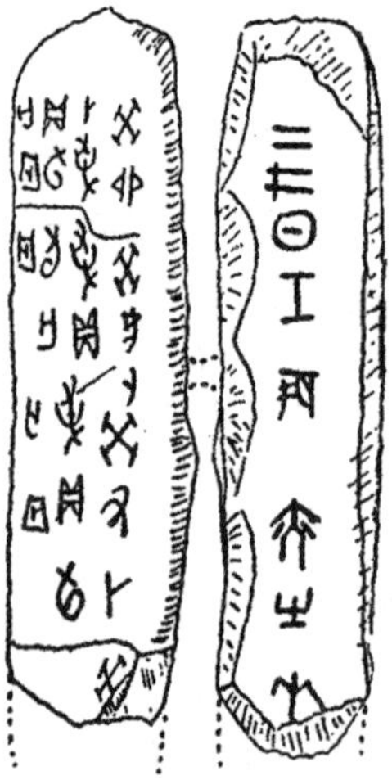

图 41 兽骨上的甲骨文

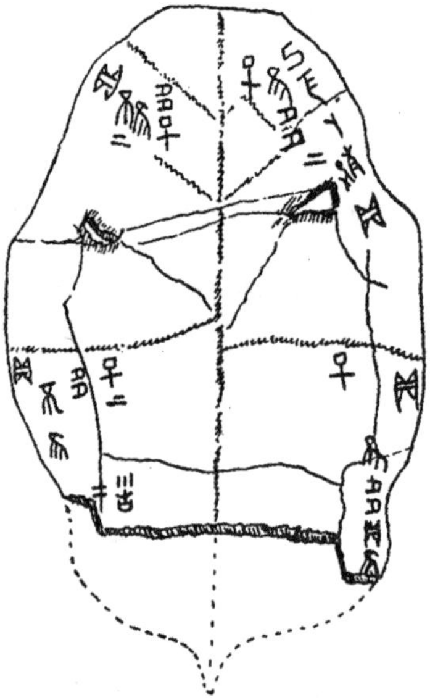

图 42 龟甲上的甲骨文

惟十又八年十又二月初
吉庚寅王才周康穆宫王
令尹氏友史趛典善夫克
田人克拜稽首敢對天子
不顯魯休揚用作旅盨惟
用獻于師尹朋友昏遘克
其用朝夕享于皇且皇且考其
口口口口降克多福眉壽永令
畯臣天子克其日易休無
彊克其萬年子子孫孫永寶用

图 43 现代中国汉字

用词符来表示的，只有那些外来词和姓名词才需要词符发挥表音的作用。因此，“Jesus”写作“耶稣”，“English”写作“英吉利”，“French”写作“法兰西”，“telephone”写作“泰里风”。这些音节没有相应的词符来表达，正如其他近东文字体系中那样。“Jesus”也同样可以写作“亚稣”，“telephone”同样可以写作“泰陆风”。汉字中普遍存在着缩写的趋势，比如用“英”代替“英国的”（也用“英国人”表示 Englishman），用“法”简称“法国的”（也用“法国人”），用“罗”简称“罗斯福”。通常情况下，使用音节所造的词（音译词）在不久后会要求出现使用词符构成的相应形式（意译词），比如现在中国人又新造了“电话”一词表示“telephone”。中国人对于词符文字的重视和依赖表现为：即使使用相应的文字符号翻译外来词或姓名的时候，他们所使用的符号不仅仅同外来词有语音上的联系，同时也尽可能选择那些能够传达相应意义的词符。因此，在翻译“Stuart”时，汉字写作“司徒”，因为“司徒”二字同时也代表着中文中的一个词，这个词的意义是一个职官名，同英语中的 steward 相似。与此相似，“Woodbridge”一词在中国写作“乌板桥”，用“乌”来表示姓，而“板桥”表示木桥的意思。这里我还要举我的中文名为例，这是一位中国学者在玩笑中给我取的，“格尔博”，“格”表示我的姓，“尔博”则表示“博学的，多才的”。[28]

回溯到公元五、六世纪，中国首次通过反切原则切分音节。最初仅仅是偶然被人们使用，帮助认识生僻字读音的反切原则，在 20 世纪初发展完善，并在河北和山东地区成功推广，广泛适用。[29]在此基础上形成的音节字母表由 62 个符号组成，可以进一步分为 50 个声母和 12 个韵母。在拼写音节时，类似 pu、bu、mu 这样的音节，人们很容易就知道应该用 p‘u、pu、mu 等符号来表示。但是当人们需要表示一个在音节表中没有对应符号的比较生僻的音节时，反切的原则就能够发挥重要的作用。这样的音节通常使用音节表中的两个符号来表示，一个表示首音，另一个表示尾音。因此，ming 这个音节可以写成 mi 和 eng，而 yu 写成 yi 和 u，chiao 则写成 chi 和 ao 等。正如我们在图 44 所见的音节符号，代表了标准汉字的简明形式。[30]

(a) 50 个首音节

(b) 12 个尾音节

图 44 中国的反切音节

原始埃兰、原始印度、原始克里特文字体系

这三种文字体系的共同之处是，它们都尚未被破译或者仅仅部分被破译。正是出于这个原因，我们应该将我们的研究和探讨限定在文字事实的范围内，而不要进行与这些文字体系的内在特征相关的推测和臆想。

原始埃兰文字最先出现在古代埃兰(Elam)的都城苏萨(Susa)，大概可以追溯到公元前 3000 年之后的杰姆代特・奈斯尔(Jemdet Nasr)时代。

这批最早的文字，出现在几百块泥板上，现在已经能证明这些泥板的经济性质(图 45)。目前，这批文字中的几百个符号，还没有一个能够被成功释读。唯一相对可靠的是对某些数字符号的释读，以及对使用十进制数字的确定。原始埃兰文字进一步发展，形成了

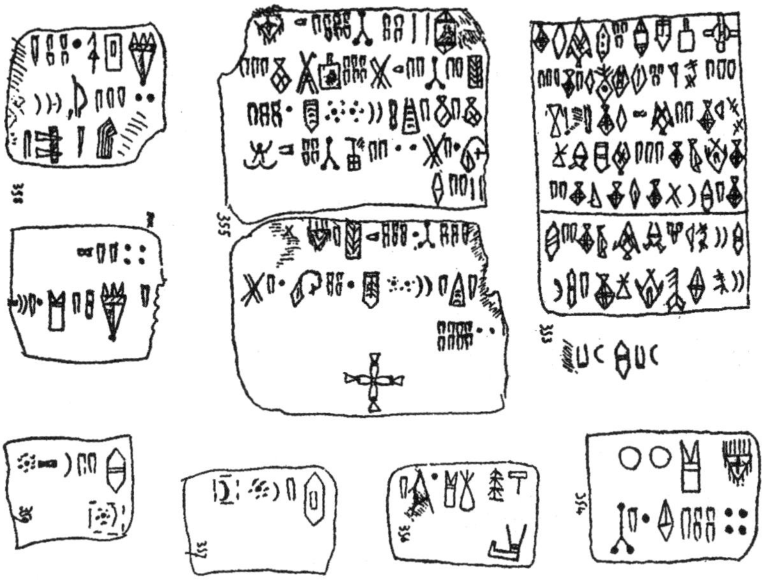

图 45　最早的原始埃兰文字形态

一种新的文字形式，这种文字也未得到释读和破解，它们是出现在公元前 2200 年至古阿卡德时期刻在石块上的文字。[31] 图 46 表示的是同时用古阿卡德和原始埃兰文字进行书写的语言。这种新的文字体系符号数量大大减少，目前只发现了 55 个，同前期的文字符号数量大不相同。

图 46 古阿卡德时期的原始埃兰文字

最近五十年以来，在印度河谷地区，陆续发现了一些带有特殊符号的玺印，引起了世界文字学家们强烈的兴趣。但是，直到 1924 年，印度政府的考古部门才进行了第一次系统的挖掘工作，挖掘和考古的主要地点是今天的哈拉帕城(Harappa)和摩亨约·达罗古城(Mohenjodaro)，在那里发现了数量可观的古代文本。此后，更多相同性质的文字材料在占浒达洛城(Chanhudaro)被人们发掘出来。所有这些被挖掘和发现的古老的材料，印度的传统都不能为我们提供任何参考，因此这些文化对我们来说太陌生。这种尚未得到释读的文字由 250 个文字符号组成，主要出现在玺印、陶器以及青铜板上(图 47)。[32] 人们将其同美

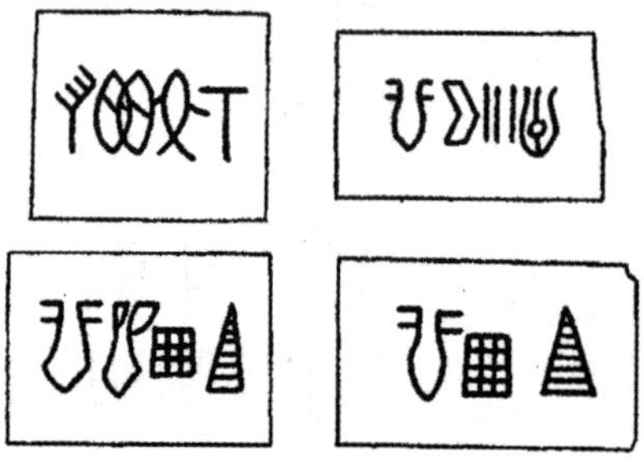

图 47 原始印度文字

索不达米亚文字的考古发现进行对比，开始推测原始印度文字产生的时代，这种文字大概起源于公元前3000年至前2500年，持续时间较短——仅仅几百年，然后就忽然消亡，正如它忽然产生一样。

克里特文字的起源和发展，通过亚瑟·埃文斯（Arthur Evans）60多年前在克里特克诺索斯（Knossos）地区的考古发现，得到了很好的诠释。[33]克里特岛上的其他地区（马里亚、圣特利亚达），以及希腊本土地区（迈锡尼、欧克米诺斯、皮洛斯、底比斯以及提林斯），还有爱琴海诸岛屿上的考古发现，都提供了重要的文字材料。克诺索斯的材料重构了我们的知识，而克里特岛及希腊本土发现的大量铭文材料又对填补我们知识上的空白大有裨益。虽然克里特文字到目前为止仅部分能释读，我们仍然能够梳理出主要的发展轨迹。记录实物和人名的印章上的符号，早在米诺斯文明的早期就已经出现了。此后在中期米诺斯文明一期（公元前2000—前1900年），图画形式的克里特文字产生了，这就是埃文斯所称的象形文字A（图48）。相继出现的是中期米

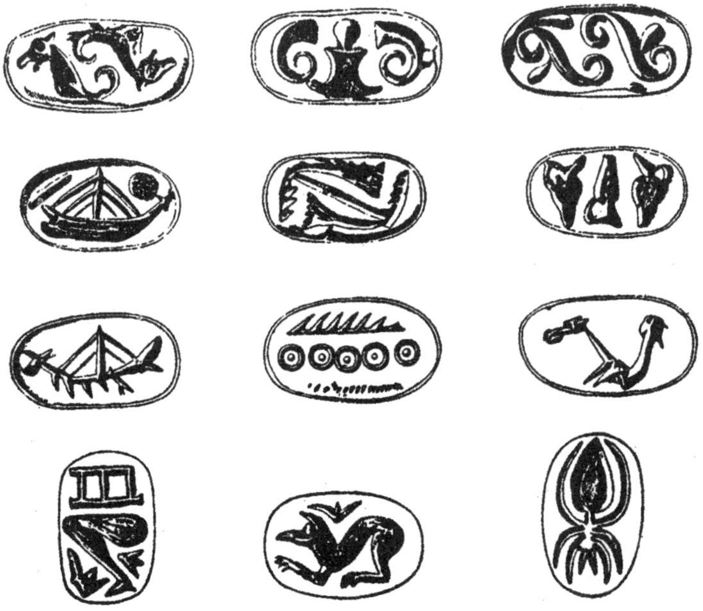

图48　克里特象形文字A

诺斯文明二期(公元前1900年—前1700年)的象形文字B。经济的繁荣发展促进了克里特文字的进一步发展,在中期米诺斯文明三期(公元前1700—前1550年),产生了线性文字A(图50),这种文字

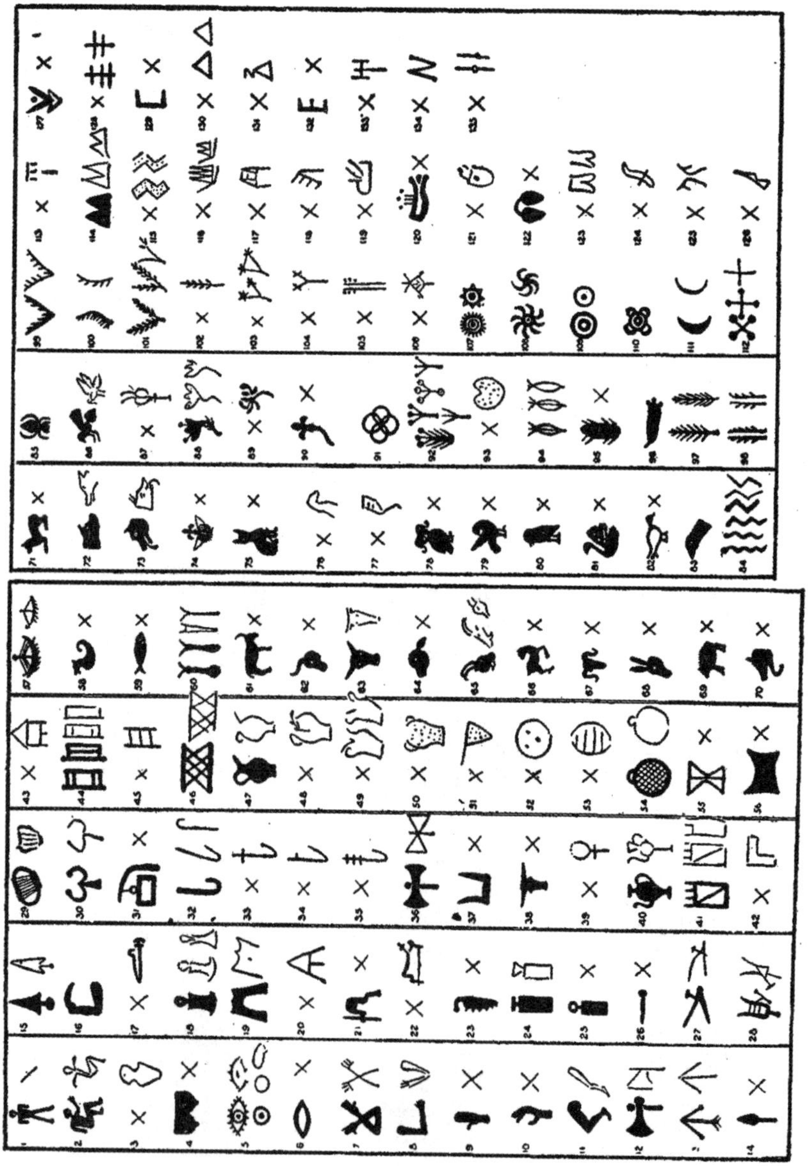

图49 克里特象形文字B

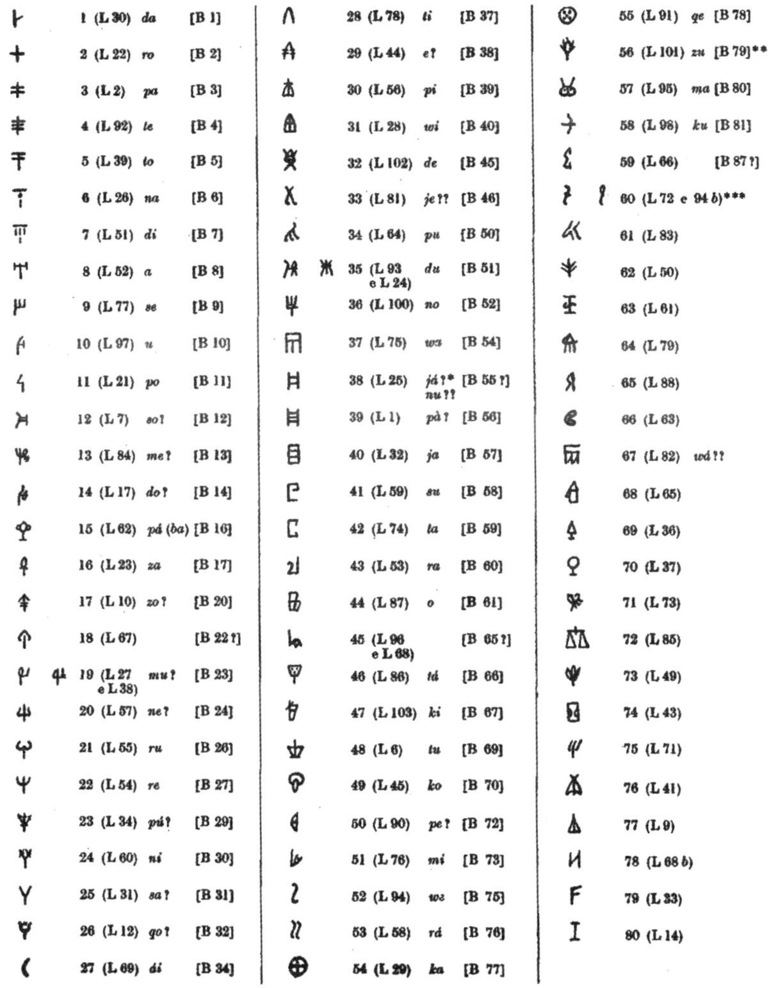

图 50 克里特线性文字 A

主要在公元前 1450 年前后被人们广泛使用，接下来又出现了线性文字 B(图 51)，在公元前 1200 年被人们使用。至于图画文字符号如何发展成为线性文字符号，其演变过程可以参见图 52，图 53 则向我们展示了线性文字 B 的典型样式。近期，线性文字 B 材料被广泛发现，对其释读工作提供了极大的帮助，这种文字已经被一位年轻的英国建筑师迈克尔·文特里斯(Michael Ventris)成功释读出来。所进行的释读工作奠定在以下假说的基础上：这些文字符号所出现的

图 51　克里特线性文字 B

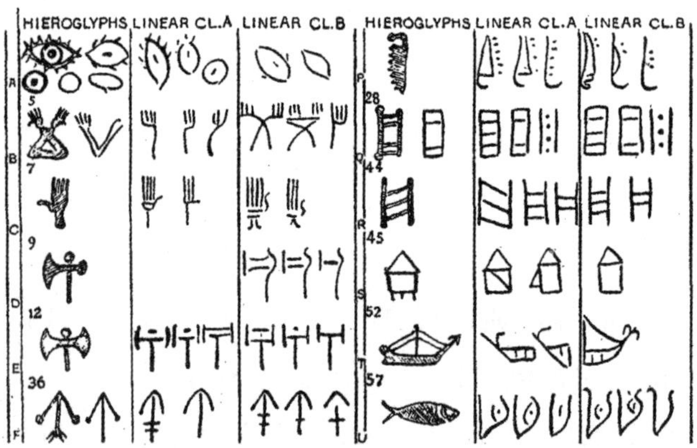

图 52　部分克里特文字从早期象形符号到线性符号的演变过程

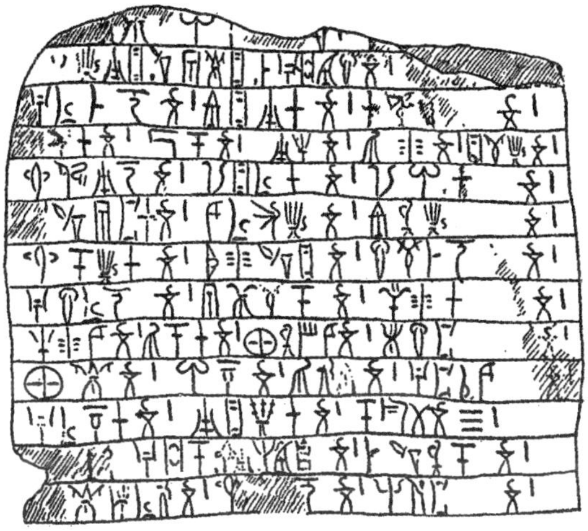

图 53　克诺索斯的线性文字 B

石板，是存货清单、记账本以及进款收据，这些文字包含着数量不定的“意符”（ideograms）（确切地说，应该是词符，通常发挥着定符的作用），这些符号可以通过他们的图形性以及彼此组合并相互区别的方式得到解释。而从这种文字包含着 88 个不同的表音符号这一事实，我们可以断定克里特线性文字 B 是音节性质的，正如塞浦路斯音节文字和赫梯文字一样，每一个文字符号表示一个元音或是一个“辅音＋元音”。通过统计符号的使用频率，文特里斯［在科贝尔（Kober）和克提斯托波洛斯（Ktistopoulos）之后］推测一些使用频繁的符号代表元音。通过观察构成每个词的音节符号组末尾音节的变化，文特里斯得出了这样的结论：这种文字存在着同拉丁文字相似的曲折变化规律，如 bo-ni、bo-no 和 bo-nae 等。这一结论又促使文特里斯试图推断出这样一个观点：这些符号通常由一个相同的辅音和一组变化的元音组成，或者由一组变化的辅音加上一个相同的元音构成。在这些假说的基础上，文特里斯继续尝试构拟出这些符号的音值。这条路很艰辛，一些尝试最终被证明是错误的。但是在释读一些地名的时候，得到了让人欣慰的结果，比如 A-mi-ni-so、A-mi-ni-si-io、A-mi-ni-si-ia（对应于希腊语中的 ’Αμνισό-、’Αμνισίο-、

'Aμνισία-)以及 Ko-no-so、Ko-no-si-io、Ko-no-si-ia(对应于希腊语中的 Kνωσό-、Kνωσίο-、Kνωσία-),这些尝试使他能够对这些符号进一步释读。而对于这些地名和其他人名的词尾曲折变化的研究使他推断认为,这种文字所记录的语言可能是希腊语。[34]

从类型学的观点来看,克里特线性文字 B 同塞浦路斯音节文字和赫梯文字当归于同一类型。但线性文字 B 存在以下特征,是其他文字所不具备的:在复合元音 ai 中,没有符号表示 i,但是在 au 中,有符号表示 u。没有音节符号表示以 m、n、l、r、s 结尾的音节,存在为浊音 d 配备的符号,但缺少为 g 和 b 配备的符号。

对线性文字 B 的成功释读,让学者们看到了成功释读克里特其他文字类型的希望,尤其是线性文字 A。这种文字由大约 80 个音节符号组成,其中大约一半都和线性文字 B 相对应,剩下的是数量有限的词符。现在基本可以得出的结论是,线性文字 A 并不记录希腊语。关于其他相关文字的讨论,参见后文。[35]

符号的共性

在苏美尔文字、埃及文字、赫梯文字,以及汉字体系中,大部分的文字符号都是对周围世界中出现的实物所进行的形象的、图画性的描绘。但是这些符号的创造者们绝对没有像艺术家画图那样来绘制符号。在文字中最初产生的符号是用来表达语言中的词,并且通过文字的经济原则,省略一切不影响人们理解符号意义的细节。艺术家的创作中,一定不会出现文字符号中那样的“水”“山”“房屋”的形式;正如在文字中,也一定不会出现人物雕像那样复杂的刻画描绘一样。因为文字符号必须遵循约定俗成的原则,这一原则在苏美尔文字和赫梯文字中经常使用(图 54)。

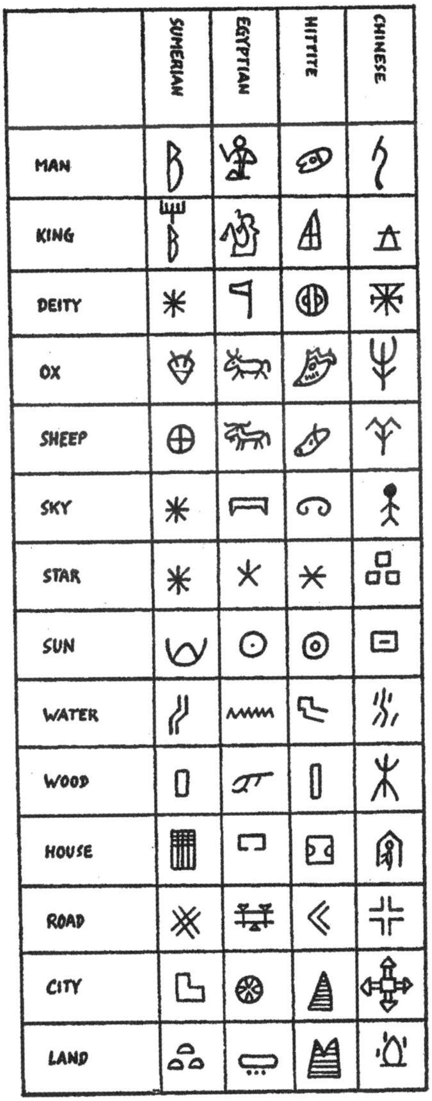

图 54　苏美尔、埃及、赫梯文字和汉字中的图形符号

有限数量的文字符号并不是通过对客观事物的模仿，而是从人们对符号和语言的关系进行强制性约定俗成的规范中逐渐产生的，比如某些几何图形的符号、笔画、表示数字的圆形和半圆，以及某些表达抽象概念的符号。即使现在，这些符号也出现在数学公式中，比如加减号以及根号。

四种文字体系随着时间的推移很快发展成为弯曲的、线性的符号形式，这种形式是如此简洁，并且在日常使用中迅速不断地发生变化，以至于在很多时候，我们都无法辨认出它们原始的图画形式。不过，当苏美尔文字和汉字的手写体成功地实现了其代表字体的非图画性转换时，埃及文字和赫梯文字的外形自始至终仍然保留着图画性特征。[36]

在基础符号产生、组合完成之后，一种文字体系便开始趋于稳定，符号的数量不再增加。新的符号的产生，往往只通过对已有符号形式上的改变，以及符号的组合来实现。典型例子便是，当美索不达米亚人了解骆驼之后，在楔形文字中通过组合符号表示“骆驼”ANŠE.A.AB.BA，字面意思就是“海边的驴”；相似的例子是近年来，汉字体系中的“电话”一词，通过“电”和“话”组合而成。

以上探讨的四种发展完善的文字体系，我们将其文字符号分为三类：

(1) 词符(logograms)，也就是说，表示语言中词的符号。

(2) 音节符号(syllabic signs)，使用“同音隐语(假借)”的方法从词符中发展而来。

(3) 附加符号，如标点符号，以及一些文字体系中的部首(类符)(classifiers)，或称作定符(determinatives)或表意偏旁。

词　符

词符，也就是表词符号，是通过多种方式产生的。我们可以将其分为六类(图 55)，这六类可以部分对应汉字的传统“六书”。[37]而要完全实现准确严格的分类是有困难的，因为某些符号可能同时属于几类，或者是通过不止一种造字方法产生的。

图 55　词—音节文字中的词符类型

	苏美尔文字	埃及文字	赫梯文字	汉　字
1. 原生图画（译者注：象形）	太阳的图形表示“太阳” 星星的图形表示“星” 山的图形表示“山” “人＋面包”的图形表示“吃”	太阳的图形表示“太阳” 星星的图形表示“星” “人＋碗”的图形表示“喝”	太阳的图形表示“太阳” 头的图形表示“头” 斧头的图形表示“斧” “人＋面包”表示“吃”	“日”表示“太阳” “高”表示“高亭” “天空＋雨滴（雨）”表示“雨”
2. 意义联系（译者注：会意）	太阳的图形表示“白色”“天” 星星的图形表示“神” 山的图形表示“外国” “男人＋山”的图形表示“男奴”	太阳的图形表示“天” 星星的图形表示“小时” 母牛回头看小牛表示“欣喜”“高兴”	头的图形表示“首领” 斧头的图形表示“砍伐” 两个在一起的人的图形表示“同意”	“日”表示“天” “高”表示“高大” “日＋月（明）”表示“明亮的” “女＋子（好）”表示“喜欢”“好的” “女＋帚（婦）”表示“妻子” “女＋女（奻）”表示“争吵” 三个女（姦）表示“谎言”
3. 图解（译者注：指事）	半圆形表示“一” 圆形表示“十” 圆形表示“全部的”“完整的” 两条水平线表示“相加” 十字架表示“打破”	一条垂线表示“一” 圣安德鲁的十字架表示“打破” 一条垂线＋半圆表示“切断” 圆形表示“变圆”	一条垂线表示“一” 一条水平线表示“十” 一条垂线＋半圆表示“回归”	水平线表示“一” 十字架表示“十” 一条垂线加一条水平线表示“上” 一条水平线加一条直线表示“下” 两个半圆表示“分割（八）”

续图

	苏美尔文字	埃及文字	赫梯文字	汉　　字
4. 意符（译者注：意义提示符号，会意）	表示“城市”的符号＋Aššur：“亚述城” 表示“神”的符号＋Aššur：“亚述之神” 表示“木”的符号＋表示“犁”的符号：“犁” 表示“人”的符号＋表示“犁”的符号：“犁者”（犁地的人）	lord＋表示“人”的符号：“领主”“君王” lord＋表示“神”的符号：“上帝” $d^{x}m^{x\supset x}i^{x}$＋表示“城镇”的符号：“城镇 $d^{x}m^{x\supset x}i^{x}$” $d^{x}m^{x\supset x}i^{x}$＋表示“手”的符号：“到达”“触摸”	表示“神”的符号＋表示“鸽子”的符号：“Kupapas 神”； 表示“蜂窝”的符号＋表示“城市”的符号：“Malatya 城”	方＋木＝枋（“方木板”） 方＋土＝坊（“地区”） 寸＋木＝村（“村庄”） 寸（“拇指”）
5. 音符转移（译者注：假借）	表示“箭”的符号：“箭”“生命（ti）” 表示“洋葱”的符号：“洋葱”“给（šum）”	表示“鸭”的符号（$S^{x\supset x}$）：“儿子” 表示“篮子”的符号（$n^{x}b^{x}t^{x}$）：“君主”（$n^{x}b^{x}$）	表示“座位”的符号：“完成（asa-）”	表示“麦子”的符号“来”：“来往”的“来” 表示“蝎子”的符号：数字“万”
6. 音符（译者注：表音提示符号，形声）	表示“王冠”的符号＋en：王冠（men），提示包含读音 en 表示“耳朵”的符号＋giš.tuk：“聪明”“智慧”（geštuk）	s^{x}＋表示“人”的符号：“人（s^{x}）” n^{x}＋表示“篮子”的符号＋$b^{x}t^{x}$：“篮子（$n^{x}b^{x}t^{x}$）” $r^{x}c^{x}$＋表示“人”的符号：“人（$r^{x}m^{x}\check{c}^{x}$）”	表示“君主”的符号＋ni-s（a）或者＋na-ni-s（a）：“君主（nanis）”	目＋鼓＝瞽 手＋工＝扛 水＋工＝江

前三类词符在创造手段上相对容易，因此，在所有的原始文字中，我们都可以发现它们。

第一类，原生[象形（图画）]手段，即通过事物或事物组合的图画性描绘，使用图形符号表示具体事物或动作。

第二类，意义联系。指的是通过象形符号表达与所记录事物意义相关的词。因此，表示太阳的图画符号首先表达“太阳”一词，然后表达“明亮”“白天”。与此相似，对于那些居住在美索不达米亚平原南部低地的苏美尔人，表示“山”的符号同时也表达“外国”，因为从他们居住的角度来看，几乎所有的外国人都居住在高地。

第三类词符，图解式，指的是那些不是由原始图画符号，而是由各类几何图形构成的词符。如上所述，除了通过表音假借手段所创造的符号之外，表示数字的符号常常是几何符号。因此，人们将埃及丈量谷物的分数符号（图 56）解释为，古老神话中，鹰神荷鲁斯的眼睛被残酷的神瑟斯撕碎，不能端起水。[38] 而实际上，并不是荷鲁斯分开的眼睛促使了分数符号的创造，而是这些产生伊始就呈现几何图形状的符号，被后来聪明的人们排列组合成为了一只眼睛的形状。[39] 有些几何形状的符号，或许来源于对手势语符号的模拟，比如表示“全部”的文字符号（一个圆）的产生，大概就是由于在手势中，人们比画出一个圆圈表示“全部”的含义。[40]

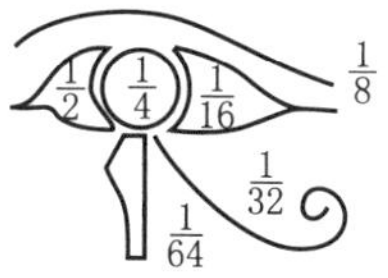

图 56　埃及文字中的分数符号

以上三种创造词符的方式或许能够满足原始文字体系的基本需求，但是并不能表达语言中的细微差别。因此，完善成熟的文字体系，在寻找用符号表示语言的新途径过程中，发展出了新的三种方式：(1)表意但不表音的符号；(2)完全借音的表音词符；(3)表音但不表意的符号。

三种方式中的第一种方式，具体例子可见图 55。这种方式使用意义提示符号，也就是表意而不表音的符号，通常在古代东方文字中被人们称为“定符”。定符附着在其他基础符号上，用来确定准确的意义。例如，在楔形文字中，符号 Aššur 既可以表示城市名称，也可以表示神的名字。那么，在表示城市名时，符号 Aššur 旁边就加上一个表示“城市”的但不发音的定符，表示神的名字时，符号 Aššur 旁边就加上一个表示“神”的定符。在这个过程中，这些定符始终附着于某一类特定的词，不论这个词单义或多义，也不论这个词以词符还是音节符号书写。例如，在美索不达米亚楔形文字中，表示神的名字 Ištar 既可以用词符的形式写成^{deity}Ištar，表示“神”的定符“deity”在这里加在词符旁边，用来解释这是神的名字。也可写成音节符号的形式^{deity}Iš-tar，而这个符号只被读作 Iš-tar，也只被解释为一位美索不达米亚著名的神灵的名字。在三种近东文字体系——美索不达米亚文字、埃及文字和赫梯文字——中，“意义提示符号”或者称为“定符”，最初只用于表达多种词义可能会造成混淆的符号中，逐渐发展成为区分表达各种类别的符号，也就是说，用来标识这个词所属的种类。在三种近东文字系统中，“人”“神”“动物”“金属”“石头”“植物”“城市”“领地”“山脉”“河流”等这样的种类都使用不同的定符来表示。而汉字的情况则有所不同，由于人们只倾向于使用两个以上的构件来构造汉字，因此，古老汉字中所产生的意义提示符号（类符或部首），后来没有发展成为真正意义上的“定符”。

在三种近东文字体系中，随着时间的发展，意义提示符号逐渐产生了与原始功能不尽相同的新的特征。这些符号，原来的作用仅限于更为准确地提示词符的意义，后来则逐渐发展成为了不发音的辅助性符号，在整个文本解释中起到意义辅助作用。事实上，通过观察埃及文字中一些形式规范的定符，一些学者得出了这样的结论：这些定符能够帮助阅读者将句子准确地分割为词，[41] 也就是说，它们发挥着分词符的作用。[42] 毫无疑问，在美索不达米亚和赫梯文字体系中，同样，定符的存在对于将完整的句子准确划分为单独的词有重要意义，对于整个文本的解释也有辅助作用，这种辅助作用在那些既没有特殊的记号，也没有空格来分割不同的词的文字体系中表现得更为明显。

以上所讨论的第四种方式为创造新的词符提供了更多的可能性，但是仅凭借这种手段，仍然不能形成完整成熟的文字体系。因此，有限制的“词文字”符号从来不能表达语言中存在的所有词，更不用说那些特殊的人名、地名和新造词、外来词了。在美洲印第安部族中，传教士直接引进的或者在他们影响下产生的文字最终没有发展成为完善的体系，便是这种受到限制的词符系统的局限性的最好体现。而正是随后产生的表音原则，在文字史上开辟了全新的视野。

随着表音化的出现，音符转移（借音）的造字手段也随之产生了，现在我们通常把这种手段称为“同音隐语”。当人们遇到那些难以使用词符直接表达的词，使用“同音隐语”，选择一个读音相同或相近的词的符号来表达。因此，在苏美尔语中的“ti”（生命），很难用符号来直接表示，而是通过一支箭的符号来表示，因为在苏美尔语中，“箭”的发音也是“ti”。

最后一种造字方式的产生的途径，是将表音不表意的符号加在一个词符之上，用来提示准确的读音。因此，在汉字体系中，“手”这个符号理论上可以表达这样一些词：“手”“拿”“触摸”“扛”等。为了准确表示“扛”这个词，人们将表音的符号“工”加诸“手”这个符号旁边，从而表示“扛”的读音。在近东文字体系中，这种符号被人们称为“表音补充符号”。虽然表面上看来，这种符号在表词文字中并不是绝对必要的，但是在成熟的文字体系中，我们很难发现没有表音构件的词符。音补符号可能出现在词符前，也可能出现在词符后面，在不同文字体系中的分布和使用习惯不尽相同。在埃及文字中，音补符号书写在词符周围，在美索不达米亚和赫梯文字体系中，音补符号往往出现在其后。在我们观察这些音补符号的长度时，也可以发现约定俗成的原则。在埃及和赫梯文字中，这种音补符号可以完整地重现词符的发音，而在美索不达米亚文字中，某些音补符号只能提示词符的部分发音。在汉字中，情况有细微的差别。汉字中存在着大量的音补符号，但是这些符号总是加在一个词符之上，始终保持着由两个构件所组成的词符形式。大部分的汉字词符都属于这种类型。在汉字体系中，之所以出现了大量这样的符号形式，是由于汉语中单音节词占绝对优势，因此导致了单纯的音补符号的缺乏。这种现象在文字史上也并不是独一无二的，在苏美尔文字体系中，我们同样也发现了一些形式规则，由基本的表意词符和音补符号共同组成的文字符号。例如，一个用动物的头表示的符号，加上表音符号 za，读为 aza，表示“熊”；而加上表音符号 ug，则表示 ug(“狮子”)。

所谓的“音补符号”，最初只作为“表音提示符号”来出现，即附着在基本符号上，辅助阅读。例如用文字符号 gul^{ul} 或 gul-ul 表示苏美尔语中的 gul，或者用 $ṭâb^{ab}$ 或 ṭâb-ab 表示阿卡德语中的 ṭâb。而音补符号从构造文字中的辅助性地位逐渐演变为同基础符号相同的地位，最后是基础符号的音值缩短，比如以上这些符号后来可以相应写作 gu(l)或 gu；ṭa(b)或 ṭa，这也体现了文字的简略原则。在埃及文字中，由于纯粹的音节符号附着在那些基本的表词符号之上，随着时间的延续，这些基本词符逐渐成为了表意的定符，也就是埃及学学者们所说的“特定类符”。比如ᵓ ˣsˣḫˣREAP 中，REAP 这个定符就只出现在“收割(to reap)”这个词中，而不像 GO 这样的定符，可以用于各种表示运动的词中。

在那些完全的借源文字体系中，我们发现了不属于以上六类的另一种符号。我们将它称之为“借符变体”。这种符号在借源文字体系中包括词符、音节符号、音素符号，以及文字中的词符甚至是表示短语符号的拼写。举例来说，苏美尔文字中的符号 lugal“国王”，表示阿卡德语中的 šarrum，同样也是“国王”之义。苏美尔文字中的拼写 in-lá-e，“他将称量”，也相应地用于阿卡德文字之中，而苏美尔文字中的 igi-lú-inim-inim-ma 也被借用来表示阿卡德语中的 ina maḫar šībī“被目击，被证实”。在这样的文字体系中，存在着成百上千词符或短语符号直接借用的例子，我们可以将其称为“苏美尔符号”，[43] 因为它们表示苏美尔文字。与之相似，阿卡德文字中的拼写符号也同样在楔形赫梯文字中被规范地借用。我们可以发现：阿卡德文字 id-din 表示赫梯语中的 pešta“他曾给”。阿卡德文字符号 a-na a-bi-ia 表示赫梯语中的 atti-mi“我父亲”等。还有一些较为复杂的情况，dingir-lum，苏美尔文字符号 dingir“神”，加上表音符号-lum，这个表音符号-lum 表示的是阿卡德语中的 ilum“神”。整个符号则代表赫梯语中的 šiwanniš，也表示相同的意义。与在外族借源文字出现的“苏美尔符号”和“阿卡德符号”相似，在产生时代很晚的文字体系中也有性质相同的符号产生，比如在波斯巴列维文字中使用的阿拉米符号。在这种波斯文字体系中，人们使用阿拉米文字的拼写 malkā（“国王”）来表示波斯语中的“国王”一词 šāh。在更晚产生的文字中，我们依然可以发现类似的符号借用现象，如用 etc.来表示“等等(and so on, and so forth)”，“如上所言”。另一个相似的例子，是阿拉斯加爱斯基摩人的文字中，借用拉丁文中的 god 来表示“上帝”之义（在他们的语言中读作 agaiyun）。[44]

人们不仅可以使用通过不同方式手段所产生的词符来表示意义，而且可以通过所谓的“位置原则”“上下文语境原则”来表达，我们在前面已经详细地讨论过这个问题。

从我们以上对各种类型词符的简单论述中，我们很容易发现，一个符号能够并且事实上也总是表达许多不同的词。相同的符号不仅能够表达语言中一组意义上相互关联的词，也可以通过表音化的原则，表达一组意义上并没有联系但是读音相近的词。这便是纯粹而简单的词符，不同于较早产生的示意符号（semasiography）。示意符号中，如表示“太阳”的符号往往传达“太阳”一词以及同“太阳”一词意义相关的其他意义，如“明亮”“光线”“晴朗”“闪烁”“纯粹”“白色”“天”等，甚至还可以表达“阳光普照”“天亮了”等意义。而与之相反，词符只能习惯性地、约定俗成地表达那些同它们相联系的语言中的词。因此，在苏美尔文字中，太阳的符号只能表达七个词，这七个词的意义都同基本意义“太阳”有关。而在汉字体系中，太阳这个符号“日”只能表达两个词“太阳”和“白天”，而其他意义相关的词，都用“日”这个符号加上另外的符号共同组合成为新的文字符号。如“晴朗”这个词，通过“日”和表示颜色的词“青”组合在一起构成“晴”；表示“明亮”这个词的符号“明”，则通过“日”和“月”两个符号组合而成；而表示“白色”的词则由一个同“日”的关系尚不明确的另一个符号“白”表示。与之相似，在埃及文字中，“太阳”“白天”“白色”“光线”这四个词使用一个像太阳的符号来表示；而“照耀（“闪烁”）”这个词则用一个不同的符号 t̠ˣḥˣnˣ 来表示。[45]没有哪一种表词文字体系中的一个文字符号能表达从一个基本的意义发展而来的一组相关意义；正如在现实中，我们不能完全使用这种符号准确地表达语言中的每一个词，在释读这种文字的过程中，也不能完全同语言相对应一样。而大多数语言学家将上述这些文字符号统称为“表意文字”（ideography），已经证实是不准确的。当一位书写者试图使用一个能够表达多个词的符号只表达一个确定的词时，他通常必须尝试各种其他的手段，使意义单纯明晰，使阅读文字的人将这个文字符号准确地对应于语言中的一个词。除了使用将基本的表意词符同表音提示符号组合在一起这种基本方式之外，还可以使用“位置原则”和“上下文语境”等其他手段，来达到目的。

关于目前在“语文学和语言学”界流行的“表意文字”还是“表词

文字”的争论，我们应该注意以下几个方面：所有的苏美尔和阿卡德文字学家们都使用“表意文字”这个术语，而法尔肯斯坦（Falkenstein），弗里德里希（Friedrich）和波尔贝（Poebel）则组成了一个反对这一术语的学术团体，虽然人数相对较少，但是影响显著。埃及语言学家们也倾向于使用“表意文字”这个术语。[46]在赫梯文字领域中，笔者本人早年也曾使用“表意符号”，[47]但是后来改用“表词符号”。[48]在汉字研究领域中，我们注意到，早在1838年，法裔美国学者杜邦索（Du Ponceau）就将汉字认定为“表词文字”或“词素文字”，而非“表意文字”。[49]顾立雅（H. G. Creel）曾使用“表意文字”这一术语，[50]受到了学者卜弼德（Peter A. Boodberg）的批评。[51]

音节符号

尽管随着表音化原则的产生，语言中所有的声音都能够在文字中得到相对准确的表达，但是在实际使用中，文字中“同音隐语”原则仍然不很充分。在一种文字体系中，允许人们使用一个人（man）手拿棕榈（palmdate）的符号来表示“命令”（mandate），同样也可以使用一个人加上一棵棕榈树（palm tree），还可以使用一个人加上一个男孩和女孩约会（date），在现代的同音隐语方式中，最后一种表达方式非常正确，因为他们的组合可以表示“命令”。但是在当时使用的文字体系中，这种表达或许并不那么明晰而准确，因为对当时的人们来说，阅读的速度和准确性是最为重要的。因此，当时的人们迫切需要建立起一种约定俗成的表达规范，规定使用某种确定的文字符号来固定地表达某些不同词的相同的音节。也正是由于这种规范，人们或许会从多种可能性中选择固定的一个符号，来表示 man 这个音节，而完全不考虑这个音节是出现在哪个词中，它可以出现在 man、mankind、mandate、woman 等各个含有 man 这个音节的词中。同理，人们也可以选定一个符号来表示音节 date，来表示各个意义完全无关，但是在读音上却都含有 date 这个音节的一组词：date、mandate、candidate 等。事实上，如果在文字体系中存在着记录这个词的词符，那么这些词仍然可以使用词符来表示，而这些使用音节组合来表示的词只出现在作为规范的音节文字表中。

在苏美尔、埃及、赫梯文字以及汉字体系中，并不存在“标准”“规范”这样的东西，我们实际所见的只是各种形式的音节文字，而这些音节文字也只限于在某一时期、某一地域内使用。因此，在苏美尔文字中，曾经有 22 个不同的符号都读作 du，而每个符号都对应于语言中不同的词，在一段时间内，人们选择了其中的一个符号，用来固定地表示非表意文字符号中的音节 du。这种性质的音节符号被人们选择出来，组成了音节符号表，这种带有规范性质的音节符号表只限于在某一特定时期和特定地域内使用。而在另一个地区，另一个时期，人们有可能选择另一个不同的符号来表示 du 这个音节。这种情况所产生的影响有时可能会导致这样的情形：存在多个不同的符号来表示一个相同的音节。但是这种文字现象一直非常罕见，通常在一种文字发展的晚期才有所增加，而这时，这种文字已经开始退化并最终消亡。

这种情况即使对于那些通晓美索不达米亚文字符号，并且能够熟记其中数量众多的同音符号的人们而言，也是让人惊讶的。这种无限的同音符号，就整个美索不达米亚地区而言，当然是存在的；但是如果仅就个别地区和某一时期的文字来看，是绝对不存在的。当我们试图在某一时期和地区按照音值来统计音节符号的数量时，一定会遇到困难。我曾经进行过这样的工作，但是很容易得出这样的结论：相同的音节通常只使用一个固定的符号来表示。古代亚述文字和古巴比伦文字符号，也同样证实了这一点。更晚近的音节符号，如人们在汉谟拉比法典上所发现的音节文字表，如图 57 所示，以表格的形式只呈现出单辅音音值。因为多辅音符号很少同音，而使用多个符号表示相同的音值（在擦音组中经常出现）的情况，大概是由于汉谟拉比时期古巴比伦音节文字的过渡性质所造成的。在这里，我们无需再次提醒读者注意在本书中反复出现的文字的经济原则，正是这一原则完全限制并阻止了不加控制的同音符号的出现。

a	i	e	ú				
ba	bi	be	bu	ab	ib	eb = ib	ub
da	di	de = di	du	ad	id	ed = id	ud
ga	gi	ge = gi?	gu	ag	ig	eg = ig	ug
ḫa	ḫi	ḫe = ḫi	ḫu	aḫ	iḫ = aḫ	eḫ = aḫ	úḫ
ia	ii = ia	ie = ia	iu = ia	—	—	—	—
ka	ki	ke = ki?	ku	ak = ag	ik = ig	ek = eg	uk = ug
la	li	le = li	lu	al	il	el	ul
ma	mi	me	mu	am	im	em = im	um
na	ni	ne	nu	an	in	en	un
pa	pí = bi	pé = bi	pu = bu	ap = ab	ip = ib	ep = eb	up = ub
qá = ga	qí = ki	qé = ke	qú = ku	aq = ag	iq = ig	eq = eg	uq = ug
ra	ri	re = ri	ru	ar	ir	er = ir	ur úr
sa sà = za	si •sí = zi	se = ?	su sú = zu	ás = áš	is = iz	es = ?	ús = uš
ša	ši	še	šu	aš	iš	eš	uš
ṣa = za	ṣi = zé ṣí = zi	ṣe = zé	ṣú = zu	aṣ = az	iṣ = iz	eṣ = ez	uṣ = uz
ta	ti	te	tu	at = ad	it = id	et = ed	ut = ud
ṭa = da	ṭi = di ṭì = ti	ṭe$_4$ = te	ṭú = tu	aṭ = ad	iṭ = id	eṭ = ed	uṭ = ud
wa	wi = wa	we = wa	wu = wa	—	—	—	—
za	zi	zé	zu	az	iz	ez = iz	uz

图 57　古巴比伦音节文字中的单辅音符号

在美索不达米亚文字体系中存在的音节符号的情形，同样也出现在其他古老的东方文字体系中。例如，如果我们观察在公元前800年前后在叙利亚半岛地区所使用的古赫梯象形文字中的音节符号，就会发现同早期的安纳托利亚文字符号相比，其中缺失了一定数量的音值。埃及国家政权的影响在一定程度上阻止了这种时间和地域上的差异，但是即使在埃及文字中，我们也仍然能够发现一些仅仅限于在某一时期某一地域内使用的音节符号。如果要归纳出规范的汉字音节符号就更加困难了。

因此，由上可知，不仅在“词—音节”文字体系中归纳出“规范”的音节符号是不现实的，甚至对不同时期不同地区音节符号状况的准确描绘也存在着困难和问题。那些真正使用“词—音节”文字的人们当然不会像我们这样来区分辨别文字中的词符和音节符号。他们对于自身使用的文字的了解，仅仅限于所有的文字符号最初都是用来表示语言中的词的，在某些特定的条件下，其中的某些符号也可以用来表示音节。“词—音节”文字符号的使用者似乎并不需要编辑整理出特定的音节符号的列表，但是这并不意味着，他们在实际的使用中不能准确区分那些仅仅用词符来表达的词和那些同时使用词符和音节符号来表达的词。因此，对于现代的语言文字学家而言，不能准确区分词符和音节符号的疏忽是不可原谅的。目前为止，只有赫梯象形文字的研究中，人们已经整理出从能够释读的最早发生时期开始的音值表。[52]在楔形文字研究中，目前已经整理出一些阿卡德音节符号的音值列表，但是还未出现苏美尔文字的音节符号表。[53]在埃及文字的文本中所列的“表音符号”（同“表意符号”相对应）中，情况比较复杂混乱。[54]其中不仅包括单辅音和双辅音音节符号，而且还包括某些只用于词符的三辅音符号。即使在汉字体系中，也仍然存在着一些关于如何选择词符作为音节符号的规则，按照这些规则人们将一些外国专有名词译成汉字，并且正确地读出。

很显然，音节符号是在词符的基础上产生的，在单音节占优势的语言中，如汉语和苏美尔语，这非常容易理解，因为人们很容易从单音节词中选择某些单音节的符号。因此，在苏美尔文字中，音节符号 a 就来源于表示“水”的词符 A，ti 来自表示“箭”或“生命”的词符 TI，gal 来自表示“大”的词符 GAL。在埃及文字中，创造包含两个辅音的音节符号相对容易，如从词符 $m^x n^x$（表示“旱地”）中产生了音节符号 $m^x n^x$；而从表示“燕子，大”的词符 $w^x r^x$ 中产生了音节符号 $w^x r^x$。但是，创造只含有一个辅音的单音节符号存在着一定的困难，因为这种语言中很少出现单音节词。而人们通过选择那些以弱辅音结尾的单音节词，如 $^{\supset}$、y、w，或者是阴性的-t（在音节中常常不发音），来克服这一困难。因此，词符 $r^{x\supset x}$（“嘴唇”），可以表示音节符号 r^x，正如从表示“水”的词符 $n^x t^x$ 中产生了音节符号 n^x。而同样，通过 $d^x t^x$（古老形式为 $^* w^{x\supset x}\underline{d}^x i^x t^x$“蛇”），产生了音节符号 $\underline{d}^x$；通过表示“手”的符号 $^* i^x d^x$ 产生的音节符号 d^x。我们可以认为在闪米特语族中，音节开头的 w 和 y 常常可以省略。

目前被人们所广泛接受的观点认为音节符号是通过“截头表音”原则产生的。但是在东方文字系统中，音节符号获得整词音值的开头部分首音原则（acrophonic principle）基本不存在。虽然瑟斯（Sethe）曾经做出断言，但是事实上并没有证据能够证明苏美尔或是墨西哥文字体系中存在“截头表音”现象。音节符号 tu 来源于词符 tud（“忍受”），并不意味着 tu 是由 tud 经历截头表音的过程发展而来，而是由于 tud 这个词能够也确实通过一系列的发音变化，能够发 tu 音，因此才产生了 tu 这个音节符号。在埃及文字体系中也没有“截头表音”的证据，只有在衰落时期，才能够在某些埃及神秘文字中发现部分截头表音的现象。[55] 为了完整地讨论这一问题，我们也应该谈到赫梯文字，在赫梯文字中，除去某些规范的音节文字，如以手形符号表达的 pi(“给予”)一词,可以表示音节 pi;或者是用封印符号表达的词śiya(“封”)来表示音节śi;还存在一些不能被证明可以作为词符的音节符号。这种不寻常的产生音节符号的方式,在赫梯文字中的例子如下:符号 mu,表示 u 和 me 的组合。最后,我们应该提示读者们注意后文中,在那里,我们讨论了在西闪音节文字体系中必然存在“截头表音”原则的论断,并且对这一观点进行了否定。[56]

音节符号的规范化在不同的东方文字体系中经历了不同的道路(图 58)。苏美尔文字中的音节符号通常由以一个元音或一个辅音结尾的单音节符号组成,很少出现双音节符号。埃及文字符号同美索不达米亚文字符号一样,既包含单音节符号,也包含双音节符号;但是与美索不达米亚文字体系不同之处在于,埃及文字符号不能标示元音。赫梯音节文字符号仅仅限于一种形式,即以单元音结尾的单音节符号。汉字体系中的音节符号同美索不达米亚文字中的音节符号相似,但是也只记录以一个元音或一个辅音结尾的单音节。上述四种文字体系中,都没有出现两个或多个辅音相连的音节符号,比如 amt 或 tma 等这样的音节。我们应该注意到,在汉字音节 ming、kung 中出现的辅音组合 ng 并不是两个辅音,而是表示一个鼻音音素 ŋ。为了表示包含两个邻近辅音的音节,必须使用音节省略的方法,因此 amt 写作 am-t(a),a-m(a)-t(a),与此相似,tma 则可以写作 t(a)-ma。

附加记号

除了词符和音节符号之外,在以上四种东方文字体系中,还存在着第三种类型的符号,这便是由附加记号组成的符号,如标点符号,以及在某些文字体系中存在的定符等。它们的主要特征是,虽

	Sumerian		Egyptian		Hittite		Chinese	
Open Mono-syllables	a	ta	ʾ^{a}	t^{a}	a	ta	a	ta
	i	ti	ʾ^{i}	t^{i}	i	ti	i	ti
	e	te	ʾ^{e}	t^{e}	e	te	(e)	tê
	u	tu	ʾ^{u}	t^{u}	u	tu	(u)	tu
	—	—	—	—	—	—	o	to
Close Mono-syllables	at	tam (or ta-am)	ʾ^{a}b$^{(a)}$ (or ʾ^{a}-b$^{(a)}$)	t^{a}m$^{(a)}$ (or t^{a}-m$^{(a)}$)	— (a-t(a))	— (ta-m(a))	an	man
	it	tim (or ti-im)	ʾ^{i}b$^{(i)}$ (or ʾ^{i}-b$^{(i)}$)	t^{i}m$^{(i)}$ (or t^{i}-m$^{(i)}$)	— (i-t(i))	— (ti-m(i))	(ih)	min
	en	men (or me-en)	ʾ^{e}b$^{(e)}$ (or ʾ^{e}-b$^{(e)}$)	t^{e}m$^{(e)}$ (or t^{e}-m$^{(e)}$)	— (e-t(e))	— (te-m(e))	ên	men
	ut	tum (or tu-um)	ʾ^{u}b$^{(u)}$ (or ʾ^{u}-b$^{(u)}$)	t^{u}m$^{(u)}$ (or t^{u}-m$^{(u)}$)	— (u-t(u))	— (tu-m(u))	(uh)	kun
	—	—	—	—	—	—	(oh)	(foh)
Open Dis-syllables	aka (very rare) (or a-ka)	bala (very rare) (or ba-la)	ʾ^{x}b^{x} (or ʾ^{x}-b^{x})	t^{x}m^{x} (or t^{x}-m^{x})	— (a-ta)	— (ta-ma)	— (a-ta)	— (ta-ma)

图 58　词—音节符号中的音节符号类型

然出现在文字符号中，但是在所记录的语言中没有准确的对应形式，却又通常被人们用来更好地理解单个符号或一组符号乃至整个文本的意义。[57]

在东方文字体系中，对于附加性记号的系统性研究是非常缺乏的，大概是由于这种研究偏离了我们对文字研究的主要方向，因此人们倾向于忽略它，我们这里也不做过多的讨论。

"词—音节"文字

以上四种东方文字体系的相同之处在于，在文字使用的过程当中，始终保持着混合使用词符和音节符号的状态。但是，它们却都存在着某些不同于其他文字的独特性，我们这里要逐一讨论。[58]

规范的苏美尔文字体系中，同时存在着词符和音节符号。词符主要用来表示名词和动词，而音节符号更多用来表示专有名词、代词以及语法形式要素。不过，这种现象不具有地域上的普遍性。苏美尔的一种埃美沙尔(eme-sal)方言中，几乎全部使用音节符号。更偏重于使用音节符号的情况同样出现在那些在苏美尔文字基础上产生的其他楔形文字体系中，比如古阿卡德文字和古亚述文字。

同样，埃及文字直至消亡都一直保持着"词—音节文字"的特征。并且同楔形文字一样，文字符号的使用情况则随着时间有所改变。例如，金字塔中的文本材料所反映的早期埃及文字，同稍晚期的埃及文字相比，更倾向于使用音节文字符号。此外，我们所发现的公元前一千纪中叶的"神圣时期"的一些文本中，几乎没有出现词符和多辅音音节符号，而大量使用单辅音音节符号，这种情况同后来的西闪音节文字体系非常相似。[59]

晚期的赫梯文字体系中，音节文字的特征非常突出，词符几乎全部被淘汰不用。例如，图 59 所示的埃尔基莱特（Erkilet）发现的短铭文，几乎全部使用音节文字符号，同后来的塞浦路斯文字在形式上完全相同。考虑到赫梯象形文字最近才得到释读，在这里给出完整的文本翻译，便于学者们自己判断释读工作中所取得的进展（图 59）：

ĩ-wa	*ʾa-la-n(a)*	name	*ʾA-s(a)-ta-wa-su-s(a)*	*tu-t(e)*
ĩ(n)-wa	*ʾalan*		*ʾAsta-wasus*	*tut*
This	monument		ʾAsta-wasus	placed;

ĩ-pa-wa-te	*ni ki-a-s(e)-ḫa*	*sa-ni-a-ta*
ĩ(n)-pawa-te	*ni-kiasḫa*	*saniata*
it then	nobody	should damage!

图 59　埃尔基莱特的赫梯象形文字释读

汉字体系同以上三种文字体系有所不同，因为它几乎全部由词符构成。只有那些外国专有名词以及某些外来词才通过音节符号来表示。

在我们即将结束对于东方文字体系的探讨之前，我们列出下表（图 60），从数量统计的角度揭示词符和音节符号的变化关系：

	词符总数	音节符号总数
苏美尔文字	600	100—150
埃及文字	700	100
赫梯文字	450＋	60
汉　　字	50000	62（反切）

图 60　词—音节文字中词符与音节符号的数量关系

据估计，苏美尔文字（乌鲁克四期—二期）大约由 2000 个不同的符号组成，到稍晚的法拉时期数量只有 800，到亚述时期数量进一步减少到 600。文字符号逐渐减少的这一过程，用以下这个例子可以很好地诠释。在早期乌鲁克文字时期有 31 个不同的符号来表示

“羊”，而在稍晚时期只有一个符号来表示。文字符号数量的减少，是遵循文字符号归并原则的结果。在这一原则的作用下，一些词符逐渐消亡，而被其他的音节符号组合所取代。与之相比，埃及文字、赫梯文字以及汉字的符号都相应减少，但是最明显的要数赫梯文字，它早期使用的一些文字符号在稍晚时期完全消亡了。在汉字发展的早期，也出现类似的现象，但是稍晚时期，似乎情况有所不同：公元前200年汉字总数大约是3000，到公元100年增加到9353（译者注：应是根据东汉许慎《说文解字》所收字数量），现在大约是50000。在汉字体系中所体现出的文字符号的分化原则，表面上看，似乎同苏美尔文字符号的发展过程相反，但事实并非如此。因为50000个汉字符号并没有像600个苏美尔文字符号那样，每个符号都呈现出完全不同的形式。我不了解在50000个汉字字符中基本象形符号的数量，也不知道是否有人对此进行过统计。我所了解的是，目前汉字符号有214个基本部首，这个数量同公元100年前后产生的古老辞书《说文解字》中所列的540部相比，数量的确减少了。《说文解字》中的540部，基本可以代表汉字体系中的基本字符。其他的文字符号，并不产生新的形体，而是通过将以上基本字符进行组合，或是将基本字符同表音符号组合而成（后者更为常见）。汉字体系中的表音符号同其他近东文字体系也有所不同，在近东文字体系中，使用不同的音补符号的词符通常被认为是一个符号，而在汉字体系中，含有不同表音符号的词符（译者注：指整字）都被看作是不同的符号。也就是说，在一种文字体系中+s（表示cross一词，s是表音符号）同+d（dead“死”）被看作是同一个符号+；而在另一种文字体系中可能被视作两个符号+s和+d。这大概也是汉字体系文字符号数量众多的原因之一。

通过我们对“词—音节”文字的分析和了解，图61给出了分别用苏美尔文字、埃及文字、赫梯文字和汉字书写的一个句子。每种文

Sumerian

STROKE.*Ḫa-am-mu-ra-bi*	BREASTS	STROKE.STAR.*EN.ZU-mu-bal-li-it*	CROWN.MAN
Ḫammu-rapi	*dumu*	*Sin-muballit*	*lugal*
Ḫammu-rapi,	the son	of Sin-muballit,	the king

GATE.STAR-*ra*.LAND	HOUSE	STAR.*Marduk*	*mu*-PEG
Babilim	*e*	*Marduk*	*mudu*
of Babylon,	the temple	of Marduk	built.

Egyptian

$H^{xʾx}$-$ʾ^{x}$-m^{x}-$m^{x}i^{x}$-r^{x}-$p^{xʾx}$.THROWSTICK.SEMITE	DUCK.STROKE	S^{x}-i^{x}-n^{x}.MOON.GOD-m^{x}-$m^{x}i^{x}$-b^{x}-r^{x}-d^{x}.THROWSTICK.-[SEMITE
Ḥxmxrxpx	*sxʾx*	*Sxnxmxbxrxdx*
Ḥammurapi,	the son	of Sinmubalid,

CHIEF	n^{x} B^{x}-b^{x}-r^{x}.FOREIGN-LAND	WALL.MAN.$q^{x}d^{x}$	EMBLEM.HOUSE.t^{x}.BUILDING	$n^{x}t^{x}$	M^{x}-$m^{x}i^{x}$-r^{x}-d^{x}-k^{x}.GOD
wxrx	*nx Bxbxrx*	*qxdx*	*ḥxtx-nxčxrx*	*nxtx*	*Mxrxdxkx*
the king	of Babylon,	built	the temple	of	Marduk.

Hittite

STROKE.*Ḫa-mu-ra-pi-s(a)*	STROKE.*Si-mu-pa-li-t(i)-ša-s(a)*	HAND.*ni-mu-wa-ĭ-s(a)*
Ḫamurapis	*Sinmupalitšas*	*nimuwaĭs*
Ḫammurapis,	of Sinmupalitas	the son,

Pa-pi-li-wa-ni-s(a).LAND	TIARA-*ta-s(a)*	EMBLEM.*Ma-ru-ta-ka-ša-s(a)*	EMBLEM.HOUSE-*za*	WALL.HAND-*me-t(i)*
Papiliwanis	. . . . *tas*	*Marutakašas*	. . . . *ḫaza*	. . . . *met*
the Babylonian	king,	of Marutakas	the temple(s)	built.

Chinese

Ha-mu-lai-pʻi	*Hsin-mu-pa-li-tê*	*chih*	BOY
Hamulaipʻi	*Hsinmupalit*	*chih*	*tsu*
Hamulaipi,	of Hsinmubalit		the son,

Pa-pi-lun	*chih*	KING	BUILD	*Ma-er-to-kê*	*chih*	TEMPLE
Papilun	*chih*	*wang*	*chien*	*Martok*	*chih*	*miao*
of Babylon		the king,	built	of Mardok		the temple.

图 61　使用不同“词-音节”文字符号拼写的同一个句子

字的第一行是逐个符号进行翻译的，第二行是大致接近的意译，第三行则是逐词翻译。苏美尔文字符号中的词符和定符，用大写罗马字表示，而音节符号则用斜体表示。埃及文字和汉字的翻译都是在伊格尔顿教授和陈梦家教授的帮助下完成的。在进行汉字部分的翻译工作时，我曾经将这个英文句子交给一位中国学者，要求他译成中文，他拒绝了，因为他说由于汉字的表词符号特征，所翻译出的专有名词很难理解。后来我又请陈梦家教授翻译了这个句子，一年之后，作为一次测试，我将这个中文句子呈献给另一位中国学者——邓嗣禹教授。邓教授准确地理解了整个句子，并且读出了其中的专有名词，如辛穆巴利特这样前所未闻的外国人名。我在这里当然不是要证明，将外国句子译成中文与译成其他"词—音节"文字一样容易；而是想说，即使汉字的表词特征如此明显，但是在使用音节符号来表示外来词时，所选择的表音的词符数量也是非常有限的。[60]

译者注：由于进化论的泛化和西方中心论的影响，在本书中也不可避免地出现了对西方字母和汉字的一些误解，这是时代和观念的局限所致。例如，作者在第六章中表明自然无突变的规律，"也同样适用于文字发展的历史，因为没有任何一种发展阶段可以被逾越"。文字之所以从一个阶段发展到另一个阶段，是由于在某一特定时期，人们认为一种新的文字体系比目前所使用的文字体系更适合人们表达与交流的需要。换言之，发展演变的目的在于优化和完善，而文字在其发展的过程中，逐渐稳步向着更为完美的交流手段的方向不断前行。在这种试图解释世界文字的共性、探寻文字发展的普遍规律的前提下，作者希望将世界各种文字都纳入他"单向演变说"的框架下。他总结汉字与日文的源流关系，根据日本借用汉字的部分字符，创制了汉字与假名共存的文字体系这一文字事实，认为"汉字—日文”同样遵循从“词—音节文字”到“音节文字”这样的类型递变过程。

在这种观念的影响下，加之对汉字的认识不够充分，因此本书对汉字的认识也不可避免出现了与事实和历史不相符之处。

从格尔博对世界文字分类的标准来看，汉字与苏美尔文字、埃及文字同属“词—音节文字”，称作 word-syllabic writing，其中最初产生的个体字符称作 logographic signs 或 word signs。作者从来源和演变上对“词符”进行了详细的描述：最初产生的符号总是对周围世界出现的事物所进行的形象描绘，但是与原始部族的图画图符不同，它们在产生伊始便用来记录语言中的词，这些符号一方面遵循文字使用的经济原则，省略一切不影响人们理解意义的细节，另一方面又遵循约定俗成的原则。当符号基本产生之后，文字体系便开始趋于稳定，符号的数量不再增加，新符号的产生，往往只通过对已有符号形式与功能的改变以及符号的组合来得以实现。在此基础上，作者概括了词符的使用状况：一个词符能够用来表示许多不同的词，相同的符号不仅能够表达语言中一组意义上相互存在关联的词，也可以通过表音的原则，表达一组意义上没有联系但是读音相近的词。这些论述与汉字字符的形成和发展过程基本是一致的。汉字属于词—音节文字，就是“词符”占主体地位的文字体系。这体现出，作者已经意识到，汉字并非是记录概念的原始符号，而是能够准确逐词记录语言中的词，并精密再现语序的成熟文字系统。

作者特别指出，同苏美尔楔形文字、埃及圣书字、赫梯象形文字相比，汉字体系呈现出完全不同的特征，即没有产生专职的音节符号，词符占据主要地位：“在汉字体系中，我们没有发现同其他三种古老的东方文字体系相似的完全意义上的音节符号。因为汉语中绝大部分的词都是直接用词符来表示的，只有那些外来词和姓名词才需要词符发挥表音的作用……通常情况下，使用音节所造的词

(音译词)在不久后会要求出现使用词符构成的相应形式(意译词)……中国人对于词符文字的重视和依赖表现为：即使使用相应的文字符号翻译外来词或姓名的时候，他们所使用的符号不仅仅同外来词有语音上的联系，同时也尽可能选择那些能够传达相应意义的词符。”这里，作者对记录语言的符号和文字内部的符号认识有所混淆，对构形单位和书写单位的认识也存在局限。因此在区分整字与字符，结构类型与造字方法方面都有一些矛盾龃龉之处，对汉字字符数量的认识存在一些错误。

作者未专门研究过汉字，因此本章节的阐释多转引自其他汉学家的观点，如对反切音节的认识主要依据德国汉学家佛尔克(20 世纪 40 年代以前德国最有成就的汉学家之一，自 1890 年起在德国驻华使馆和领事馆任职，1903 年起先后任柏林东方语言学院和汉堡大学汉文教授)的观点，对古文字和汉字性质特征的认识主要参照中国学者陈梦家和邓嗣禹的观点。

第四章

音节文字体系

我们在上一章探讨了七种东方文字体系，正是从这些文字体系中，发展出了四种音节文字体系：从美索不达米亚楔形文字中所发展而来的楔形音节文字，如埃兰文字和胡里安文字等；在埃及文字基础上产生的西闪米特音节文字，如西奈文字、古巴勒斯坦文字、腓尼基文字等；从克里特文字发展而来的塞浦路斯音节文字，以及目前尚不了解的费斯托斯文字和比布洛斯文字；最后是从汉字发展而来的日本音节文字。在以下篇幅中，我们首先对于这些不同的音节文字体系进行描写和呈现，然后对于其主要结构特征进行概述和总结。

楔形音节文字

在探讨美索不达米亚文字体系时，我们已经观察到，在某些特定的时段或地域内，某些文字在一定程度上已经具备了音节文字而非“词—音节”文字的特征。比如古阿卡德文本中所记录的苏美尔的埃美莎尔（eme-sal）方言，以及古亚述商人的卡帕多西亚文本材料，大部分都是用音节符号书写的，词符只占很少的一部分，并且仅仅限于进行语言中最基本和比较常用的表达。我们在这一章所要讨论的，由此而衍生出的楔形音节文字，在结构特征上与这类“词—音节”文字并不存在太多的差异，只是音节符号的使用更加广泛，并且逐渐趋于系统化。事实上,并不存在像腓尼基文字或是塞浦路斯文字那样的完全意义上的楔形音节文字。因此我们在这里所探讨的楔形音节文字,始终保留着一定数量的词符。

这些楔形音节文字主要包括埃兰文字、胡里安文字、乌拉尔图文字、哈梯文字、卢维文字和帕莱文字。所有这些文字体系,都是由那些居住在两河流域河谷的北部和西北部的外国部族借用美索不达米亚楔形文字符号建立起来的。

在公元前三千纪中叶,埃兰人废弃了原始埃兰文字,直接借用了楔形文字符号,组成了新的文字体系。他们所借用的这种文字体系由 131 个音节符号,25 个词符和 7 个定符组成。[1]但是在这里必须注意的一点是,131 个音符、25 个词符、7 个定符的数量比例,并不能准确地反映出在实际文本中音节符号的绝对数量优势。正如我们不能因为英文中存在着 26 个字母和 10 个数字(可以视作词符),就得出结论说,在英文中,音素符号同词符的比例是 26∶10 一样。晚期的埃兰文字体系的情况更为简单,据威斯巴赫(Weissbach)统计,共有 113 个文字符号,其中 102 个是音节符号,只有 11 个是词符或定符。[2]在文字体系中,音节符号数量上的绝对优势同样可以在公元前二千纪中叶的其他文字体系中得到充分证明,如通行于美索不达米亚北部、叙利亚以及东安纳托利亚的胡里安文字。只要简单地浏览一下米坦尼国王图什拉塔(Tušratta)的信件,[3]就可以发现其中所使用的词符数量之少和音节文字符号数量之多。在几百个音节符号文字中,零星出现的词符不多于 3 个。大约公元前一千纪前叶,乌拉尔图以及亚美尼亚地区的凡尼克(Vannic)文本中,出现的词符比胡里安文字略多。至于在赫梯帝国首都波加科斯(Boġazköy)地区发现的哈梯文字、卢维文字以及帕莱文字,基本上只使用音节符号。这些文字所记录的是在安纳托利亚中部的部分地区的某部族所使用的语言。这种语言现在只有很少的人通晓。

在所有外族借用美索不达米亚文字符号所创立的文字体系中，只有一种文字体系保持了数量众多的“词符”，那便是赫梯楔形文字。这种文字发现于波加科斯地区的数以千计的泥板上，用来记录一种新的语言，这种语言同以象形文字记录的原始赫梯语一同在赫梯帝国中作为官方语言来使用。赫梯楔形文字同其原型——美索不达米亚文字存在紧密联系和相似性，主要是因为在美索不达米亚文明影响下所形成的波加科斯地区的书写传统。

西闪米特音节文字

我们以下所要探讨的“西闪米特文字”(包括西闪文字、西闪字母以及西闪音节符号)，这一术语特指西闪米特地区部族，也适用于那些使用西北闪米特语的部族(腓尼基、希伯来以及亚美尼亚等)、西南闪米特语的部族(阿拉伯北部、阿拉伯南部、埃塞俄比亚等)的各种文字。而在东闪米特地区，我们使用的是“阿卡德语”，以及其分支“亚述—巴比伦语”，因此不包含在内。

在我们讨论西闪米特音节文字的特征和起源之前，我们首先应该了解产生于公元前二千纪，从西奈半岛延伸至叙利亚北部的广大的闪米特地区所使用的各种文字类型。

1904—1905 年冬天，一位英国考古学家皮特里(William M. Flinders Petrie)在西奈半岛的塞拉比特·埃尔哈德姆(Serābīṭ el-Ḫādem)地区发现了一些石刻文本，代表了一种新的文字类型。这一发现在科学界引起了广泛反响，许多国家派驻了考古探险队，试图找寻更多的文本材料。但是，目前为止所发现的文本总数仍然很少，只有几十份。对于这些文本材料产生的时间的判断仍然在讨论中，但是许多学者似乎同意它们产生于公元前 1600—前 1500 年，这个结论是考古学家们通过对原始材料的重建推测出来的。但是我们在这里要告诫那些非专业人士，不要将这些原始西奈文字刻石同时间晚得多的西奈文字混淆在一起，后者现在被认为是连接纳巴坦文（Nabatean）和阿拉伯文字的纽带。

这些被发现的原始西奈刻石文字常常出现在石头上，通常是在女神雕像上，显然是由这一地区冶炼青铜和绿松石矿的闪米特人所刻。英国的埃及学家，加德纳（Alan H. Gardiner）推测发现于雕像上的四个符号应当被释读为 B'lt（图 62），从而奠定了释读文字的基础。[4]将其释读为闪米特著名的神 Ba'lat 的名字似乎已经得到了一些事实的佐证。人们在塞拉比特·埃尔哈德姆遗址中所发现的埃及哈索尔（Hathor）神庙，其中出现了Ba'lat的名字。但是，对于原始西奈文字的释读工作所取得的进展非常缓慢，这一点从加德纳开始就是如此，以至于加德纳本人的基础性释读工作也受到了质疑。某种程度上而言，释读工作进展缓慢不仅仅受到材料的局限，也应当归咎于某些学者不切实际的重建工作，他们试图要在这些文字中释读出耶和华和摩西的名字，甚至希伯来圣经故事。而事实上，这些文本中，除了一些简单的祷词之外，并没有任何更为复杂的内容。近年来欧布莱特（W. F. Albright）的一项研究成果，[5]让我们在原始西奈语的释读工作中前进了一大步。他的研究的完成，使我们认识到，这两片不全的石刻材料上所呈现的原始西奈符号，同标准的原始西奈文字并不相似。[6]

图 62 原始西奈文字

原始西奈文字符号的具体形式见图 63，这是莱博维奇（Leibovitch）提供的。[7]

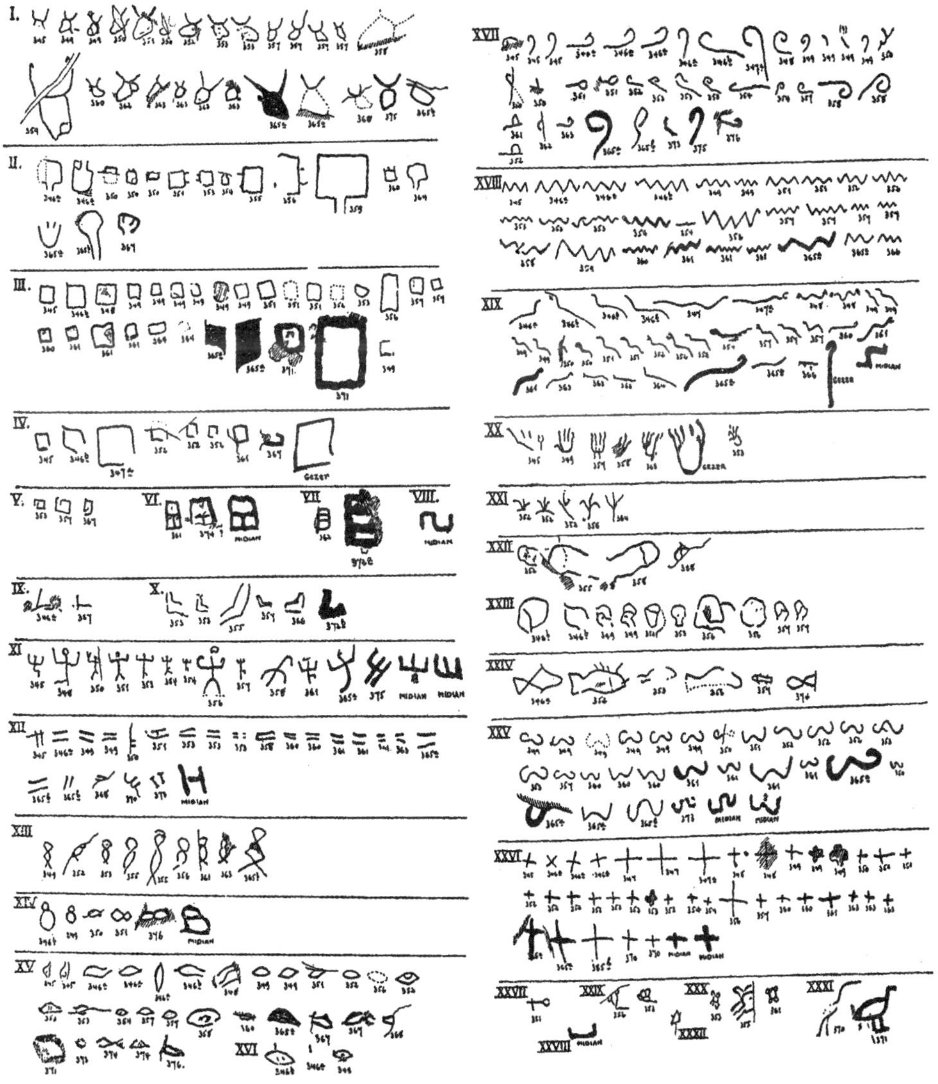

图 63　原始西奈文字

从西奈半岛向北部移动，就是巴勒斯坦地区，这一地区也出现了对文字史研究有重要意义的考古发现，如伯士麦(Beth Shemesh)、哈德尔镇(Elḫaḍr)、盖泽尔(Gezer)、拉吉古城(Lachish)、米吉多(Megiddo)、示剑(Shechem，今纳布卢斯)、黑西遗址(Tell el-Ḥesī)、别是巴遗址(Tell eṣ-Ṣārem)以及耶路撒冷和阿朱珥遗址(Tell el-'Ajjūl)，我们发现了种类繁多的器物，主要是陶壶以及陶瓷碎片上的篇幅较短的文本，这些刻划符号有时同原始西奈文字相似，有时却完全不同。[8]由于这些铭文尚未得到释读，巴勒斯坦文字发现的重要性不在于文字数量的多少，而在于文本材料所发现的地区的数量多少，这能够促使我们得出一个重要的结论，在希伯来兴起之前，这种文字广泛使用于整个巴勒斯坦地区。我们只要稍微观察一下现存的文字材料(图 64)，就会在其中发现充分的证据，证明这些文字一定处于不同的时代。虽然确切的时间不能确定，但是相差也不会太远。我们可以将盖泽尔和示剑碎片文字(Nos1-2)的时间推测为公元前 1600 年—前 1500 年。将拉吉古城文字材料(Nos7-8，10-11)的时间推测为公元前 1300 年—前 1200 年。[9]但是，目前还没有完整的文字符号表，因此我们也还不能确定发现的这些巴勒斯坦的原始文本材料代表的是一种或多种文字体系。[10]

图 64　巴勒斯坦地区的原始文字

我们这里还要提到，在巴勒斯坦周围所发现的，时间可追溯到公元前二千纪的，那些尚未释读的文本材料。因为它们很有可能是人们创立新的文字体系所进行的多种尝试之一，那一时期各个地区新的文字体系如雨后春笋一样涌现出来。

在这些文本材料的发现中，最重要的要算是在法尤姆(Fayyūm)地区的卡洪(Kahūn)所发现的篇幅较短的神秘文字(图 65)，这些文字应当追溯到公元前二千纪的前期，大约处在埃及第十二王朝时期。[11]

图 65　埃及法尤姆地区的卡洪的神秘文字

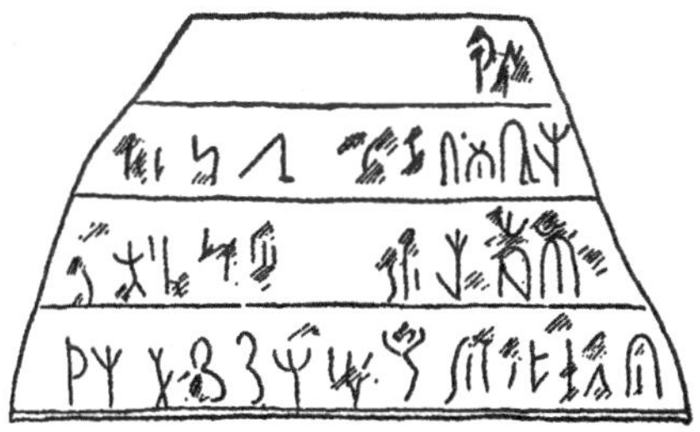

图 66　约旦的巴鲁阿的神秘文字

另一种尚未释读的文字出现在黑色玄武岩石碑上(图 66)，是近期在约旦的巴鲁阿(Balū ‘ah)的发现，[12]按照德里奥顿(Etienne Drioton)的观点，它的出现时期晚于拉美西斯三世时期(约公元前 1200 年—前 1168 年)。[13]

还有一种包含三行文字的神秘材料出现在叙利亚比布洛斯地区的一块石头的碎片上(图 67)。[14]另一种与之相似的文字类型，却是在爱琴文明影响下产生，

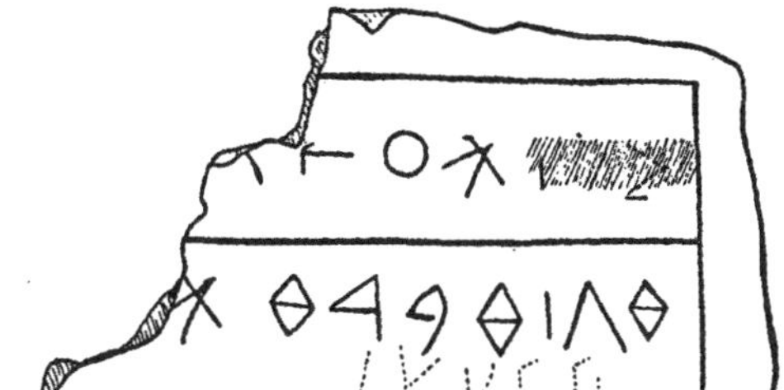

图 67　叙利亚的比布洛斯神秘文字

用来记录比布洛斯音节文字。我们后面再讨论。另一种尚未释读的文字也发现于比布洛斯的雕像上。[15]

在这一领域内一直以来最有价值的考古发现发生在 20 年前，在叙利亚的拉塔齐亚(Latakiya，古称 Laodicea)北部的一个鲜为人知的小村沙姆拉角(Râs Shamrah)。这次偶然的发现起因于 1928 年当地一位农民在地下挖掘隧道，而最终引起了一次大规模系统性的挖掘工作，发现了古代繁荣的乌加里特城的遗址。从文字史的观点来看，其价值在于，发现了一定数量刻有文字符号的泥板，这些文字符号呈现出的特殊的楔形文字形式(图 68)，不同于我们已知的任何一种楔形文字。由于这种文字符号数量有限，并且使用特殊的符号标识出词与词的间隔，释读并不存在很大的困难。事实上，在这些文字材料发表后的几个星期内，汉斯・鲍尔(Hans Bauer)、多尔姆(E. Dhorme)和维洛列伍德(Ch. Virolleaud)就已经分别独立完成释读工作，可谓是文字史上用时最短的释读。这种乌加里特文字体系由 30 个符号组成，其中的 27 个符号同一般的闪米特文字类型相同，表示一个辅音加上任何元音。不同于闪米特文字体系之处在于另外的三个符号，分别表示ʾa、ʾi、ʾu(图 69)。这种文字大概可以追溯到公元前 14 世纪，用来记录同腓尼基语和希伯来语十分接近的闪米特语言，也可以用来记录当时在叙利亚北部地区和美索不达米亚地区广泛使用的胡里安语。[16]

最近在巴勒斯坦地区的伯士麦和塔博山(Mt Tabor)又发现了两种文字材料，是乌加里特文字的一种变体。我们推测这种类型的楔形文字同乌加里特文字相似，大概出现在公元前 2000 年中叶的巴勒斯坦地区。[17]

20 世纪 20 年代中叶以前，人们一直以为，以字母形式保存下来的最古老的闪米特文字，就是产生于公元前 9 世纪中叶的著名的美萨国王的摩押石刻文字。但是从 20 年代中叶以后，我们对于闪米特文字材料的认识大大增加，这要归功于比布洛斯文字的新发现，这

图 68　沙姆拉角的泥板

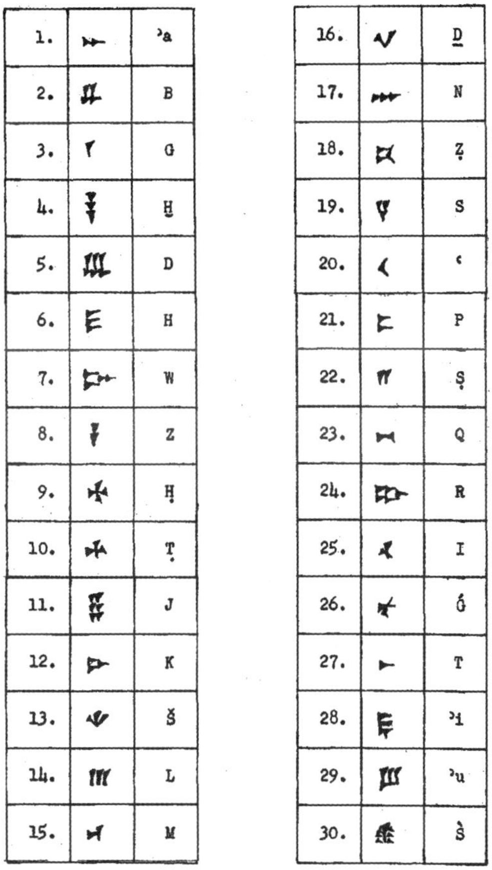

图 69　沙姆拉角的音节文字释读表

一发现使我们能够将现存的文字材料从产生年代开始按照时间顺序进行准确的排序和分类。

目前我们所发现的最早的闪米特文字，是在比布洛斯地区阿希拉姆（Aḥīrâm）古神庙的墙壁上所刻的文字，以及阿希拉姆石棺上出现的文字（图 70）。[18]人们推断它们产生于公元前 13 世纪前后。这一结论是通过同埃及文字材料（见后文）的对比，在对考古遗迹的重建的基础上得出的。与之相比，产生时间稍晚的是在比布洛斯地区的阿扎巴尔（Azarbaʻal）[19]以及叶希米珥克（Yeḥīmilk）[20]文字，和黎巴嫩卢维地区的青铜箭头上的文字。[21]最后，人们发现产生于 10 世纪左右的阿

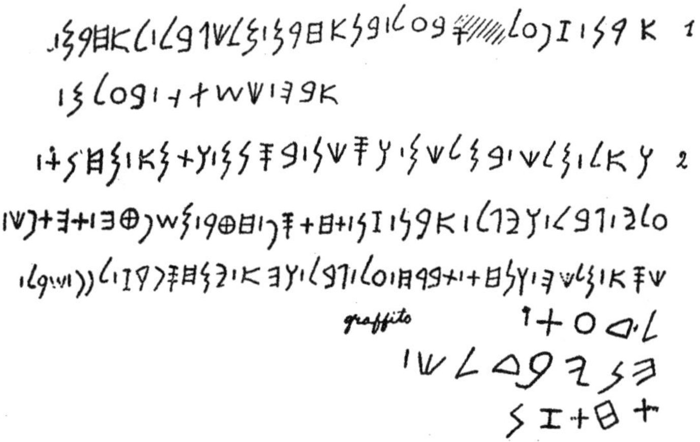

图 70　比布洛斯的阿希拉姆文字

比巴尔(Abība'al)文字，[22]可以追溯到埃及国王沙松克一世时期(公元前 945—前 924 年)，艾利巴尔(Elība'al)文字则可以追溯到欧苏孔一世(沙松克一世之子)时期(公元前 924—前 895 年)。[23]而杜南德(Dunand)将萨帕特巴尔(Šapaṭba'al)和阿布达(Abda'a)文字的时间推断为公元前 18 世纪和前 17 世纪，[24]是缺乏根据的。[25]

在我们推断原始腓尼基文字产生的时间时，以下提示是有必要的。因为最早期的文字——比如阿希拉姆文字同稍晚期的文字，如阿比巴尔和艾利巴尔文字的差异并不明显，以至于人们有可能怀疑，将其与这两种文字产生的时间推断为前后相差三百年是否合理。如果我们对阿比巴尔和艾利巴尔文字时间的推断没有问题，那么将阿希拉姆和相关文字的时间向后推两百年，从金石学的观点来看似乎更加让人满意。[26]

在我们对早期闪米特文字材料了解的基础上，我们可以重现文字发展的过程：

原始西奈文字，产生于公元前 1600—前 1500 年，由有限数量的文字符号组成，明显具有图画性特征。换言之，每一个图画符号都能够仅仅依照外在的形式加以准确识别。这一文字体系所具有的符号的准确数量尚且没有定论，按照莱博维奇（Leibovitch）所统计，由 31 个符号组成。如果我们考虑到某些他所认为的不同符号事实上只是同一符号的不同变体，那么数量就可能会有所减少。

与之产生年代基本相同，但是一直延续使用到公元前 1100 年的，是在盖泽尔和示剑地区发现的原始巴勒斯坦文字材料。虽然其中某些产生年代较早的文字符号呈现出图形性特征，但是稍晚的巴勒斯坦文字基本都是线条性的。这些文字符号的数量尚不明确。由于材料的欠缺，我们还不能对原始西奈文字和原始巴勒斯坦文字进行比较。后者或许是人们试图建立一种与前者在内部结构上基本相同的文字体系的某种尝试，但是在文字符号的选择上，巴勒斯坦文字符号的外部形式与西奈文字仍然存在着区别。

目前还未完全得到释读的卡洪、巴鲁阿和比布洛斯文字，也同样反映了人们试图建立与原始西奈文字和原始巴勒斯坦文字的内在结构相似的新的文字体系的某种尝试，这些符号在形式上都呈现出线性特征。

大概产生于公元前 14 世纪前后的乌加里特文字，由一些楔形文字符号组成，因此也是线性形式。目前为止，学者们所进行的试图发现乌加里特文字同原始西奈文字[27]和美索不达米亚楔形文字[28]的亲缘关系的尝试都没有成功。虽然，外族文字的影响在某些字符的选择中发挥着辅助性作用，但是，在大多数情况下，乌加里特文字符号依然是本族人民自主创造的产物。

最后，在公元前 1000 年左右，最早的比布洛斯文字（阿希拉姆文字等）产生，这种文字体系由 22 个文字符号组成，从形式上看，它们都是线条性的。在公元前第二千年纪发生的各种创立新的闪米特文字体系的诸多尝试中，这是迄今为止最为成功的一种。目前闪米特文字四大分支中的三支，分别以腓尼基文字（图 71）、巴勒斯坦文字（图 72）和阿拉米文字（图 73）为代表，从结构和形式上，都直接来

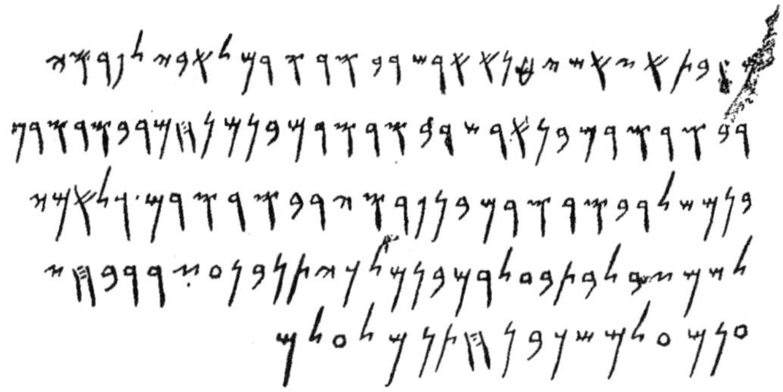

图 71 塞浦路斯的腓尼基文字

图 72 摩押美萨国王的迦南文字

源于比布洛斯文字。而闪米特文字的第四支，主要以南阿拉伯文字(图 74)为代表，只能发现同其文字原型——腓尼基文字的间接联系。南阿拉伯文字似乎产生于公元前第一千年纪的前五百年，还有些学者主张更早或更晚的时间。[29]这种文字由 29 个文字符号组成，其中的某些符号同乌加里特文字符号几乎完全相同，但是从数量上看，比腓尼基文字多出七个符号。南阿拉伯文字也几乎是线性形式的，除了其中的某些符号同腓尼基符号形式相同外，大部分都是独立创造的。

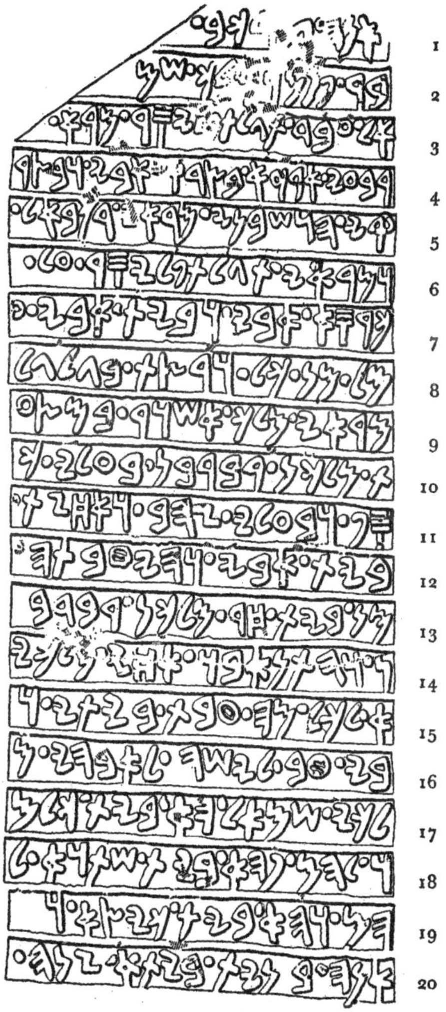

图 73　来自津基尔利的巴拉
基布的阿拉米文字

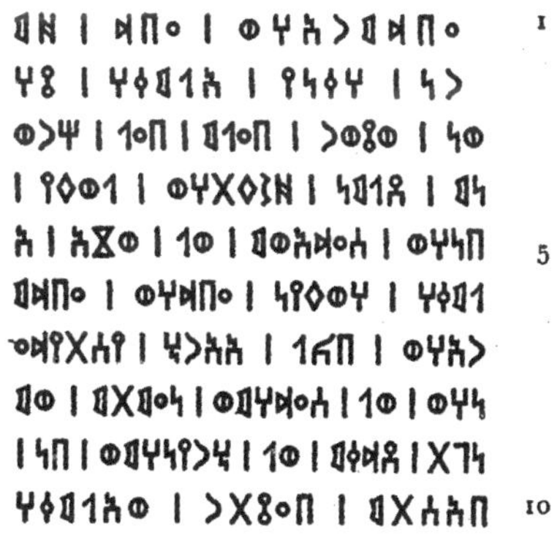

图 74　南阿拉伯文字

图 75 所呈现的表格试图将闪米特的各种文字体系的符号按照相应的音值排列在一起，进行比较。我们可以发现腓尼基文字、巴勒斯坦文字以及阿拉米文字的符号在形式和数量上存在着很大的相似性。而乌加里特文字、南阿拉伯文字、古埃塞俄比亚文字和阿拉伯文字体系中的字符数量相对较多，主要是因为其所记录的语言

同其他闪族语言相比，本身就存在着数量更多的音素。除此之外，由于乌加里特文字还必须记录一些闪米特语族之外的语言，如胡里安语中的某些语音，因此刺激了更多附加符号的产生。

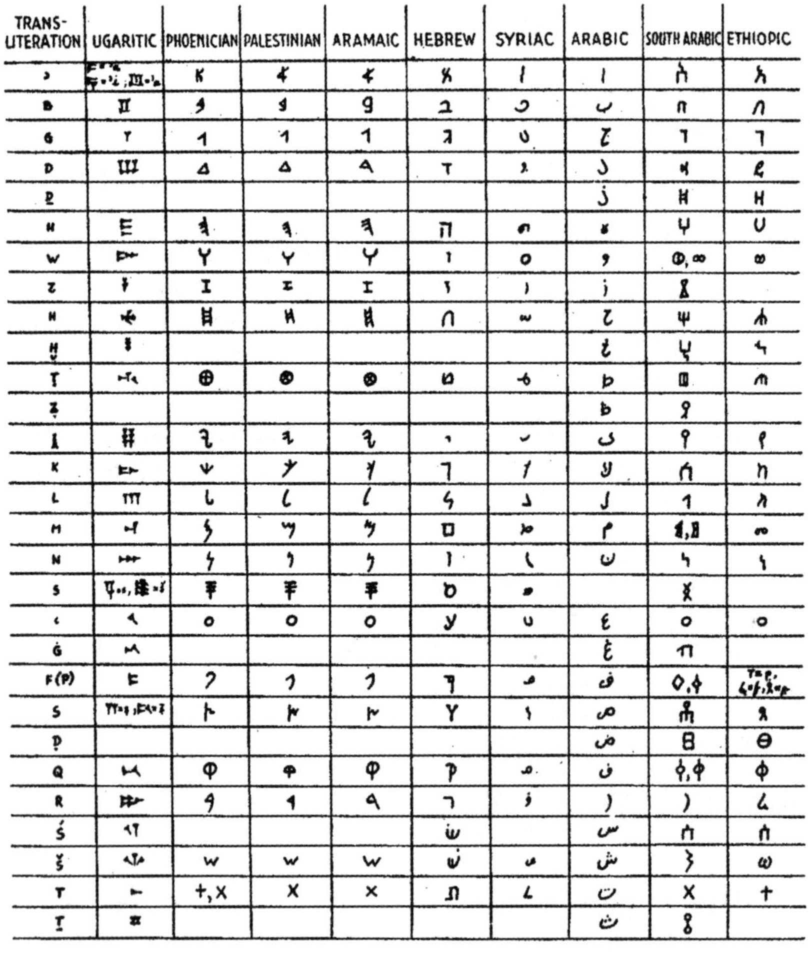

图 75 闪米特文字的内部对比表

在谈及从阿希拉姆开始的比布洛斯文字时，我们一直将其称作是此后的闪米特文字体系的原型，但是我们却并不希望得出这样的结论：闪米特文字必须产生于比布洛斯甚至是腓尼基地区。虽然目前现存最早的文字形式确实来源于比布洛斯和腓尼基，但是人们却不能否认这样的可能性：从西奈半岛到整个东北叙利亚地区的任何地方，（至少从理论上说）都可能是闪米特文字原型的发源地。

总之，以上就是各类闪米特文字起源的故事，从公元前二千纪中叶创造文字体系的各种尝试到公元前1000年统治整个闪米特世界的完善的文字体系的诞生。我们的下一个问题是对于闪米特文字来源的研究。这也是目前整个东方学研究领域内最值得探讨的问题之一，仅就这个问题完全可以写一本专著。列举出不同学者的不同观点，就需要更多的篇幅，而且超出了本书研究的范围。值得一提的是，在整个近东区域甚至这个区域之外，还没有任何一种现有的文字，可以被学者们考虑作为闪米特文字的原型进行研究。在上文中所提及的各种文字体系中，我们至少应该注意以下文字：埃及文字（包括其三种形式：碑铭体、僧侣体、民书体）、亚述文字、巴比伦文字、苏美尔文字、克里特文字、塞浦路斯文字、赫梯文字、南阿拉伯文字以及德国卢尼文字。当然，目前为止，认为闪米特诸文字来源于埃及文字的学者最多。但是目前的文字研究中，认定文字来源和原型的方法都大抵相同，因为它们都是只建立在外在形式比较的基础上。以下是人们认定闪米特文字来源于埃及文字的通常解释：首先，从文字符号的形式上看，闪米特文字符号完全取自于埃及文字符号的形式（包括碑铭体、僧侣体、民书体）；其次，埃及词符的音值被移入闪米特语中，并且成为闪米特文字符号的名称；最后，通过“首音原则”（“截头表音原则”），闪米特符号的音值取自相应的符号的名称。例如，首先，埃及文字符号中表示“房子”意义的词符被移入闪米特文字中；其次，埃及语中表示“房子”读作 $p^x r^x$ 的词转音为闪米特语中的 bêth（或者其他相似的音节），并且成为这个符号的名称；最后，这个符号 bêth 通过首音原则缩略成为音值 b。这一观点得到了许多学者的支持，并且一些学者提出证据对其进行佐证，他们认为埃及“字母”和闪米特“字母”有很大的相同点，两种符号都不表示元音。[30]而这种证明方法仅仅表现出这些学者盲目依赖形式比较，完全忽略内在结构的证据。而闪米特文字来源于埃及文字说的另一证据，则是学者所提出的——闪米特人书写的原始西奈文字材料所发现的地区曾是埃及王国所控制的领土，凭借这一事实很容易得出这样的结论：原始西奈文字便是人们一直以来寻找的连接埃及文字和稍晚的闪米特文字符号的纽带。[31]

直到15年前，另一批学者开始以一种不同的方法探寻闪米特文字的起源，情况才发生了改变。他们所持的主要观点是，在对各种文字体系的研究中，人们对外在形式的对比给予了过分的不恰当的重视，甚至以忽视内在结构的特征作为代价。事实上，这种方法并不是最近才产生的，早在一战以及稍晚时期，赫兹（A. Hertz）[32]和豪普特（C. F. Lehmann Haupt）[33]就提出了这一观点，并且从原始部族所创造的文字体系中提供了证据。这些证据都显示，这些文字符号的外在形式可以自由选择、独立创造，但是其内部结构特征都是在白种人的影响下产生的。但是直到最近几年，约翰内斯·弗里德里希（Johannes Friedrich）、[34]雷恩·杜桑德（René Dussaud）[35]和汉斯·鲍尔（Hans Bauer）[36]的文章才对于这种发现给予了足够的重视。[37]在鲍尔死后出版的著作中，对于闪米特文字起源的相关问题进行了清晰而富于逻辑性的论述，可以视作此后讨论的基础。但是，东方学研究领域中学者进行评论时所持的保守态度实在让人悲哀。近年来在这一国家出版的关于闪米特文字起源的数十篇文章，都没有对这种革命性的新方法给予足够的诠释。

如前所述，研究闪米特文字来源的传统学者的基本观点是：传统的闪米特文字（从阿希拉姆文字开始）由一定数量的文字符号所组成，这些符号从形式上看都是从其他文字体系中借用的。我们应当记住，虽然目前不少东方学家都认为埃及文字是闪米特文字的形式来源，但是究竟来源于何种形式——碑铭体、僧侣体还是民书体，尚未达成一致。即使人们对于其形式来源的看法达成一致，比如一致认为来自碑铭体，问题依然存在，我们必须解释几百个埃及象形文字符号是如何演变成为 22 个闪米特文字符号的。因此，很显然，所有关于闪米特文字起源的观点，如认为它们来源于这种或者那种东方文字体系，来源于埃及文字的外在形式，或者来源于埃及文字的某种特定形式，都有许多的局限性，以至于不能得到人们普遍的认同。我们只要将这些试图自圆其说而无法达成一致的观点同其他文字已确认的亲缘关系进行比较，结果便一目了然。与人们普遍接受的希腊字母来源于闪米特文字，胡里安楔形文字来源于美索不达米亚楔形文字，日本音节文字来源于汉字，甚至是塞浦路斯音节文字来源于克里特音节文字的观点相比，闪米特文字来源于埃及文字这一观点显然缺乏充分的证据。早在多年之前，我就观察到，在文字发展史上，如果对于一种文字体系的形式来源出现多种分歧意见，那么基本的假设就会受到质疑。这类讨论要么应予以限制，因为起源问题本身简单明了且学界已有共识（如希腊文字来源于某种闪米特文字的形式）；要么罗列诸多相左观点恰恰证明形式起源的正确阐释尚未确立（如日耳曼卢尼文字）。我由此推断，当人们对一种文字形式的来源没有一致意见时，这种文字符号往往不是借用外来文字体系已有的符号，而是独立创造产生的。通过更多的文字事实，人们或许能够更好地发现这些关于闪米特文字的疑问。

古腓尼基文字通常被人们认为是图画性质的。符号ᵓāleph 描绘的是一个牛头的外形，bêth 是一所房子。但是，在论及从埃及文字符号中选择某些符号时，学者们仍然没有达成一致，这些符号究竟代表的是什么图画。[38]对于那些非闪米特人的好处在于，学者们将符号ᵓāleph 解释为“牛”，并不是因为这个符号像一个牛头，而是因为它的读音"ˀāleph",在闪米特语中表示"牛"。所有的这些闪米特文字符号在形式上都遵循象形性特征。而以下这些例子中,使用图画性原则对符号加以释读的困难十分明显:像 hē、ḥēth、ṭēth、ṣādhē 这样的符号,其符号的名称无法用闪米特语解释;而 gīmel、lāmedh、sāmekh、qōph 这样的符号,虽然在闪米特语中存在,但是却不能按照其所对应的图形解释为简单具象的词。一些符号在不同的时期和不同的地域似乎表示不同的含义。比如,在迦南文字中表示 nūn "鱼"的符号(这个符号同鱼没有相似之处),在埃塞俄比亚文字中则被读作 naḥāš,表示"蛇"。更有甚者,我们推断表示"武器"的符号 zayin,原来的名称应该是 zayit,即"橄榄(树)",这正如希腊字母 sigma 其实表示像 šikm"肩膀"这样的词,这个符号总被人们习惯地成(称)为表示"牙齿"的符号 šīn。[39]但是,一些文字符号并不是按照最初产生时那样表示图画所象征的意义,而是自由选择和约定俗成的。最明确的证据,要算是图 76 中所呈现的人们对于外形相似的字符的观察。这些事实表明,诸如像 hē 和 ḥēth 这样的一组符号,并非来源于两个不同的图形,而是从两个具有相同音值的符号中,根据线性细节的加减变化,任意发展而来。[40]

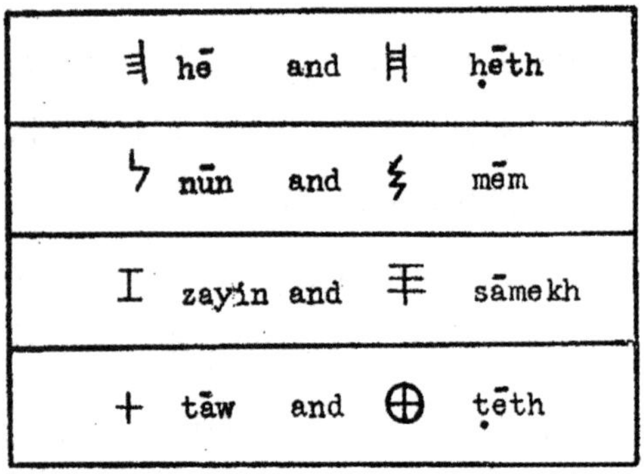

图 76 西闪文字符号中的一些形式和音值差异

支撑闪米特文字符号来源于埃及文字的另一个基本观点是,闪米特人首先对于他们从埃及文字中所获得的符号加以命名,随后,通过截头表音的原则从这些符号的名称中确定了它们的音值。换言之,闪米特人在尚未了解这些符号所代表的意义之前,就已为其命名。至少在文字史上，从来没有过与之相似的情况发生。在研究各种类型的文字过程中，我们发现了影响符号名称的情况有以下几类：第一种情况，一种文字体系符号的形式、音值以及名称都完全来源于另一种文字体系，如希腊文字符号完全借用闪米特文字符号，或者科普特文字符号完全借用希腊文字符号。第二种情况，一种文字的符号以及符号的音值借自于另一种文字，如拉丁文字借自希腊文字，或者是亚美尼亚文字借自于阿拉米文字；随着时间的发展，这些符号的名称自然产生。第三种情况是符号的形式和音值最初自由产生，而符号的名称是后加的，如斯拉夫格拉哥里以及德国卢尼字母。最后一种情况对于我们正确解释闪米特文字的来源很有帮助。格拉哥里字母表是通过字母表的前两个字母组合命名作 azbuki（az，"我"；buki，"字母"；vedi，"知识"；glagol，"语言"；dobro，"好"等）。在安格鲁撒克逊卢尼字母中，也将字母表根据前五个字母命名为 fūthorc（feoh，"钱"；ūr，"野牛"；thorn，"带刺植物"；ōs，"上帝"；rād，"航海"；cēn，"火炬"等）。这些文字都有一个共同点：这些符号的形式同名称之间没有明确的联系。另外一个值得注意的事实是，安格鲁撒克逊的符号名称同诺斯卢尼克文字符号有些许不同。其中的第三个字母是 thurs（"巨人"）；而非 thorn（"带刺植物"）；第五个字母是 kaun（"肿块"），而非 cēn（"火炬"）等。对于这些字母名称的选择是相对自由的，正如我们可以自由选择不同的词来教孩子记住字母："A——apple，B——bunny"等；同样我们也可以说"A——ape"；"B——bear"等。与之相似，在美国军队中可能使用另外的词来作为字母的名称，以 able 作为 A 之名，baker 作为 B 之名，Charlie 作为 C 之名等；而在英国海军中，则以 able 表示 A，boy 表示 B，cast 表示 C。

如果我们能够证明，原始腓尼基文字中的符号并不是图画性质的，那么使用所谓"首音原则"来解释符号音值的产生就失去了意义。因为根据这个原则,单个符号的音值,是通过将这一符号作为词符时所表达的语言中的词的首音保留下来,而舍弃剩余的部分。例如,如果我们选择一幅表示房屋的图画来记录 h 这个音,是因为这幅图画所记录的词 house 是以 h 开头的。那么通过我们对以前所探讨的文字体系的观察,至少在美索不达米亚和埃及文字体系中,这种首音原则并未系统使用;而在其他文字体系中的偶然出现,也因为其数量较少并且解释困难而受到人们的怀疑。在闪米特文字中,如果这些文字符号并不是按照词符所记录的意义那样具有象形性,那么我们当然也就不能得出这样的论断:其中的音节或音素的音值是通过首音原则或是其他原则从那些并不存在的词符的音值中获得的。

如前所述,我们已经论述了传统的为人们广泛接受的通过形式比较,认为闪米特文字起源于埃及文字这一观点的不足;以下我们将要尝试使用前面所提到的新方法、新视角,来解决这一问题。为了更为科学严谨地理解闪米特文字的起源,我们首先考虑一下闪米特文字之外的世界文字体系中所存在的符号借用的几种可能:

(1) 一种文字体系中符号的形式以及音值都是从另一种文字体系中直接借用的,如希腊字母完全借自腓尼基文字符号。

(2) 一种文字体系中符号的形式完全从另一种文字体系中借来,但是音值却只是部分借用,而另一部分是自主创造,如麦罗埃文字部分借自埃及文字。

(3) 一种文字体系中符号的形式和音值都是部分借用自另一种文字体系,而另一部分是独立创造的,如南阿拉伯文字体系中的文字符号部分借自北闪米特文字符号。

(4) 一种文字体系中符号的形式完全借自另一种文字体系,但是音值和意义却被重新赋予,如印第安索克人和福克斯人文字;以及所谓的密码学中的“替代密码”符号。

(5) 一种文字体系中符号的形式一部分借自另一种文字体系，另一部分则独立创造，音值则完全是独立产生的，如我们在切罗基文字中所发现的，其中的符号形式部分来源于拉丁字母。

(6) 一种文字体系中符号的形式完全是独立创造出来的，这些符号记录着新的音值和意义，这种情况也十分常见，如印度巴尔蒂文字、婆罗米文字、塞尔特比利亚文字、朝鲜文字、格拉哥里文字、胡克里安文字、努米迪亚文字、欧甘文字、卢尼文字、雅兹迪文字，以及其他许多原始部落所创立的文字。

通过以上论述，我们可以发现，从外在形式上探讨闪米特文字来源于其他文字的可能性是没有必要的，许多学者所提到的闪米特文字同其他文字符号形式上的相似性，并不能说明它们之间存在任何借源关系，而可能仅仅是出于偶然和巧合。完全依靠文字符号的外在形式只可能得出错误的结论，这可以通过图 77 得到佐证。表中将闪米特文字符号同其他几种不同文字体系的符号进行了比较，其中的符号是随意抽取的。而从中可知，这八种文字体系不存在任何的派生和借用关系，但是其中仍然存在着一些外在形式完全相同或者呈现出很大相似性的符号。其原因也是显而易见的。虽然从理论上看，人们在选择线条和图形作为文字符号时不受到任何的局限，是完全任意的，但是事实上，人们往往会选择那些容易学习和记忆的简单的符号，如直线、三角形、方形、圆形等。因此符号所呈现出的形式实在是有限的。也正是由于这样，皮特里(Petrie)在描述地中海周围地区史前或原始时期的一些图画或文字体系时，也只列出了他所发现的 60 种符号或记号的形式。[41]

图 78 呈现的是一位小学生为了秘密交流所创立的一些符号，[42] 我们通过将其与闪米特文字进行比较可以进一步佐证我们的结论。其中的某些几何符号同闪米特文字中的一些符号呈现出惊人的相似性，但是人们当然不会认为这个孩子对闪米特文字有任何了解。

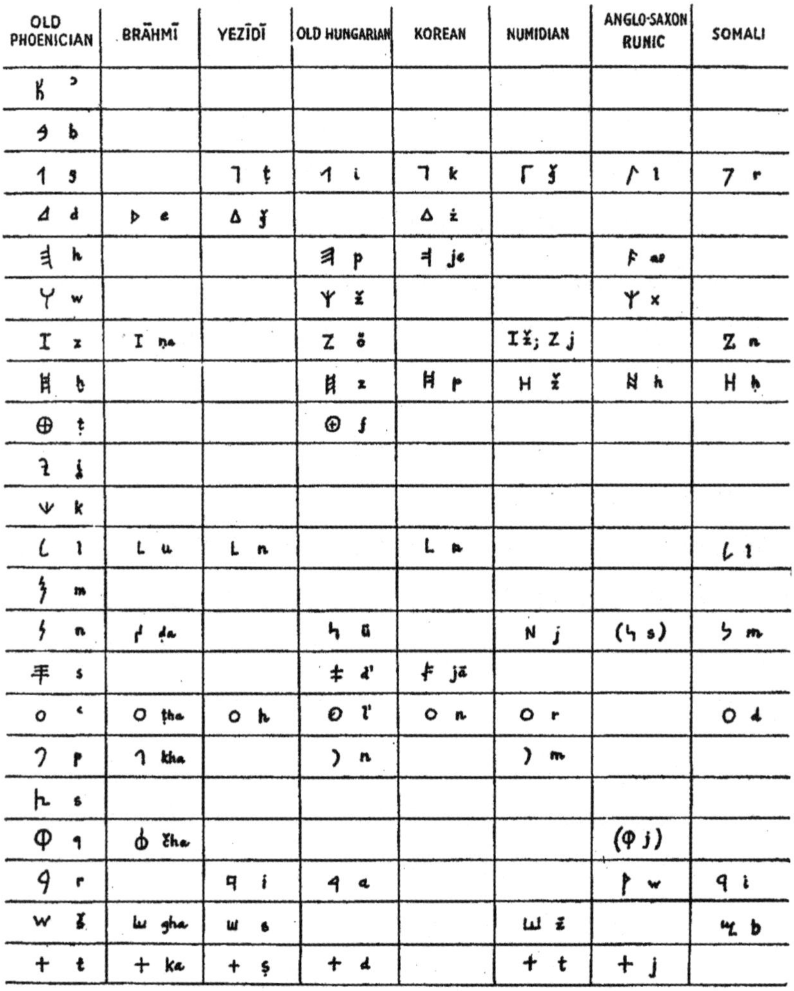

图 77　西闪音节文字体系中七种文字符号形式对比

图 78　一位小学生创制的文字符号形式

荷兰的一位学者格鲁特(Johannes de Groot)也曾经进行试验得出了相似的结论：[43]他要求一个 9 岁的女孩子自己创制一个由 26 个字母组成的字母表，然后发现其中的 7 个字母同腓尼基文字中某些符号形式上非常相似，其他的一些字母同西奈文字、克里特文字以及塞浦路斯文字的形式也有相同之处。

当我们基本否定了闪米特音节文字符号的借源说，而接受了其是独立产生创造的结果这一观点以后，其文字符号的形式仍然存在着问题——闪米特音节文字符号的基本形式究竟是线性的还是图画的。从阿希拉姆文字开始的闪米特文字符号显然是线性形式的，但是否从产生伊始就如此呢？或者是经历了从图画形式到线性形式的发展过程呢？为了稳妥起见，我们应当全面地讨论可能发生的情况：一方面，我们从图76中能够清晰地发现，至少闪米特音节文字中的某些符号并不是从图画符号发展而来，而是一开始就呈现出线条形式。为了支持这种文字的线性起源，我们也可以列举许多其他的文字，从中发现相似的现象。另一方面，我们应该记得，在阿希拉姆文字以前的西奈半岛和巴勒斯坦地区的原始闪米特文字，很大程度上使用了图画性符号。而且，在各种文字体系中，文字符号经历从图画到线条的过程是非常常见的。但是我们又存在着新的疑惑，西奈半岛和巴勒斯坦地区的原始闪米特文字符号形式同阿希拉姆以及其后产生的闪米特音节文字之间是否存在着必然联系？由于相关材料的缺乏，这仍然是一个难以给出明确答案的问题。我自身的意见是，在公元前第二千年纪中期前后，产生于闪米特地区的文字体系，可能有些使用图画性符号，有些则使用线性符号。我们也并不排除这种可能，通过文字之间的相互影响，在某些文字体系中可能同时出现图形符号和线性符号。

相对于原始闪米特文字以及闪米特文字自身的外在形式问题，其内在结构问题显得更为重要。尽管闪米特的各种文字在外在形式上各不相同，但是在最重要的内在结构的特征上却呈现出相同之处。这些文字均由有限数量的符号组成(22—30)，每个文字符号都能准确地表示辅音，而不能表示元音。从原始西奈石柱上的文字中的B'lt，到黑西遗址（Tell el-Hesī）的原始巴勒斯坦文字碎片上的Bl'，再到阿希拉姆石棺上的文字mlk，无一不证明了这一特征。因此，人们通常将闪米特文字体系定义为“音素文字性质”，但是我们以下将要证明，这种文字的音节文字性质。

我们将要探讨的第一个问题是，闪米特人使用文字符号表示辅音而不表示元音的观念从何而来？这个问题很容易给出答案。我们可以将三种主要的近东文字体系纳入考虑的范围——美索不达米亚楔形文字、爱琴文字以及埃及文字。而其中，只有最后一种文字和闪米特文字具有相同的特征——都不能表示元音。从由几百个词符和那些可能具有1—3个辅音的音节符号所组成的复杂的埃及文字符号系统中，闪米特人创造发展出一种属于自身并且相对简单的文字符号系统，他们放弃埃及文字中所有的词符，放弃那些由两个或两个以上的辅音组成的音节符号，只保留了那些单辅音符号。因此，在内在结构特征上，埃及文字中的24个简单的音节符号同闪米特文字中的22—30个符号应当完全相同。至于闪米特人选择埃及文字符号而非楔形文字和爱琴文字作为创造自身文字符号的原型的原因，大概不完全是公元前第二千年纪发生在西奈半岛、巴勒斯坦同埃及之间的文化和商业联系，更主要的原因是：人们认为埃及文字较其他东方文字体系而言，更加适合用来记录闪米特语言。我们应该记得，埃及语属于含米特语族，而广义上来说可以认为是原始闪米特语族中的一支。

一旦我们已经确定，埃及文字同闪米特文字的内在结构特征基本相同，那么接下来我们就要解决下一个问题：对两种文字体系性质的认定。是如现在学界广泛认为的二者都是音素文字？或是在本书中所提出的，都是音节文字？事实上，那些所有支撑埃及文字的音节性质的证据同样可以用来证明闪米特文字的音节性质。反过来说，人们所发现的用来证明闪米特文字音节性质的事实也同样可以用来佐证埃及文字的性质。

学者们将闪米特文字定义为音素文字，或者更准确地定义为辅音文字，这并不奇怪。因为当我们看到现代闪米特的字母表时，也容易得出这样的结论。例如，用 bêth 这样的文字符号加上一个变音符来表示 ba 这一音节，那么我们很自然地将 bêth 这个符号分析为辅音 b 加上任何一个变音符，如元音 a。对于现代闪米特字母的分析，也被学者们用来对古老的闪米特文字继续分析，二者的区别仅仅是不使用变音符来表示元音，而只使用辅音符号。但是，这些学者没有考虑到，现代闪米特字母与原始闪米特文字以及更早的埃及文字的内部结构特征并不相同。

如果我们认为，在原始闪米特文字中，是普遍不表示元音的，那么仍然会存在这样的情况，人们通过弱辅音的方式来表示元音。也就是通常所说的“辅音—元音”法（scriptio plena）或“元音之母”（plene writing），这种类型的文字我们在后文还会探讨。在这种类型的文字中，举例来说，音节 za 就会使用两个音节 zayin 和ʾāleph 组合来表示，而与此相似，音节 ti 则使用 tāw 和 yodh 组合来表示。因此，这些认定闪米特文字的辅音性质的学者们，毫不犹豫地将这两个基本符号 zayin 和 tāw 释读为辅音 z 和 t。但是他们忽略了这样的文字事实，“辅音—元音”法并不局限于在闪米特文字中使用，也可以出现在多种文字体系中，而这些文字体系的音节性质非常明确。我们前面已经提到了，在美索不达米亚文字体系中，也存在一定数量的文字符号，只表示辅音而不明确表示元音，因此从结构上它们同一般的埃及以及闪米特文字符号是相同的。举例来说，这些符号也可以表示 w 加上任何元音。但是人们并没有因此就将这个符号释读为 w，如同在埃及文字和闪米特文字符号中所出现的释读那样，而是仍然根据不同的语境，将其释读为 wa、wi、we、wu 等。这种矛盾在人们使用一个元音符号附着在 wa、wi、we、wu 这样的符号后面来确切地表示元音时,就更加明显。人们使用 wa-a 来表示 wa,使用 wi-i 表示 wi,这在波加科斯地区所发现的哈梯、胡里安和帕莱(Palaic)文字材料中都有所表现。与之相似,在美索不达米亚楔形文字中,也出现了使用 ia-a 来表示 ya 或者是 iu-ú 来表示 yu 的情况,但是人们并没有因此就将这个楔形符号释读为辅音 y,而依然释读为 ia、ii、ie、iu 等。出现这种不一致性的原因也是十分明显的。人们普遍同意楔形文字的音节性质,因此不会将这些存在争议的符号释读为 wa、wi、we、wu 和 ia、ii、ie、iu 以外的音节。人们倾向于将闪米特文字认定为音素性质,因此尽管是和楔形文字具有相同内部结构的符号,也可能被释读为单个的辅音 w 和 y。从文字理论的观点来看,这种释读的矛盾性是显而易见的。如果闪米特和楔形文字体系中的文字符号的内在结构相同,那么人们对它们的释读也理应相同,将其统一认定为音节性质或者音素性质。既然我们认识到,楔形文字一定是音节性质的,那么与之具有相同结构的闪米特文字,当然也应当是音节性质而非音素性质的。

对于闪米特文字的音节特征的另一个佐证,来自我们对于谢瓦(shewa)文字符号的观察。当闪米特人受到希腊文字的影响,需要表示许多元音时,他们并未创造完全意义上的元音符号,如 ā、ī、ē、ō、ū 等,而是使用了一种叫作谢瓦(shewa)的符号,当这种符号同原来的基本符号相连时,能够表示一个辅音,或者是表示一个辅音加上一个短元音 ê(这一符号的出现大约是人们意识到了连读辅音的困难)。如果闪米特符号从一开始就是辅音性质的,像人们通常所认为的那样,那么谢瓦符号就完全没有作用了。事实上是,闪米特人之所以意识到创造这种缺少元音的符号的必要性,正说明在开始,每个符号都代表一个辅音加上一个元音所构成的完整的音节。

从埃塞俄比亚和印度文字中,我们可以得出一些更重要的结论。埃塞俄比亚文字从形式上直接来源于南阿拉伯文字(图 75),而它们同北部的闪米特文字在形式上都是相同的。在公元后几世纪，埃塞俄比亚人决定将元音标记法引入他们的文字体系，因此他们不仅创立了一些特殊的符号专门用来表示元音，如：a、i、e、o、u，与北部的闪米特文字一样，他们同时也创立了谢瓦符号。更重要的一点是，那些文字中的不能标记元音的基本符号，也不能够单独用来表示辅音，而只能表示一个辅音和一个元音 a 组成的音节。[44] 如果闪米特文字从产生伊始就是辅音性质的，那么我们可以认为，这些不标记元音的基本符号，可以直接用来表示辅音，而人们需要另外创造一种新的符号，表示辅音加上 a 元音。[45] 印度文字体系的情况也基本相同：其中存在着特殊的表达元音的符号，也存在着不标记元音的符号，但是一个由辅音加上元音 a 的音节，是通过没有任何附加记号的基本文字符号所表示的。埃塞俄比亚和印度文字所呈现的相似性甚至相同性，其原因可以归结为，从内部结构而非外部形态来看，所有的印度文字体系都来源于闪米特文字。

我们从印度文字和埃塞俄比亚文字中发现，其中没有任何附加记号的基本符号通常可以表示一个辅音加上一个 a 元音。从这一文字事实中，我们可以进一步推断，在某些闪米特文字体系中，基本的文字符号或者所有文字符号最初的音值都是一个辅音加上一个元音 a。而它们所表示的一个辅音加上一个元音 a 这样的基本音值，在某些文字体系中后来发展为符号的名称，比如印度文字。而阿拉伯文字符号的名称则可以视作两种文字体系的混合：其中一些文字符号的名称，如ʾalif、ǧīm、dāl、ḏāl、kāf、lām 等，明显借自北部的闪米特文字；而其他一些文字符号如 bā、zā、ḥā、ḫā、ṭā 等，则是来源于其他一些闪米特文字体系，这种文字中的符号名称来源于符号所记录的基本音值，也就是一个辅音加上一个元音 a。但是，如果我们发现并证明阿拉伯文字符号中 bā、hā 这类符号的名称是后来产生的，这种重建工作就失去了重要意义。正如在现代埃塞俄比亚文字中，hā、lā 这些符号是后来创造的，用来代替原来的 hōi、lawe 等。[46]

这些不标记元音的记号的各种名称，为闪米特文字以及其原型文字音节性质的证明提供了重要证据。因此，现代希伯来文字中，谢瓦（shewa）的名称来源于词 šāw（“无事，没什么”），而古希伯来语中的ḥiṭpā 的词根应该是ḥṭp，表示“带走，拿走”。而在阿拉伯语中，与希伯来语中的 shewa 一词相对应的词既可以是 sukūn（词根是 skn，“安静的，静止的”），也可以是ğezma（词根是ğzm，表示“砍，砍断”）。西奈语中的 marh^{e}ṭānā 一词，词根是 rhṭ（表示“跑”），不仅仅可以用来表示缺失的元音，有时也可以用来表示口语中失落的辅音，例如，m^{e}dīttā（古老的形式是 m^{e}dīntā，在 marh^{e}ṭānā 的基础上省略一个符号 n）。最后，梵语词根 ram（使停止，休止）中产生出来的 virāma，同阿拉伯文字中的 sukūn 可以对应。[47]这些证据可以帮助我们推断，至少在那些以ḥṭp 和ğzm 为词根产生的符号中，谢瓦符号用来表示从基本音节符号中省略元音的音值。在表示“休止”意义的词根上产生的新的词，很容易用来表示“休止”（名词），这是一个元音不发音的词。

除西闪文字以外，是否还有其他的文字能够证明上述理论（应当指西闪文字的音节性质），回答不应该拘泥于教条。也许以下讨论可以帮助人们解决这个问题。我们很多年前就观察到，在稍晚的亚述和巴比伦文字材料中，频繁出现这样的情况，将元音插入辅音之间，如用 na-ta-ku-lu 来表示 natkulū，用 a-pa-ta-laḫ来表示 aptalaḫ，用 li-qi-bi 表示 liqbī，用 i-ḫu-bu-tu 表示 iḫbutu 等。[48]需要特别值得注意的是，在那一阶段频繁出现在词尾辅音之后没有意义的元音，如用ba-la-ṭa表示balāṭ，用a-ra-ku 表示 arāk，用 na-di-na 表示 nādin，用 ku-ú-mu 表示 kûm 等。[49]伊尔维萨克（Sigurd Ylvisaker）[50]和雅克布逊（Thorkild Jacobsen）[51]都曾经试图将这种两个辅音之间插入的元音添补现象出现的原因解释为连续辅音的发音困难。理论上，在晚期的亚述—巴比伦文字中，并没有出现反对元音插入的现象，这种现象在世界上的许多中语言中都曾出现。例如，在我们自己的方言中，还时常使用 eləm 来表示 elm。但是即使我们承认“元音插入”可以正确解释元音在辅音中间出现的原因，词尾出现的元音问题依然存在。那么在我看来，辅音中间出现的元音和词尾的元音不应该分开解释，而应该视为同一个问题。之所以这样认为的主要原因是这两种文字现象都出现在同一时期——亚述—巴比伦文字的晚期。因此，如果词尾元音不能通过发音的机制得到解释，我们也同样不应该用它来解释辅音之间元音的原因。那么结果就是，如果我们无法从发音上对它们加以解释，唯一的可能就是从文字上找出答案。[52]并且，在楔形文字体系中并没有出现任何可以支持这样的解释的文字事实。楔形文字完全能够准确表达这样的词，如用 na-at-ku-lu 来表示 natkulū，用 ba-la-aṭ表示 balāṭ，因此完全无法解释为什么会出现 na-ta-ku-lu 和 ba-la-ṭa 这样的拼写。但是我们应该记得，在晚期的亚述—巴比伦时期，美索不达米亚地区不仅仅使用楔形文字，这一时期，阿拉米文化开始影响近东的大部分地区。这种影响的强度如何（尤其对美索不达米亚地区），可以通过在亚述和巴比伦地区所发现的大量阿拉米文字材料得到证明，我们由此可知，这个国家在那一时期处在双语和双文化并行阶段。如果，我们了解阿拉米文字，如其他的闪米特文字体系一样，其中的每个音节符号都表示一个辅音加上任何元音，那么我们就能够很容易地将以上所讨论的楔形文字中出现的反常的拼写情况解释为是在阿拉米文字体系影响下的表现。[53]

在探讨闪米特文字的性质和特征时，支持其音节文字性质观点的并不是只有我一个人。多年以前，普雷托里乌斯(Franz Praetorius)，在将迦南文字同塞浦路斯音节进行比较时，不得不得出结论：迦南文字也是音节文字。[54]另一位学者也使用了“腓尼基音节文字”[55]这一术语，但是原因尚不明确。叶尔文(S. Yeivin)在一篇篇幅不长但是很有影响力的论文中，证明了埃及文字和西闪文字均为音节文字。[56]迪龄格（David Diringer）曾经提到，某些学者所认为的“闪米特字母”并非真正意义上的字母，因为它们无法表示元音。[57]与此相关的还有施维泽（Eduard Schwyzer）的观点，他将古老的希腊文字中 ēta ‘als 音值为 he 的音节解释为腓尼基文字中音节文字的残余。[58]在这里，我们还应该提及芝加哥大学教授波贝尔（Arno Poebel）的观点，他在埃塞俄比亚文字的特征和阿卡德文字中的元音插入现象的基础上，得出了闪米特文字是音节文字而非音素（字母）文字的观点。[59]但是，波贝尔教授从不认为埃及文字是音节性质的，他也没有试图使他的解释符合普通文字史的角度。

在我完成了上述所有讨论后，我课上的一名同学向我提到最近出版的斯特蒂文特（Edgar H. Sturtevant）的一本书，[60]书中的观点让我了解到，著名丹麦学者佩德森（Holger Pedersen），也认为埃及文字和闪米特文字均为音节性质。[61]有趣的是，佩德森没有从特殊的文字事实，而仅仅通过文字发展的理论演绎，得出了我认为是正确的结论。事实上，佩德森仍然将闪米特文字称为“闪米特字母”，并将其纳入“字母体系”中，但是他所表达的观点“闪米特字母其实是音节文字，虽然我们表面上看上去是辅音文字”，[62]是非常接近本书的结论的。[63]

爱琴音节文字

在这一节中，我们将要讨论的文字体系包括：塞浦路斯文字、塞浦路斯—米诺斯文字、费斯托斯文字，或许还包括比布洛斯音节文字，这些文字都是在一种或者几种克里特文字的直接或间接的影响下产生的。从类型学的观点来看，爱琴音节文字的主要特征是存在着一个独立的元音构成的音节符号，以及一个辅音加上一个元音构成的音节符号。

在塞浦路斯岛屿上的许多地方，人们都发现了可以称之为是“塞浦路斯音节文字”的文字材料。19 世纪的下半叶，这一文字得到释读，人们发现其中的大部分文字都是记录希腊语的，而少数部分则记录了目前尚且不了解的原始塞浦路斯语。首先，没有人知道这种文字的起源，显然它同希腊字母和腓尼基文字都不存在必然联系。

在此期间，恩科米、旧萨拉米斯以及塞浦路斯的其他一些地区发现了一些篇幅短小的文字材料，其中的文字尚未得到释读。这些青铜时期的文字材料，人们推断其产生时间大概为公元前 1500—前 1100 年，因此我们认为，它们比那些黑铁时代的塞浦路斯音节文字（使用时间大概在公元前 700 年到公元前第一世纪左右）要古老得多。而从青铜时代结束到黑铁时代开始，相对较长时期文字材料的空白尚且很难解释。

亚瑟・埃文斯（Arthur Evans）曾经证明，这些青铜时代产生的谜一般的文字符号（人们将其称为“塞浦路斯—米诺斯”文字）同克里特文字之间存在着某种必然联系。[64] 我认为这一观点是可信的。事实上，由于那一时期克里特文明对塞浦路斯地区的影响已有确证，埃文斯推断塞浦路斯—米诺斯文字是克里特文字的地方变体。埃文斯还证明了稍后产生的塞浦路斯音节文字，通过塞浦路斯—米诺斯文字作为过渡，同克里特文字在形式上也存在着联系。而在丹尼尔（John Franklin Daniel）的一篇文章中，重新论述了整个问题。[65] 丹尼尔得出结论，认为现存的塞浦路斯—米诺斯文字由 101 个符号组成，这些符号都出现在陶器上，包括 63 个表示不同的符号以及 10 个数字符号。塞浦路斯—米诺斯文字同早期的克里特文字和晚期的塞浦路斯文字的联系可以参见图 79。图 80 展现的是来自恩科米地区的一些短小文字材料，同其他的塞浦路斯—米诺斯文字一样，其特征是形式上的高度简洁（1—8 个符号）。[66]

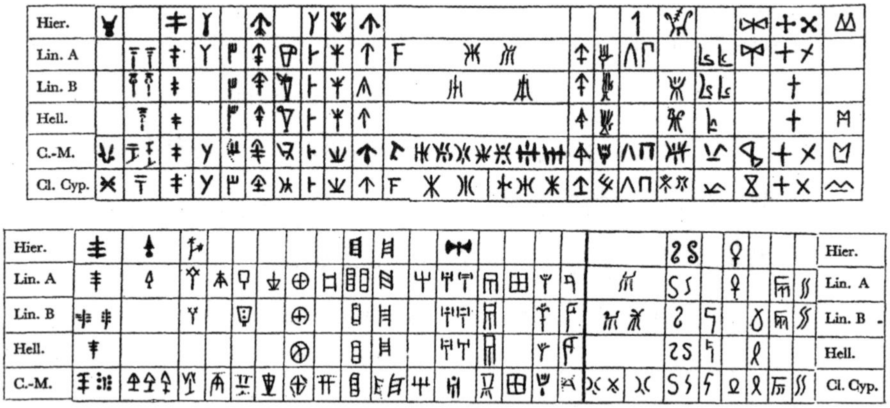

图 79　塞浦路斯—米洛斯文字同米诺斯文字和早期塞浦路斯文字符号的平行对比

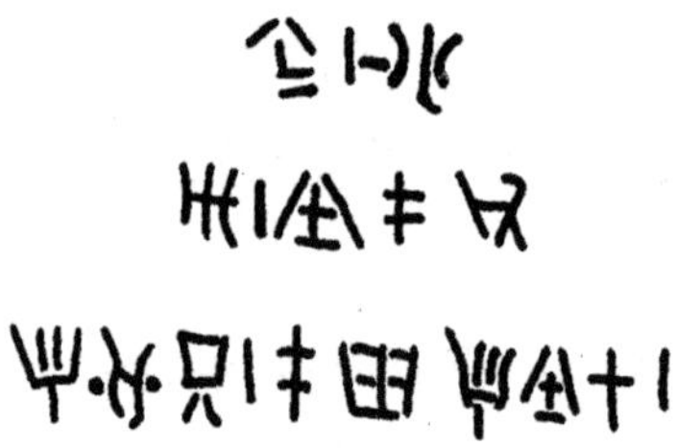

图 80　恩科米(塞浦路斯)的三段短小的文本材料

标准的塞浦路斯音节文字由 56 个符号组成,每个符号代表一个以元音结尾的音节(图 81)。文字符号不表示双辅音、长元音、前鼻辅音,也不区分清音、浊音以及送气辅音。因为这套音节符号设计之初并不是用来记录希腊语的,因此并不适合于表达它后来所记录的希腊语。以下例子很好地对这一点作出了诠释:to-ko-ro-ne 表示希腊语中 Tòν Χῶρον, a-ti-ri-a-se 表示 ανδριας, sa-ta-si-ka-ra-te-se 表示 Στασικρατης, a-ra-ku-ro 表示 αργύρω, a-to-ro-po-se 表示 ανθρωπος 或 ατροπος 或 ατροφος 或 αδορπος。典型的塞浦路斯文字可以参见图 82。

非常独特的文字材料是克里特地区的费斯托斯圆盘上出现的文字(图 83)。根据地层学的成果,人们将其产生时间推测为公元前

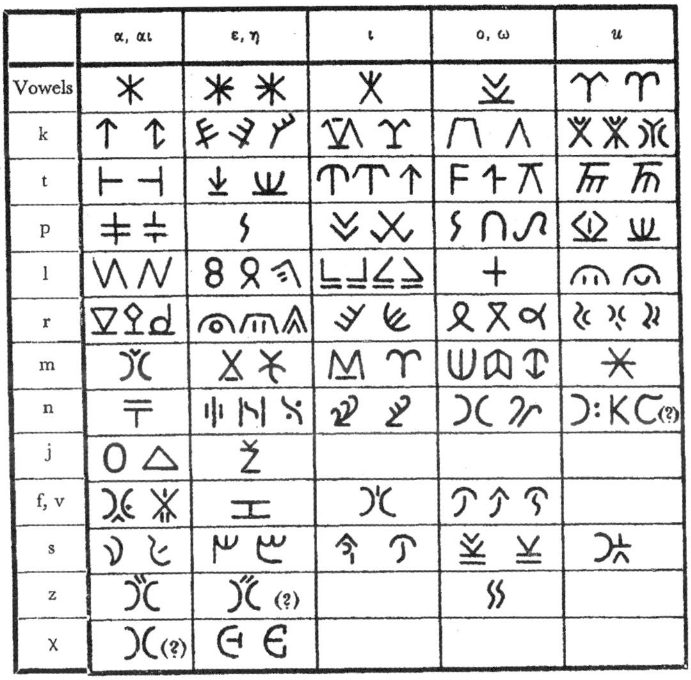

图 81 塞浦路斯音节文字

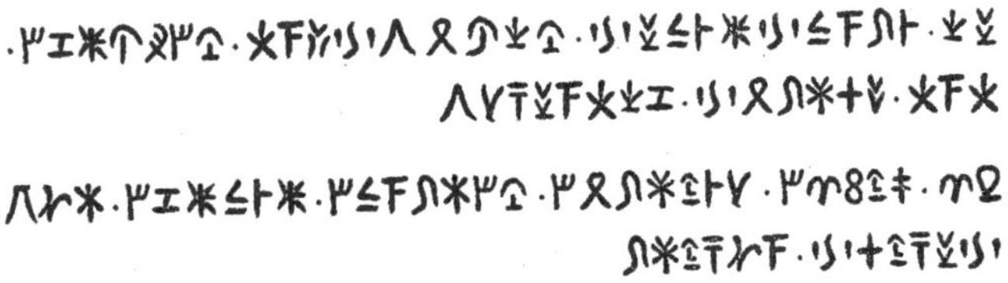

图 82 伊达里安的塞浦路斯文字

17 世纪。这些文字符号呈螺旋形排列，因为在大多数图画文字中，图像形文字通常以图案面向句首，因此将文字从陶盘的外部而非中心开始排列是比较安全的。陶盘上的这些符号分别描绘着人物、动物、日常生活用品以及房屋建筑的图画。这些图像的独特之处在于：尽管其中部分与克里特符号存在相似性，但整体形态截然不同，显然代表着一种独立的发展体系。陶盘上总共有 45 个不同的符号，但是考虑到文字表达的相对简洁性，我们认为这种文字包含着 60 个符号左右。所使用符号的数量，以及被分隔的单词多由 2 至 5 个符

图 83 费斯托斯圆盘

号组成这一事实，让我们可以大胆地推断，这种文字在爱琴文字类型中属于音节文字。

或许费斯托斯圆盘上文字最不同寻常的特征在于，这些符号不是像通常陶器上出现的文字那样使用尖笔刻上去，而是使用印章压制上去的。这种文字的书写情况在整个爱琴文明地区是独一无二的，尽管在时间晚得多的亚述时期的美索不达米亚地区，也曾经发现了相似的现象。[67]

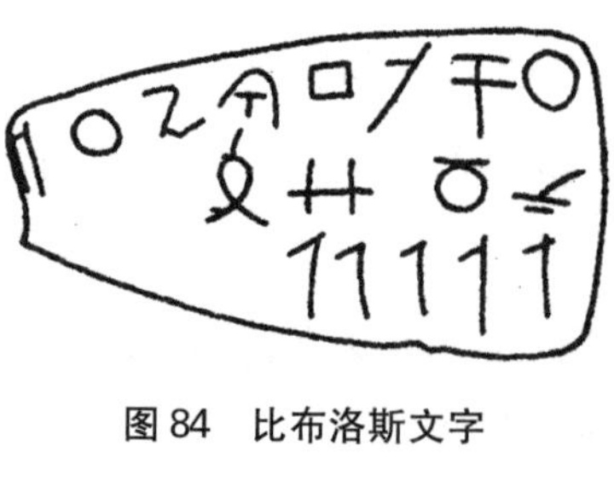

图 84 比布洛斯文字

另一种很可能属于爱琴音节文字的便是近期发现的叙利亚的比布洛斯文字，最近几年在那里出现了许多重要的考古发现。最先发现的文字材料出现在 1929 年，出现在一块破碎的石碑上，上有 10 行文字（图 84）。此后，在比布洛斯挖掘出 9 种文字材料：2 块青铜板、4 块抹刀片以及 3 块石碑。现在这些文字材料都由杜南德（Maurice Dunand）编辑出版了。[68]直至目前，法国著名的东方学家多尔姆（Edouard Dhorme）才开始对这种文字进行讨论。[69]

在多尔姆看来，其中的一种文字材料总共有 217 个符号，其中包含了 53 个不同音节的符号；而后一种总体则有 461 个符号，包含 64 个不同音节的符号。但是，杜南德认为在比布洛斯文字中存在着 114 个不同的符号。[70]这里有一个问题，从前面两种文字所包含的符号数量（53 和 64），我们认为完整的音节文字的符号数量不应该超过 80—90 个。此外，多尔姆将比布洛斯文字同时称为“音节文字”和“字母文字”，甚至坚持认为其中存在着某些表示一个元音加上一个辅音的音节符号。这些特征同我们所了解的爱琴文明地区的音节文字类型是不相符的，因此促使我们猜测比布洛斯文字可能是呈现出不同于爱琴音节文字性质和特征的另一种文字。若非如此，多尔姆教授可能就应该对他的著作进行修订，避免这种文字同爱琴文字的联系上的困难。比布洛斯文字所记录的语言目前我们认为应该是闪米特语，或者，更具体地说，腓尼基语。

这些新的文字材料产生的时间仍然没有答案。杜南德教授将时间推测为公元前第三千年纪的最后 250 年，或是公元前第二千年纪的最初 250 年。多尔姆教授则将时间推后到公元前 14 世纪。关于推测时间，重要的材料是阿扎巴尔（Azarba‘al）石碑背面的文字中包含着的一些符号。据杜南德教授所说，[71]这些符号同前面所讨论的 10 种比布洛斯文字材料的符号存在很大的相似之处。因此，新比布洛斯文字的产生时间也会比原先想象的大为推后。

日本音节文字

在日本和中国经历了几个世纪的文化和商业交流之后，汉字体系开始出现在日本，时间大约可追溯到5世纪。汉字中的词符被日本民族所借用，但是却不按照其所记录的汉语发音，而是按照日语的发音重新确定了音值。因此，举例来说，汉字中的词符"南"，在日语中被读作"minami"，但是仍然表示"南"的意义。汉字体系非常适合汉语这种单音节孤立语，因为在这种语言中，语法形式变化通常是通过句中的位置变化而非借助构词因素的词形变化而表示的。但是，这样一种文字体系却并不适用于日语，因为日语是一种多音节的黏着语，其语法的变化主要通过特殊的词缀来表示。因此，日本民众很快就对汉字符号加以改变，使用其中的某些词符充当音节符号，用来表示日语中的语法要素。最初，对于这些音节符号的选择是不成系统的，直至9世纪，一种由有限数量的符号组成的相对稳定完善的音节文字才最终产生。

9世纪以后，在日本音节文字中出现了两种类型的符号形式（日本音节文字符号即所谓的假名kana，从kanna、kari na"借来的名称"中发展而来）：

（1）片假名，即通常所说的"Yamatogana"，日本假名（Yamato表示"日本"，gana即kana，表示假名），这种符号是从汉字的标准形式（楷书）中取一部分发展而来，通常用于科学文献以及正式的公共出版物中（图85）。

（2）平假名，"简单假名"，是从汉字的手写体（草书）中取一部分发展而来，通常用于报纸、纯文学作品以及日常生活中（图86）。

日本音节文字有47个基本符号，片假名是一种简洁的文字符

k'ai-shu	kata-kana		k'ai-shu	kata-kana		k'ai-shu	kata-kana	
阿	ア	a	千	チ	ti (chi)	牟	ム	mu
伊	イ	i	門 津	ツ	tu (tsu)	女	メ	me
宇	ウ	u	天	テ	te	毛	モ	mo
江	エ	e	土	ト	to	也	ヤ	ya
扵	オ	o	奈	ナ	na	勇 油	ユ	yu
加	カ	ka	仁 二	ニ	ni	與	ヨ	yo
幾	キ	ki	奴	ヌ	nu	良	ラ	ra
久	ク	ku	子	子	ne	利	リ	ri
个 計	ケ	ke	乃	ノ	no	流	ル	ru
己	コ	ko	八	ハ	fa (ha)	礼	レ	re
草 散 左	サ	sa	比	ヒ	fi (hi)	呂	ロ	ro
之	シ	si (shi)	不	フ	fu	日	ワ	wa
須	ス	su	皿 邊	ヘ	fe (he)	慧	ヱ	we
世	セ	se	保	ホ	fo (ho)	伊	井	wi
曾	ソ	so	末	マ	ma	乎	ヲ	wo
多	タ	ta	三 美	ミ ミ	mi	—	—	—

图 85 来源于汉字楷书的日本片假名

号，简单易学，因为其中的符号形式变化较少；而平假名，则有 300 多个形式变体，在符号与符号的组合过程中还会出现各种变化，因此相对复杂。[72]

日本假名的音值大多数来源于汉字，但是往往用来记录日语发音。如汉字“奴”，用来表示音节 nu。汉字“毛”，在日语中音“mo”，用来表示音节 mo。汉字“天”，在日语中发音“te(n)”，用来表示音节 te。有时，汉字词符的发音被弃之不用，而重新赋予日语音值，如“三”表示音节 mi，因为在日语中发音为“mi”；汉字“女”，由于“女”在日语中读为“me”，因此记录音节 me。

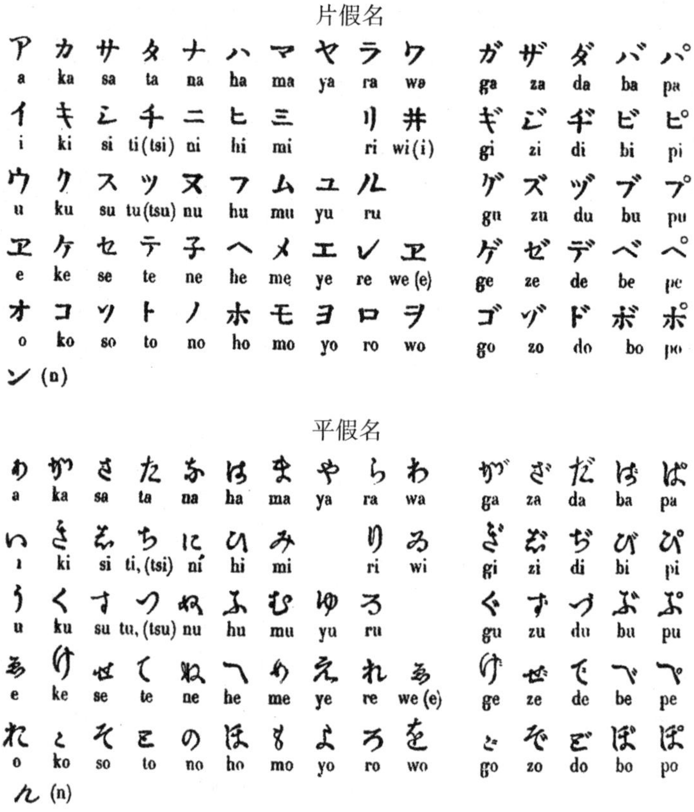

图 86 日本的片假名和平假名

除了假名中的 47 个基本符号外，日文中还存在着一些用来标记和区别某些发音特征的记号。例如，“两点”用来区分清音和浊音，圆圈符号用来表示在音节后加 h，读音变为 p；而促音符号则表示双辅音，有特殊的符号来表示鼻音符号 n、ng、m。最后，存在两类不同的记号，一类用来表示单音节的重叠，而另一类用来表示双音节和多音节的重叠。

即使具备了两种完整的音节符号系统，日本还是始终未能完全放弃古老的汉字词符。音节符号（假名）主要用于儿童识字书籍，而在其他的场合日本通常使用一种“汉字—假名”符号“kanamajiri”，这种符号体系由词符汉字和音节符号假名共同组成。其中的汉字主要用来表示名词、形容词和动词；而假名则用来表示人名、外来词、语法要素、虚词以及其他一些纯表音要素。假名符号还用来辅助主要汉字符号，帮助人们在阅读中给疑难词注音，因此假名有两种类型："送假名"，这种假名跟随在汉字之后，用来标记词性和语法变化；以及"振假名"，这种假名书写在汉字的右边（偶尔也出现在左边），用来标注其读音。

一些日本人致力于文字简化，试图将日文中的汉字词符全部废除，目前为止均没有成功。[73]

观　察

在所有的文字体系中，音节文字是最容易评价的。事实上，我们对音节文字的观察和认识可以仅仅概括为以下简略的论述：所有的音节文字体系，其中的文字符号都与这种音节文字所来源的词—音节文字体系中的对应的音节符号基本相同，或者是其简化形式。以下进行简短的讨论，提出其中的相似与差异。

图 87 的表格为我们展示了四种类型的音节文字，也就是楔形音节文字、闪米特文字、塞浦路斯文字以及日本假名。其中，各种类型的楔形音节文字，包括埃兰人、胡里安人、乌拉尔图人等使用的音节文字，不论从外在形式还是内在结构的角度来看，都来源于美索不达米亚楔形文字。前者们与后者唯一的不同之处，在于后来产生的音节文字缺乏双音节符号，这个文字事实并不让人惊讶，因为我们知道，即使在美索不达米亚文字体系中，双音节符号也是极少的。闪米特音节文字，在形式上同埃及文字并不相同，但是结构上却的确来源于此。但是，埃及文字同时使用单音节和双音节符号，这些符号都以元音结尾；而闪米特音节文字仅仅使用单音节符号。形式上

	Derived Cuneiform Syllabaries		*West Semitic Syllabaries*		*Cypriote Syllabary*		*Japanese Syllabary*	
Open Mono-syllables	a	ta	ʾ^{a}	t^{a}	a	ta	a	ta
	i	ti	ʾ^{i}	t^{i}	i	ti	i	ti
	e	te	ʾ^{e}	t^{e}	e	te	e	te
	u	tu	ʾ^{u}	t^{u}	u	tu	u	tu
	—	—	ʾ^{o}	t^{o}	o	to	o	to
Close Mono-syllables	at	tam (or ta-am)	— (ʾ^{a}-$t^{(a)}$)	— (t^{a}-$m^{(a)}$)	— (a-t(a))	— (ta-m(a))	— (a-t(o/u))	— (ta-m(o/u))
	it	tim (or ti-im)	— (ʾ^{i}-$t^{(i)}$)	— (t^{i}-$m^{(i)}$)	— (i-t(i))	— (ti-m(i))	— (i-t(o/u))	— (ti-m(o/u))
	en	men (or me-en)	— (ʾ^{e}-$t^{(e)}$)	— (t^{e}-$m^{(e)}$)	— (e-t(e))	— (te-m(e))	— (e-t(o/u))	— (te-m(o/u))
	ut	tum (or tu-um)	— (ʾ^{u}-$t^{(u)}$)	— (t^{u}-$m^{(u)}$)	— (u-t(u))	— (tu-m(u))	— (u-t(o/u))	— (tu-m(o/u))
	—	—	— (ʾ^{o}-$t^{(o)}$)	— (t^{o}-$m^{(o)}$)	— (o-t(o))	— (to-m(o))	— (o-t(o/u))	— (to-m(o/u))

图 87　音节文字的音节符号类型

同克里特文字存在着某种联系的塞浦路斯音节文字，只有单音节符号，并且都是明确标记结尾元音的开音节，在结构上同我们所熟知的赫梯象形文字以及爱琴文明地区的其他文字相同。日本假名在形式上来源于汉字，在结构上却同其汉字原型相差较远，反而同近东“词—音节”文字中的音节符号更为接近。至于日本假名中只具有以元音结尾的单音节符号，或许是出于日语语言以开音节为主的特征，如“mikado、Hirohito、Nagasaki”等。因此，我们并没有必要像某些学者所认为的那样，考虑梵文对于日文的符号结构的影响。[74]

这些由“词—音节”文字体系派生出的音节文字体系中，闭音节的使用情况基本上同它们所来源的“词—音节”文字体系中的音节符号的使用相同。因此，在楔形文字中，tapta 可以用 tap-ta 或 ta-ap-ta 来表示，在闪米特文字中用 t^{a}-$p^{(a)}$-t^{a} 来表示，在塞浦路斯音节文字中用 ta-p(a)-ta 表示，在日本假名中则用 ta-p(o)-ta 或者是 ta-p(u)-ta 来表示，因为在假名中，闭音节中的辅音（通常是表示外来词和姓名）通常都是用一个以 o 或 u 结尾的音节来表示的。我们应该记得，假名中以 n、ng 和 m 结尾的闭音节使用特殊的符号来表示。此外，在音节文字中，以两个相邻辅音结尾的音节同以单辅音结尾的音节情况相似。因此，tapt 在楔形文字中应该写作 tap-t(a)、ta-ap-t(a)、ta-pa-at 或是 ta-ap-at 等，在闪米特文字中写作 t^{a}-$p^{(a)}$-$t^{(a)}$，在塞浦路斯文字中写作 ta-p(a)-t(a)，而日文中写作 ta-p(o)-t(o)或 ta-p(u)-t(u)。

以下是四种典型的音节文字符号数量的对比：

楔形音节文字：100—130；

闪米特音节文字：22—30；

塞浦路斯音节文字：56；

日本音节文字：47。[75]

关于更多的音节文字的结构问题，我们还可以通过原始部落在白种人影响下创造的音节文字中得到进一步了解，这些在第七章将会讨论。在目前学术界，这是一个需要引起特别关注的课题。

在以上四种音节文字体系中，只有两种文字是完全使用音节符号的，即闪米特文字和塞浦路斯文字。另外两种文字，楔形音节文字中仍然存在着一定数量的词符，这是从美索不达米亚楔形文字中直接继承而来的；日本假名也总是同一定数量的汉字共同使用。

美索不达米亚文字、埃及文字以及赫梯文字同其派生出来的楔形音节文字、闪米特音节文字以及塞浦路斯音节文字的相似之处是如此惊人，这使我们很自然地想了解，在这些地域是什么因素阻止了“词—音节”文字发展成为完全意义上的音节文字。某些阶段的“词—音节”文字同音节文字的距离非常近，我们只要通过将埃兰、胡里安或是乌拉尔图文本同古阿卡德或者是卡帕多西亚时期的美索不达米亚文字进行比较就可以发现这一点。同样的情况也出现在前面讨论过的西闪音节文字同晚期的埃及文字，或者是塞浦路斯文字同赫梯文字之间。但是，尽管“词—音节”文字的后期发展状况同音节文字如此接近，它们却从未真正发展成为完全意义上的音节文字。其中的原因，不仅仅是一个民族对于其所使用文字的依赖和坚持，恐怕更大程度上是由于这个国家或民族中的某个阶层，希望使用文字维系一种特殊的由种族、宗教（埃及和巴比伦地区）或政权所赋予他们的特权，因此，他们才会坚持使用难以学习、形式和结构复杂的文字符号，这样这种文字永远不可能为广大人民所掌握。因此，只有那些同本土的传统、宗教或政权所赋予某一阶层的特权没有联系的外国部族，才能够发展出新的文字体系，成为文字史上重要的一步。

第五章

字　母

如果我们将字母定义为一种表达语言中单个音素的符号体系，那么最早的字母便是希腊字母。但是，这种新的文字类型，并不是希腊土壤上忽然开出的陌生而奇异的花朵。在前面的论述中，我们已经指出，通常情况下，一种新的文字类型中所产生的新特征，总能在之前的某些相关文字类型中找到某些依据，这是文字发展规律中的重要部分。希腊文字中也不例外，希腊字母的产生的根源与背景应当发生在古代的东方。

东方地区的前字母

古老的希伯来文字，同其他西闪音节文字一样，只使用以辅音开头以任何元音结尾的音节符号。为了准确标记长元音，人们开始使用所谓的“弱辅音”，通常将弱辅音加在音节的前面，形成一个独特的单位，这就是我们通常所知的“辅音—元音”法。因此，在古希伯来文字中，David 在“省略法”中写作 $D^{a}w^{i}d^{(i)}$，而在“辅音—元音”法中却写作 $D^{a}w^{i}y^{i}d^{(i)}$，这里的 y^{i} 并不表示一个独立的音节，它唯一的作用在于保证前面的音节 w^{i} 被人们读作 wi，而非 wa、we、wu、wo 等。与之相似，表示“亚述”一词的音节ʾAššūr，在“辅音—元音”法拼写中会在不完整的拼写${}^{ʾa}\check{s}^{u}r^{(u)}$的基础上加上 w^{u}，写作${}^{ʾa}\check{s}^{u}w^{u}r^{(u)}$，从而保证其中的音节 šu 被读作正确的元音。这些出现在音节前用来辅助标记元音的附加符号，被人们称为“阅读之母”(matres lectionis)，这个名称显然是借自希伯来语中的ᵓ immōth haqq^{e}rī ᵓāh，意为“阅读之母”。在希伯来学者大卫·吉米(David Qimḥi)看来，在希伯来文字中有 10 个元音，5 个长元音(母)和 5 个短元音(子)。如果没有这些元音的辅助，任何字母都无法被人们准确释读。[1]

对于圣经文本中何时出现这种文字还没有定论，这是因为对马所拉文本进行时间判定存在着各种各样的困难。这种表音方式并不是希伯来人独立创造的，因为它们还出现在许多其他文字体系中，这些文字体系比最早的圣经文本材料要早得多，它们之中已经广泛使用了这一方法。

对于圣经文本中出现的“阅读之母”现象，标准的解释是其由一个双元音(复合元音)发展而来，后来缩略成为一个长元音。[2]因此，在圣经中，将表示“天”的词 yôm 拼作 y^{x}w^{x}m^{x}，人们认为，之所以出现 w^{x}，是因为这个词在一段时间内准确的发音应当是 yawm，只是后来缩合成为 yôm 而已。这种观点从古有之，即认为这种完整的拼写能够发挥标记元音的作用。同这种解释正好相反，我们推断以上所说的 aw 变为 ô，或是 ay 变为 ê 的缩合，应当发生在公元前第二千年纪中叶，这个时间比巴勒斯坦出现成熟文字要早得多。而且，“辅音—元音”现象主要发生在以复音结尾的情况下，如-īm、ōt，这些第一人称代词的后缀-ī，并不是由于复音的缩合产生的。进一步说，正如我们稍后所见，在许多文字体系——闪米特文字或非闪米特文字——中都会出现“辅音—元音”现象，而这显然无法通过复音的缩合得到解释。

如果我们不考虑沙姆拉角(Râs Shamarah)地区发现的乌加里特文字以及比布洛斯地区的最早的腓尼基文字中令人怀疑的“辅音—元音”的文字现象，那么最早的“辅音—元音”书写法就出现在公元 9 世纪，津吉尔(Zincirli)的最早的文本材料美萨(Meša^{c})中。[3]

最早发现的“辅音—元音”都出现在音节的末尾，如“父亲”一词ʾabi拼写作ʾ^{a}b^{i}y^{i}；而表示“于是他们出发”的词 waśâmū 则写作 w^{a}ś^{a} m^{u}-w^{u}。后来，这种情况也同样出现在音节中间，我们可以比较一下，zāt（阴性形式的 this）的符号 z^{aʾa} t$^{(a)}$，而非 z^{a} t$^{(a)}$；用 z^{e} h^{e}表示音节 zē（阳性形式的 this），而非 z^{e}。同样，用 w^{x} y^{x} l^{x} k^{u} w^{u} 表示“他们去过”，用 y^{x} z^{x} b^{x} ḥ^{u}表示“他们即将牺牲”。用 b^{a} n^{i} t^{i} y^{i}和 b^{a} n^{i} y^{i} t^{i}而不是单纯的 b^{a} n^{i} t^{i}来表示 banîtī（“我建造”）。[4]除了符号ʾāleph、hē、wāw 和 yōdh 之外，还有ḥēth和 ʿayin[5]也常常用来作为“阅读之母”，虽然后者仅仅出现在晚期的闪米特文字中。随着时间的发展，这种方法的使用越来越普遍，最终在新普尼克文和曼达文以及其他晚期闪米特文字体系中达到较高程度的系统化。至于这种完整的元音标记方式是闪米特文字发展到何种程度的结果，而它们又在多大程度上受到了欧洲古典文字（拉丁文和希腊文）的影响，还很难给出确切的答案。

我们在闪米特文字中所发现的，使用“阅读之母”方法进行的元音标记原则；在埃及文字中也可以发现与之相对应的现象，即我们通常所说的“音节正字法”（syllabic orthography）。我十分同意奥布莱特（W. F. Albright）[6]及其前辈对于埃及文字中的音节正字法的意义和目的的看法，因此我不能同意这个术语。因为在我们研究埃及表音文字符号的过程中，使用辅音—元音的“音节正字法”这一术语，事实上标志着文字符号正在经历着从音节性质向字母性质的发展过渡阶段。但是，我们从不认为埃及音节文字是字母性质的，因为同完整意义上的希腊字母相比，其中元音标记的出现是偶然的，不成系统的。也正因此，我更倾向于使用从闪米特文字借来的“辅音—元音”这个术语，甚至是伊格尔顿（William F. Edgerton）[7]跟加德纳（Alan H. Gardiner）所使用的“音组书写”这一术语。

根据奥布莱特所提出的证据，埃及文字中的“辅音—元音法”或者“音组书写法”最早出现在公元前 2000 年前后，那时埃及处在中王国时期，人们在那些包含着对外国土地的统治者的诅咒的“诅咒文”中发现了这种文字现象。在后来的时期内，这种方法迅速发展，在新王国时期的第十八至十九世达到顶峰，也就是公元前 16 至前 13 世纪。此后，这种方法开始逐渐衰落，直至公元前 10 世纪中仍完全没有系统使用。[8]通过伊格尔顿所提供的证据，我们知道，“辅音—元音”可以远溯到埃及第一代王朝时期的金字塔文字材料中。[9]这也就意味着，这种方式并不是在公元前 2000 年忽然产生的，而是经历了缓慢的逐步发展的过程，这同闪米特文字中的情况完全相似。只要我们将早期闪米特文字中罕见的“辅音—元音”现象同晚期的新普尼克文字进行对比，就足以发现这一点。在我们观察埃及文字中的“辅音—元音”现象时，我们推测，在第十二世到十九世王朝，埃及王朝同外国的联系非常密切，因此需要准确地翻译和记录外国统治者的姓名以及地名，这种需要是刺激“辅音—元音”大量产生，从前期的不规则出现逐渐演变为一种系统化的方式。

以下是埃及文字中使用“辅音—元音”的一些例子。使用 T^{x}-w^{x}-n^{x}-i̯^{x}-p$^{x\supset x_\supset x}$或是 T^{x}-w^{x}-n^{x}-p^{x} 来表示叙利亚城市的名称 Tunip。使用 P^{x}-w^{x}-t^{x}-w^{x}-h̬^{x}-i̯^{x}-p$^{x\supset x}$ 来表示赫梯王后的名字PutuH̬ipa。使用 D$^{x_\supset x}$-p^{x}-w^{x}-n$^{x\text{-}\supset x}$ 表示迦南地名Ṣapūna 或Ṣapōn；使用 Q$^{x_\supset x}$-r$^{(x)}$-q$^{x_\supset x}$-m^{x}-š$^{x_\supset x}$ 或 Q$^{x_\supset x}$-r^{x}-i̯^{x}-q$^{x_\supset x}$-m^{x}-i̯^{x}-s$^{x_\supset x}$ 表示叙利亚城市名 Carchemish [古称 karkamisă(s)或 karkamiš]；使用 N$^{x_\supset x}$-h^{x}-r^{x}-i̯^{x}-n$^{x_\supset x}$ 或 N^{x}-h^{x}-r^{x}-i̯^{x}-n^{x} 或 N^{x}-h^{x}-r^{x}-i̯^{x}-n$^{x_\supset x}$ 或 N^{x}-h$^{x_\supset x}$-r^{x}-i̯^{x}-n$^{x_\supset x}$ 来表示 Naharīna 或 Nahrīna(美索不达米亚)；而用 Q$^{x_\supset x}$-d̲$^{x_\supset x}$-w$^{x_\supset x\text{-}}$d$^{x_\supset x}$-n$^{x_\supset x}$ 或 Q$^{x_\supset x}$-d̲^{x}-w$^{x_\supset x}$-d$^{x_\supset x}$n$^{x_\supset x}$ 或 Q^{x}-i̯^{x}-d̲$^{x_\supset x}$-w$^{x_\supset x}$-d$^{x_\supset x}$-n$^{x_\supset x}$ 来表示安纳托利亚国家名Kiz(zu)wat(a)na。

在上述例子中，我们发现以$^{\supset}$、w 和i̯开头的音节符号可以作为“阅读之母”来使用。以上例子中使用 w^{x} 和i̯^{x} 来标记元音 u 和 i 是显而易见的。但是包含$^{\supset}$ 的符号，除了在 Nah(a)rīna 这样的音节中表示元音 a 之外，其他的例子中，这个符号都是出现在明显只需要一个辅音的位置上。那么在 Tunip 和 Karkamiš 这样的音节末尾使用 ᵓ^{x}的原因是什么呢？甚至，如果我们认为古闪米特地名 Qatna、Kassapa 和Ḫaṣūra 中这个符号都用来表示元音 a，那么就会出现这样的情况，在音节 Karkamiš 中，出现在 r^{x} 后的 i̯^{x} 无法得到合理的解释。对于出现在埃及音节中的，不论是在音节中间或是末尾位置上的元音插入现象，目前尚未得到正确的诠释，我们期待着有志于此的学者。[10]

即使一个并不通晓埃及语言文字的人，也能够认识到在埃及音节文字中，“阅读之母”所发挥的作用。而对于一个研究文字史的学者来说，闪米特文字同其他文字体系中所出现的相似的文字现象本身，就能够证明这一点。当然，奥布莱特对于这些文字体系的构拟和重建并不是在所有细节上都无懈可击，其中当然也存在许多矛盾和错误之处。例如，对于其将一些符号组合解释为 k 或 r 这样简单的辅音，或者是像 as 这样以元音开头辅音结尾的简单音节（包括 an、in、un、ar、ir、ur 等），是我所不能同意的。如果我们接受了这样的观点，认为埃及文字中的基本表音符号只由以辅音开头的音节符号构成，那么从中发展出的符号的组合也应该是同样结构的音节符号。因此，没有必要将 r 或者 ar 这样的音进行转写，因为在赫梯象形文字等其他文字体系中，相似的情况会被译为 $r^{(x)}$ 或 $r^{(a)}$，或者是一个末尾元音不发音的音节。[11]

在前文所引的伊格尔顿教授的论文中，他认为：“奥布莱特教授对于埃及文字符号中的‘音组书写’的音节理论是完全不能得到证明的。相反，存在着强有力的证据反对其论述。”他举例证明对于埃及音节文字的种种解释都是空谈，可能性很小。他推断指出：“在我看来，第十九世王朝时代以及更早时代，埃及文字中，无论是圣书体或僧书体，从未出现过使用任何方式表示元音的现象。”[12]这也就意味着，在埃及音节上的任何附加符号都是无意义的，仅仅是某些文字学家们的臆想而已。虽然我总是非常尊重这位同事和朋友的学术观点，但对于他以上提出的论述，我却存在质疑。当然，在埃及文字中的确存在着由于个人臆想而出现的种种矛盾的现象，这在其他文字体系中，甚至于在所有人类的文化和行为中都会出现。但是，我们不能因为这些矛盾和不一致的存在就否定在大部分情况下发挥作用的规律性和系统性。任何人（包括我在内）都认为，世界上的一切生命都是遵从规律和原则的，只不过在实际的生活中，会出现一些与规律、原则不一致的例外。但是，因为例外的出现，就认为“埃及文字完全没有系统性特征”是不合适的。因为这一论断不仅仅违背了普遍性的原则，更重要的是，通过将埃及文字体系和其他文字体系的比较，我们也证实了这种论断的不合理性。当我们看到在新普尼克文字中，人们使用 $n^{x}d^{x}r^{x}$ 或是 $n^{x\subset x}d^{x}r^{x}$ 以及 $n^{x}d^{x\subset x}r^{x}$ 来表示“誓言”，使用 $\check{s}^{x}m^{x\subset x}$、$\check{s}^{x}m^{x\supset x}$、$\check{s}^{x}m^{x}m^{x}$ 以及 $\check{s}^{x\subset x}m^{x\supset x}$ 表示“他听见”；[13]使用 $b^{x\subset x}l^{x}$ 和 $b^{x\subset x}l^{x\supset x}$ 表示“大人”时，我们当然不能否认在这种文字中，通过独立分散的符号来标记元音的过程中，存在着某种普遍性的原则。元音在有些地方被标识，而在有些地方不被标识，或者说它们有时出现在我们认为不应当出现的位置上，这都只能说明文字现象中出现了同规则不一致的地方，或者说明这种规则并不适合于新普尼克文字，而丝毫不能作为否认这种原则和规律的存在的理由。如果这一原则适用于新普尼克文字，那么，从文字学理论的观点来看，它也同样适用于解释埃及文字符号中相似的元音标记现象。

系统化的元音标记现象不仅仅出现在那些不表示元音的文字体系中，如闪米特文字和埃及文字，也同样出现在那些能够准确表示元音的纯粹的音节文字体系中，如楔形文字和赫梯象形文字。

在亚述时代后期，美索不达米亚楔形文字中，通常标记长元音的方式，是通过在以元音结尾的原有的音节基础上再加上一个元音符号。因此,dâ(dā)或 dî(dī)通常写作 da-a 和 di-i,用来区别短元音的 da 和 di。但是,在表示"亚述"一词的音节^{m}Aš-šu-ra-iu-ú 中,[14]其中的 iu-ú 并不是表示一个长元音的 yû(yū),而仅仅是单纯地表示音节 yu。与之相似,在晚期的亚述文字[15]中出现的用来表示"他们可以询问吗"意义的符号 liš-ʾa-a-lu 中,并不表示 lišʾālū 而仅仅是 lišʾalū。此外,在波加科斯地区,哈梯文字、胡里安文字以及巴利楔形文字中,[16]都会发现像 wa$_{a}$-ša-aḫ、at-ta-an-ni-wi$_{i}$-na、wu$_{ú}$-la-a-ši-na 这样的拼写中,所出现的元音标记的现象。这里的 wa、wi 和 wu 都按照正常的大小书写,而元音 a、i、u 则写得小得多,用来表示和前面的 wa、wi 和 wu 作为一个整体的符号。我们注意到,在楔形文字体系中,可以用一个符号表示一个辅音加上任何元音的音值,如果人们没有将元音标记出来,那么就会出现添加元音符号方式,用来克服楔形文字体系在表音上的不足。

我们在前面的讨论中已经发现,楔形文字通常使用不同的音节符号来表示元音的差异,比如 da 和 du 分别表示音节 da 和 du。但是,通常情况下,这种元音的标记是不完全的,比如同一个音节符号可以读作 li 或 le, ri 或 re, ig 或 eg 等。而正是这种音节符号无法准确表示元音的缺陷(表现为同一个符号可以表示 wa、wi、we 或 wu),促进了元音标记方法的产生,在公元前第二千年纪的第二个 250 年,美索不达米亚地区使用的胡里安文字中,元音标记的方式被广泛使用。因此,在将 iyallenin 拼写做 i-i-al-le-e-ni-i-in 时,加在 le 后面的符号 e 的作用便是人们明确这个符号的发音应当是 le 而非 li;同理,加在 ni 后面的符号 i 的作用也是为了准确表示发音当为 ni 而非 ne。而事实上,后者中加上符号 i 似乎有点多余,因为通过符号 in 已经确定了这个音节的读音是 ni。同类型的例子为数众多,这仅仅说明,这种原来出于准确标记元音而产生的方式,随着时间的发展,逐渐演变成为一个系统,即使在元音已经确定的情况下,也可以规范地添加元音符号。但是，正如我们会看到如 še-e-ḫa-la、še-ḫa-a-la 或是 še-ḫa-la-a 这样不同的拼写一样，在使用中始终会出现一些同规则不一致的现象。[17]

这种类似的元音标记方法也同样出现在能够规范标记出所有元音差异的文字中。在赫梯象形文字中，ayata（“他将要做”）一词中的音节 ta，仅仅使用一个单独的音节符号 ta 来表示。但是 a-i-a-ta 有时也同样会拼写成 a-i-a-ta-a。音节末尾的元音 a 并不是用来明确 ayatā 或 ayataa 这样的发音，而是为了明确整个词的读音应该是 ayata 而非 ayat。在那些闭音节只能通过一个辅音加上一个元音组成的音节符号来表示的文字体系中，这种元音标记的方法是绝对必要的。

波斯楔形文字出现在公元前 6 至 4 世纪的阿契美尼德王朝时期。作为一种楔形文字，其来源只可能是美索不达米亚楔形文字，虽然波斯文字体系中个别符号的形式看上去并不来源于任何其他的楔形文字。事实上，或许波斯文字符号形式同乌加里特文字一样，是独立创造的结果。

波斯文字是一种混合文字体系，由 41 个符号组成，其中 36 个是音节符号，4 个是表词符号，分别表示“国王、领地、省”和“阿胡拉马兹达”；剩下的一个是分词符。在 36 个音节符号中，有 3 个不同的符号用来表示元音 a、i 和 u；6 个不同的符号分别表示音节 da、di、du 和 ma、mi、mu。5 个符号表示辅音加上元音 a 或 i 组成的音节（ga=gi，ka=ki，na=ni，ra=ri，ta=ti）。5 个符号表示辅音加上元音 u 组成的音节（gu、ku、nu、ru、tu）。2 个符号表示辅音加上元音 a 或 u 组成的音节（ja=ju，wa=wu）。2 个符号表示辅音加上元音 i 构成的音节（ji、wi）。剩下的所有符号都可以表示一个辅音加上任意三个元音（b、č、ç、f、h、ḫ、y、l、p、s、š、ṯ和 z）（图 88）。

在波斯文字体系中，单辅音是通过以 a 结尾的音节符号来表示的，因此 a-da-m(a)就可以用来表示 adam 这个音节，但是至少从理

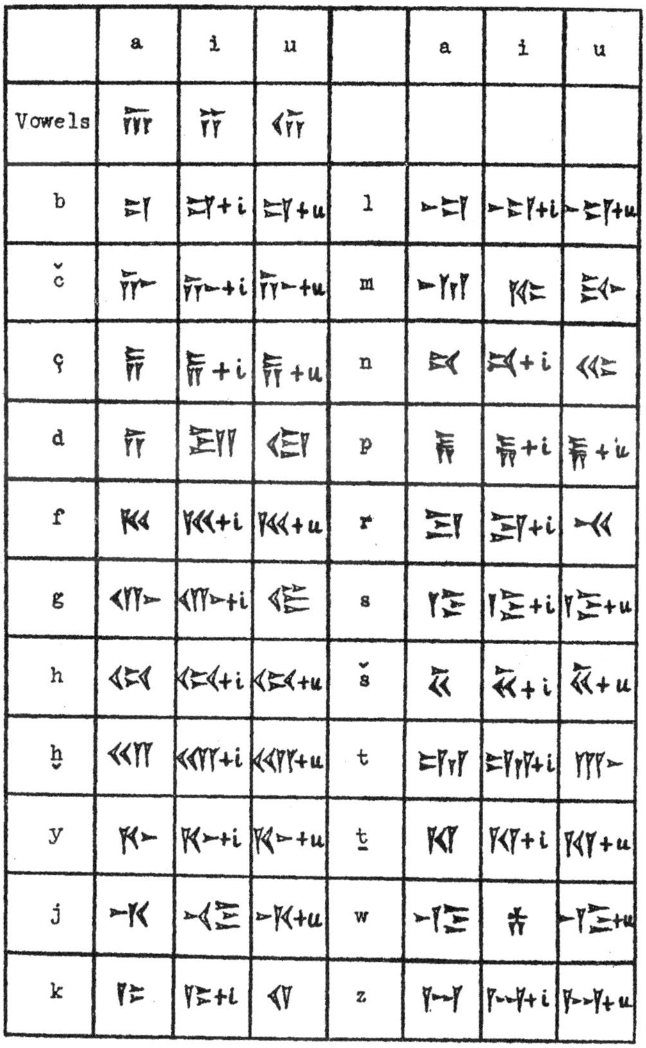

图 88 古波斯音节文字

论上说,它也可以表示 adm 或 adma。长元音 ā 是通过在音节符号后面再加上一个元音符号 a 来表示的,例如 hačā 这个音就拼写做 ha-ča-a。但是我们从类似 u-ta-a＝uta 这样的拼写事实中,可以推断出,附加的元音符号最初的作用并不是用来标记长元音,这种作用是后来才发展出来的。从我们前文讨论的赫梯象形文字中相似的文字现象,我们可以判断,最初,加在 ta 后的符号 a 仅仅是为了保证整个词的读音是 uta 而非 ut。而如果将波斯文字中某些音节的拼写同胡里安文字进行比较，更能帮助我们认识这个问题。我前面已经提到，在用 di-i 来表示 di，ku-u 来表示 ku 这样的拼写中，元音符号 i 或 u 的添加并不是必需的，因为音节符号 di 或 ku 只能以一种方式被读出，并不会造成误解。以上种种特征表明，波斯文字处在从音节文字体系向字母文字体系的过渡阶段。

波斯楔形文字起源的主要问题，在于它究竟是一种忽然产生的完整的文字体系，还是缓慢发展、逐渐演变的结果。如果我们支持前者，我们会引用一些传统的观点，这些观点支持波斯文字产生于大流士时代。[18]如果这种选择是正确的，这种简单的事实陈述势必排除任何更进一步的推测和想象。事实上，波斯楔形文字是一种混合的文字系统。在表示波斯语中 22 个辅音时，其中的 13 个辅音只用一个符号表示；7 个辅音可以用 2 个符号表示；另外 2 个辅音可以使用 3 个符号表示。因此，波斯文字应当是两种外来文字体系混合后的产物。在波斯文字符号中，13 个只表示辅音而不标记元音的符号的结构，同埃及文字以及西闪文字符号的构造原则完全相同；虽然这种结构的符号在美索不达米亚楔形文字中也曾出现，但是数量很少，很难被认为是形成波斯文字符号的基础。剩下的能够同时表示辅音和元音的符号，应该是在美索不达米亚文字的基础上产生的。但是，我们必须明确，既然目前存在着强烈反对波斯文字在大流士时期自发产生的观点，[19]那么由此我们应该考虑它在其他文字基础上缓慢发展、逐渐演变的可能性。如果这种推断是成立的，那么我们可以勾勒出两条发展的路线，这取决于我们究竟将西闪文字还是美索不达米亚文字视为波斯文字发展的原型。如果我们将闪米特文字作为基础，那么我们推测，最初产生的波斯文字，应该由 23 个符号组成，每个符号都能够表示单独的辅音而无法准确表示元音；或者是有 22 个这样的符号加上 3 个特殊的元音符号（如乌加里特文字那样);这样一来,波斯文字符号中的 7 个包含元音 i 的音节和 4 个包含元音 u 的音节,以及 3 个元音符号,都是后来添加的。那么最终的结果就是会产生 69 个类似 ma、mi、mu 这样类型的符号,每个符号都能够准确表示辅音和相应的元音。我想,我们不必再次强调文字发展过程中的经济原则,按照这一原则,人们总会试图使用尽可能少的文字符号来记录语言。而以上推测恰恰是违背了这一原则的。因此,我们认为,第二条发展路线,即认为美索不达米亚楔形文字是波斯文字的基础的观点,在解释上具有更大的可信度。

按照这种推测,最初产生的波斯文字应当是由 69 个 ma、mi、mu 这样的音节符号所组成的。在每一个符号都能够表示辅音和对应的元音的基本系统的基础上,36 个符号组成的文字系统逐渐发展演变而成,这个系统中人们只部分标记出某些元音。当我们推测符号数量减少的原因时,最大的可能性便是在许多东方文字体系中都曾经发生的"辅音—元音"现象。尤其是在那些能够明确标记元音的文字体系,例如美索不达米亚楔形文字和赫梯象形文字体系中,"辅音—元音"现象的辅助作用。波斯文字中系统使用"辅音—元音"法并逐渐发展,最终的结果就是完全意义上的字母文字的产生。这一点可以从巴姆文字的发展状况中得到清晰的证明。但是读者应当注意,以上对于波斯文字的论述完全是推测构拟出的图画,波斯文字的发展过程并没有经过任何现存文字材料的检验。

希腊字母

希腊字母的来源是闪米特文字,这个论断不存在太大的问题。按照完全的希腊传统,将希腊文字称为 Φοινικήια γράμματα 或是

αημεῖα，也就是“腓尼基文字”，[20]这已经明确地指出了寻找希腊文字起源的方向。此外，通过对希腊文字符号的形式、名称以及排列顺序的观察，都可以立即得出结论：希腊字母的一切特征都表明其借用了闪米特文字符号的形式。

希腊字母和其原型闪米特文字符号在形式上的派生关系的建立，不存在任何困难。即使不是专业的文字学家，也能够观察出希腊字母同闪米特文字符号在形式上的相同或者极大相似性（图 89）。

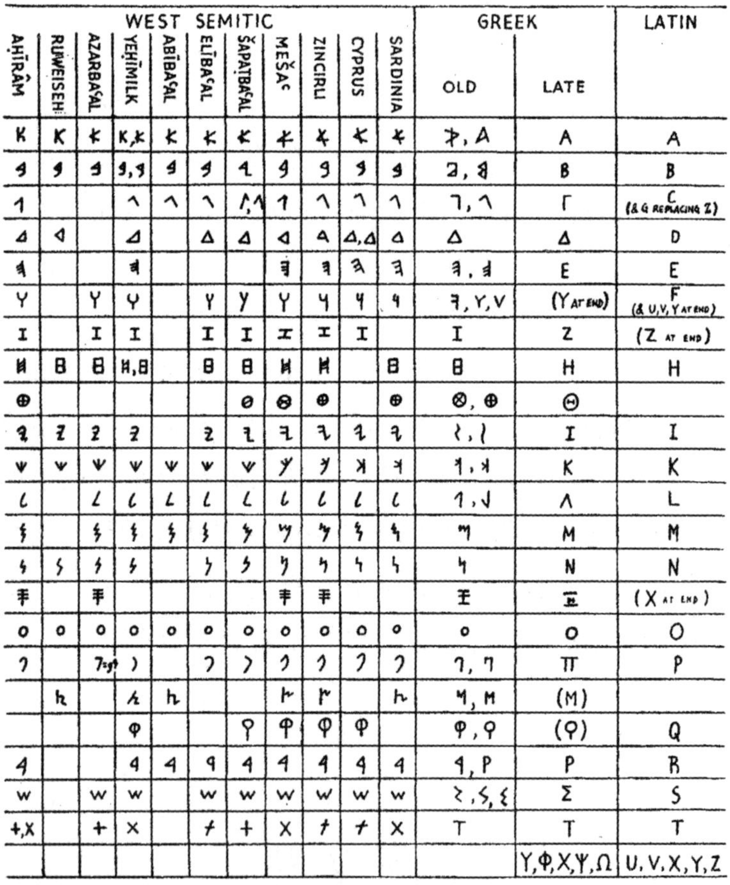

图 89　希腊字母和西闪文字的对比表

当希腊字母的名称无法通过希腊语解释时，它们往往可以通过其所对应的闪米特文字符号在闪米特语言中找到准确的解释。例如，希腊字母 alpha、bēta、gamma、delta 等，对应于闪米特符号 ʾāleph、bêth、gīmel、dāleth，分别表示“牛”“房屋”“骆驼”和“门”。那么在各种闪米特文字中，希腊字母来源于哪种文字？腓尼基文字的可能性大于阿拉米文字。我们能够观察到，希腊字母 alpha 来源于ʾāleph（“牛”），这个词在腓尼基语和希伯来语中存在，但是在阿拉米语中并不存在；此外，希腊字母 iōta、pī 和 rhō 同腓尼基和希伯来语中的词 yōdh（“手”）、pē（“嘴”）和 rôš（“头”）更为接近，而与阿拉米语中的词 yad、pum 和 rêš 则稍远些。此外，正如西奥多·诺迪克（Theodor Nöldeke）所指出的，[21] 希腊字母 alpha、bēta 等末尾的 a 元音，也不应该被看作其来源于阿拉米文字的证据，而最合理的解释，应当是由于希腊语词末尾从不出现辅音（除 n、r、s 之外），所以在符号末尾添加上元音。

甚至两种文字体系的字母顺序都是相同的，正如我们上一段所引出的开头几个字母的名称那样。闪米特文字符号中的 wāw、ṣādhē 和 qōph 在标准希腊字母中不存在，但是在更早的希腊字母中，却以 wau、digamma、san 和 qoppa 的形式存在。更重要的是，在稍晚的时期，这三个符号在希腊字母的数字系统内继续使用，并且基本上保持了它们在闪米特文字体系中的音值。

初期的希腊字母的符号顺序同现在有很大差别，符号既可以从右向左书写，也可以从左向右书写，这种书写方式在交错书写中延续下来，每一行改变一次文字的方向。随着时间的推移，希腊文字标准的从左向右的书写方法才逐渐得以固定下来。

既然我们对于希腊字母借自闪米特文字系统已经没有异议，那么剩下的问题是希腊字母究竟来源于何种闪米特文字体系。从理论上说，从西里西亚南部到西奈半岛北部的广大地区所居住的闪米特部族所使用的任何一种文字，都可能成为希腊字母的原型。这片区域先后曾经居住过亚摩利人、阿拉米人、迦南人以及腓尼基人。但是，事实上，我们只将研究的对象缩小到腓尼基人身上，因为在闪米特部族中，只有这些远古的航海者们远渡重洋，寻找新的疆域和领地。希腊人不可能来到亚洲海岸，借用闪米特文字，文字也从来不可能通过这种方式从一个民族传到另一个民族。是腓尼基人，他们在希腊地区建立起众多贸易中心，从而将自己的文字传播给希腊人。认为腓尼基文字是希腊文字的起源，不仅仅可以通过希腊文化传统得到证明，希腊字母的名称完全来源于闪米特文字符号的名称也是对这一观点的最好证明。

我们下一个需要研究的问题是希腊人借用腓尼基文字符号的具体时间。这个问题目前仍然引起了学者们热切的讨论，各人观点不一，前后相差多达 500 年。举例来说，门兹（A. Mentz）将时间推测为公元前 1400 年，[22]乌尔曼（B. L. Ullman）则认为产生于稍晚于其后的迈锡尼时期或者是欧洲中世纪的黑暗时代，[23]而里斯·卡彭特（Rhys Carpenter）则将时间推测为公元前 720 年。[24]如果我们不满足于依赖那些不确定的证据而进行推测，那么希腊人开始使用腓尼基文字的确切时间，应当定为现存最早的希腊文字材料出现的时间。至少，文字材料出现的时间同希腊字母产生的确切时间前后相差不会超过 100 年。

根据目前希腊文字学家中盛行的观点，目前最古老的希腊文字材料出现在雅典城邦的迪普利翁花瓶上面（图 90），[25]时间大约是公元前 8 世纪早期[26]到 7 世纪早期[27]。随后发现的是锡拉地区碎石上的文字（图 91），[28]赫墨托斯山脉上发现的几何陶器上的短小的神话传说（图 92），[29]以及柯林斯地区发现的两片刻有文字的瓷器碎片。这些材料出现的时间也都在公元前 8 世纪到 7 世纪前后。[30]

早期希腊文字材料中，出现的符号在形式上相差很大。因此很显然，早期不可能只出现了一种希腊字母。我们可以推测，在希腊

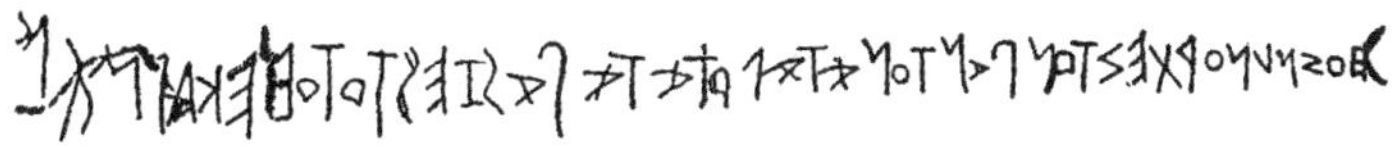

图 90 雅典迪普利翁花瓶上的希腊文字

图 91 锡拉地区碎石上的文字

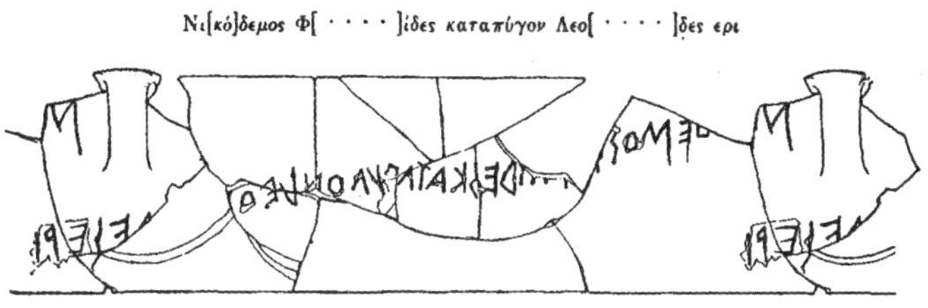

图 92 赫墨托斯山几何陶器上的短小神话传说

的不同地区都分别发生了借用和改造腓尼基文字的情况。

现在我们要考虑的问题是，能否从闪米特文字材料中得出一些关于希腊字母产生时间的证据。腓尼基文字从阿希拉姆到萨帕特巴尔时期（公元前 1000—前 850 年）只发生了细微的变化。此后的几个世纪内，我们没有寻找到任何腓尼基人使用的腓尼基文字的痕迹。但是在其他地区的闪米特文字中，我们可以发现发展的延续。人们陆续发现了，公元前 9 世纪中期在摩押南部发现的著名的美萨文字材料，到时间稍晚的北部的津吉尔文字材料。由此可知，虽然无法确定塞浦路斯和撒丁岛地区的腓尼基文字产生的确切时间，但是大概时间应当在公元前 9 世纪前后。[31]

如果我们现在再仔细观察闪米特文字符号同希腊字母的对照表(图89),我们会发现一些有趣的现象。希腊字母kappa带着"尾巴"的符号形式同萨帕特巴尔时期的腓尼基文字符号不同,但是却同公元前850年出现的文字符号相同。希腊字母mu看上去,也同公元前850年的闪米特文字中相对应的符号更为接近。另一方面,公元前800年左右的闪米特符号dāleth带"尾巴"的形式,促使我们认为希腊字母delta不带"尾巴"的形式,可能来源于早于公元前800年的文字。诸如此类的比较能够让人们推断,埃及人借用闪米特文字符号的时间很可能在公元前9世纪。[32]这个时间同现存最早的希腊文字材料(公元前8世纪)的时间也完全一致。

如果我们从外在形式转移到内在结构的观察,则能够发现希腊字母不同于任何闪米特文字体系的重要特征,希腊字母具备发展完善的元音系统。从产生伊始,希腊字母中记录所有需要出现的元音。这一点可以通过对于迪普利翁花瓶上文字(图90)的释读得到证明:HOΣ NΥN OPXEΣTON ΠANTON ATAΛOTATAΠAIZEI TOTO ΔEKAN MIN,译成标准希腊语则是:οsνυν ορχηστων παντων αταλωτατα παιξει τουτο δεκαν μτν,意为:"宴会上尽情舞蹈最优美者,将获得它。"[33]除去符号形式之外,我们所能观察到的二者(雅典花瓶上的希腊字母同现在使用的标准希腊字母)的唯一差别如下:古老的字母无法标记出重音,也无法表示出元音和辅音的音长。而标准的希腊字母中,柔气符没有明显标记,而粗气符则通过特殊的字母来表示,这个字母后来便成为ēta。

学界普遍接受的对于希腊元音字母系统产生的解释非常简单。在闪米特文字中,存在着一定数量的表示所谓"弱辅音"的符号,但是这些符号并非具备希腊字母的音素性质特征。希腊人所做的,是将这些在闪米特文字中看似不必要的音节符号转换成为元音。因此闪米特符号中的ʾāleph,音节开头所表示的软呼吸音,有点像在

however 一词中 w 和 e 之间的那个音，就被希腊人改变成为了音为 alpha 的元音符号 a。同理，闪米特符号 hē 则变成了希腊字母中的元音符号 e(读作 epsilon)。而符号 wāw，在古老的希腊字母中成为辅音 w(digamma)，后来则演变成为元音 u(upsilon)，处在字母表的末尾，在 tau 之后。闪米特符号 yōdh 变成了希腊字母中的元音 i(iōta)，而闪米特表示重音的符号 ᶜayin 也转化成为元音字母 o(omikron)。

认为希腊元音字母的音值来源于相对应的闪米特音节符号并没有什么错误之处。但是事实是，希腊人并没有创造一种全新的元音符号体系，而只是将那些在闪米特文字体系中可能通过“辅音—元音”法发挥元音作用的音节符号作为元音符号来使用。因此，我们认为，希腊人的创新之处，不在于创造了一种新的方法来标记元音，而是使在闪米特文字中已经存在，但只是偶然出现，使用不规则的方法系统化。正如我们所看到的那样，即使在闪米特文字和其他近东文字体系中，在这一时期都开始使用这样的方法来强调或标记音节中的元音，这些方法也已经足以让这些文字体系最终创造出元音符号，并且最终发展为字母。

如果认为，早期希腊文字中的完整的元音系统，是由某个天资卓越的希腊人基于闪米特文字中所使用的不规则的元音标记忽然创造出来的，那显然是不合适的。我们更倾向于同意这样的观点，在早期的希腊文字中，元音的标记同闪米特文字一样，是尚未成系统的，而完整的元音系统，也是元音标记法逐步发展和系统化的结果。也正因此，如果发现公元前 9 世纪前后的希腊文字材料中完全不标记元音，或是只能使用闪米特文字中的“阅读之母”方法部分标记元音，我一点也不惊奇。

“完整的元音系统”这一术语，意味着希腊字母能够规则地表示元音，但是并不意味着早期的元音系统同晚期形成的标准元音系统完全相同。事实上，整个希腊元音系统在这一时期内经历了很大的变化，正如我们前面所举例的那样。古老的方法并不能区分出元音的长短。而在新的符号体系中，只有 alpha 和 iōta 两个符号既可以表示长元音，也可以表示短元音。在某些希腊方言中，用闪米特符号ḥēth 表示的辅音丢失了，这个符号获得了 ēta 的音值 ē，用来区分短元音 e(符号名称为 epsilon)。与此相似，新产生了符号 ōmega 来表示长元音 ō，而符号 omikron 只表示短元音 o。此外，由于希腊人将他们早期表示 u 的符号 upsilon 发作 ü，因此不得不使用符号 omikron 加上 upsilon，共同组成复合元音 ou 来表示 u 音。希腊字母的发展变化还可以通过符号 digamma、san 和 qoppa 的消失以及新符号 φ、χ、ψ 的出现得到进一步的反映。这三个新符号在闪米特语中都不存在，因此可以认为是希腊人自主创造的。

一旦闪米特文字中的六个音节符号被希腊人赋予了元音音值，那么很自然地，通过缩略的过程，剩下的音节符号就被视作辅音。举例来说，如果音节 $t^i y^i$ 中的第二个符号变成了元音 i，用来辅助第一个符号的读音，避免人们将其读作 ta、ti、te、tu 或 to，那么从理论上说，第一个符号的音值就会从音节变成一个单纯的辅音。这符合文字的简易原则，在文字史中也有许多先例。例如，苏美尔文字符号中，用来表示女人的胸部的符号，可以用来表示许多与之意义相关的词，如 dumu(“儿子”)、banda(“男孩”)，以及 tur(“小的”)。为了区分这些词，人们使用了音补构件或定符，比如加上一个表音符号 da，提示人们将这个词读作 banda，而非 dumu 或 tur。那么在 banda-da 这个符号中，如果 da 被视作一个完整的音节，那么 banda 的音值就被缩略为 ban。与之相似，在阿卡德文字中，ṭâb-ab 一词(表示“好”)，词符ṭâb 的音值就变成单纯的音节音值ṭa。

字母统治世界

如前所述，希腊文字体系中元音系统的产生不应该被视作是一种全新的创造，而是一种在许多东方文字体系，如闪米特文字、埃及文字、美索不达米亚楔形文字、赫梯象形文字和波斯文字中都已经出现但是却只是偶然使用的方法的系统化。这种方法在埃及—闪米特文字中的表现，是通过加上一个包含着“弱辅音”的音节符号；在楔形文字以及赫梯象形文字中，则是通过加上一个元音符号，其目的都是标记音节中的元音。这些元音在原有的音节符号中或完全不被标记，或无法准确表达。那么至少从理论上来说，任何一种东方的音节文字体系都可以借助这种元音标记的方法，发展演变成为纯粹的字母体系。以楔形文字或是赫梯象形文字中的 mali 为例，使用符号 ma-a-li-i 来表达的结果，是使原来的音节符号 ma 和 li 分别变成了单纯的辅音 m 和 l。那么同理，埃及—闪米特音节文字体系中的 m^{a}-^{ʾa}-l^{i}-y 这样的符号出现的结果，也使原来的音节符号被分解为希腊文字体系中那样的字母符号。我们从巴姆文字从音节文字发展为音素文字的过程中，也可以证实这一点。与之相反，没有任何一种东方文字体系最终独立发展成为了字母文字，原因当然也就在于这种元音标记的方法的使用始终是零散的，不成系统的。只有希腊人，通过规范使用借自东方文字体系中的元音标记法，并且使用了缩略原则，才第一次创造了真正意义上的字母文字。

成熟的希腊字母，分别使用辅音和元音符号来表示语言中每个单个的音素。这实在是文字史上最后的关键一步。从希腊字母产生的时代一直到今天，文字体系的内部结构也始终没有发生什么新的变化。通常来说,我们现在使用文字记录辅音和元音的方式同古希腊人并没有什么本质的区别。

随着时间的流逝,元音字母的使用,和将音节文字符号离析为音素符号的方法从希腊传到了闪米特,相当于归还了借债。此后,字母统治了整个世界。世界上使用的多达几百种的字母虽然在外形上存在差异,但是它们在外在形式还是内在结构上都不同程度地存在着相似性,而这些相同特征都来源于东地中海地区狭小地域内最初创造的字母。事实上,如果我们将世界上使用的一些原始文字,东亚地区从汉字体系发展而来的一些文字,以及原始部族中产生的新创的一些音节文字体系(将在第七章探讨)排除在外,目前,世界上就只存在着唯一一种文字体系,那便是来源于"闪米特—希腊"地区的字母文字。

从内在结构的角度来看,字母文字的主要特征便是存在着专门表示辅音和元音的符号。由于全世界的字母体系中辅音的使用都大抵相同,因此我们只能通过元音符号使用的不同来区分出各种类型。在将世界字母文字划分为三种类型之时,我必须先声明,这只是理想中的类型。事实上,各种文字之间相互影响,因此很难将它们准确地归为某一类型。标记元音的几种不同方式参见图 94。

第一种类型,主要以希腊字母为代表,是最简单的。元音符号和辅音符号处在完全相同的地位,例如音节 ta 便是通过辅音 t 加上元音 a 构成的。这也是所有西方文字体系所具备的共同特征,如希腊字母、拉丁字母、卢尼字母、斯拉夫字母以及莫尔斯字母等,尽管这些字母在外形上有很大差别。一些东方文字体系,如新普尼克和曼德恩文字,也使用相同性质的元音符号,只是不如希腊字母那样成系统。现在很难判断,这两种闪米特文字的元音系统究竟是近东文字体系中的"辅音—元音"法的自然发展的结果,还是在希腊或

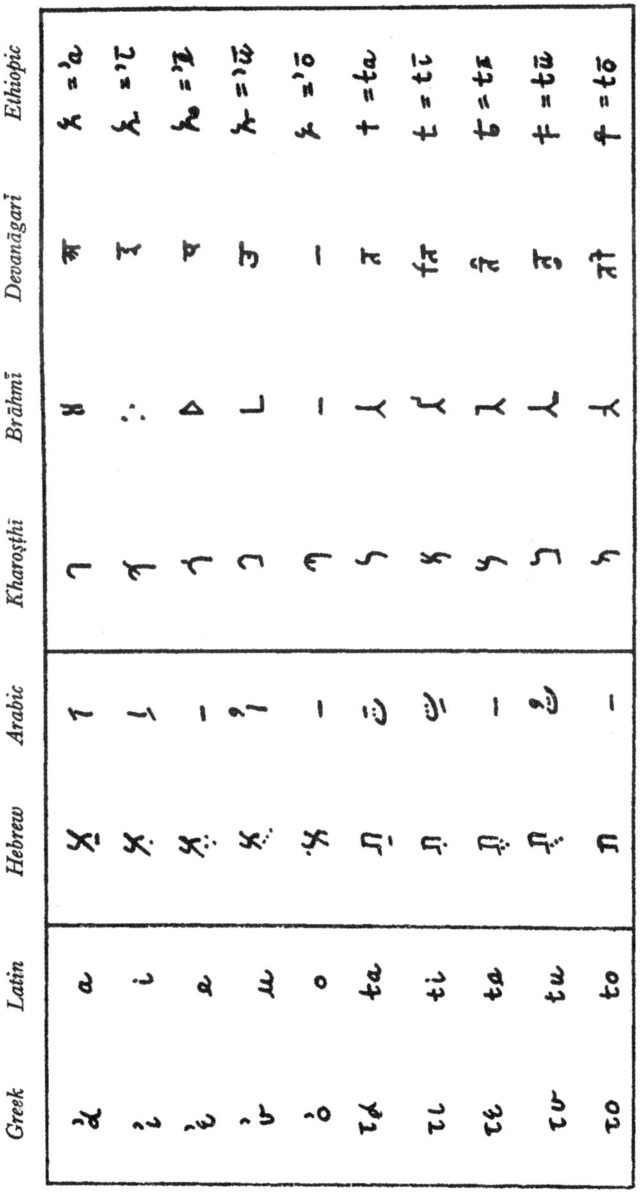

图 94 不同字母体系中的元音表示法

拉丁文明的影响下产生的。[34]但是，通常情况下，闪米特文字体系从来不会将元音符号放在辅音符号旁边，而总是放置在辅音符号的上方或下方。公元8世纪，希腊元音字母传入叙利亚西部和雅各宾文字体系时，它们也仍然没有像希腊字母那样，和辅音处在相同的地位上，而是位于辅音的上方或下方。似乎巴比伦（犹太）文字也是通过相同的方式，将原来的弱辅音发展为元音。闪米特文字不将元音放置在辅音旁边的原因大概有这么几个：首先，大概是由于保存流传的书籍中传统拼写的习惯造成的；其次，但或许是更重要的原因，大概是为了保持辅音结构的完整性，而将元音置于辅音的上方或下方，这种方式能够给那些希望只书写辅音而不涉及元音的人们留下空间。众所周知，直到现在，某些闪米特文字体系，如阿拉伯文字和希伯来文字，不论在印刷体或手写体中，即使不使用任何元音符号，也能够记录语言。在闪米特文字中，人们不希望因为插入元音而破坏了辅音内部结构的完整性，而这些元音和辅音在形式上又是相同的。这或许是最终促进新的元音系统形成的关键所在，人们开始使用专门的、区别于辅音的符号，而不再仅仅借助于弱辅音。

这也就是我们所说的第二种元音符号系统，最初产生在叙利亚东部或是聂斯托利文字体系中，后来出现在巴勒斯坦希伯来文字以及阿拉伯文字中。在以上所有这些文字中，元音符号都通过比较小的笔画、点或是圆圈来标记出来，而这些用来标记的记号置于辅音符号的上方或下方。

第三种元音符号，出现在印度和埃塞俄比亚文字中，这种符号的研究存在着一些难以解决的问题。

作为一种成熟的文字体系，印度文字出现在公元前3世纪，最早的发现是阿育王（于前272—前231年统治印度，为印度孔雀王朝君主）所颁布的著名法令；虽然有人认为，印度文字产生的时间应当更早。我们在这里不去考虑原始印度文字，因为这种使用在公元前第三千年纪前后的文字时间距离太远，不足以对于产生在公元前第一千年纪后半期的新印度文字产生影响。阿育王颁布的法令所在的文字材料后来被草拟为两种类型的文字：佉卢虱底文（佉卢文）和婆罗米文字（梵书）。

佉卢文中文字符号的形式，以及从右向左的文字书写顺序，显然来源于阿拉米文字。这种文字的基本符号总是由一个辅音加上 a 组成，而其他的元音则总是通过较短的笔画表示，并且总是附着在基本符号上，形成一个共同的单位。即使在音节开头或作为一个独立音节单独出现的元音，也通过相同的区别符号来表示。因此，这种类型的元音符号与前面提及的第二种类型十分相似，主要的不同之处在于：第二种类型的元音符号是单独书写的，而第三种则总是附着在相关的音节符号之上。

婆罗米文字则更进一步。虽然其中元音符号也通过与佉卢文字相同的方式标记，但是却创造了一套新的符号，专门用来表示出现在音节开头或独立使用的元音。婆罗米文字中的符号，从形式上看，不再同任何文字体系存在着明确的传承关系，很有可能是独立创造的产物。婆罗米文字的书写方向是从左向右的。其后产生的其他印度文字，包括记录梵文的字母（天城体），都是从婆罗米文字中发展而来，虽然其中标记元音的方法仍然是第二种类型。

从形式上来看，埃塞俄比亚的文字符号应当直接来源于南阿拉伯文字符号。同其他闪米特文字体系一样，最早发现的埃塞俄比亚文字材料中的文字符号也是未经过元音化的。但是在公元 350 年左右，成熟的元音字母系统产生了，产生的目的和结构同佉卢文字完全相同。其中的元音通常也是通过附着在基本符号上的较小的区别符号来表示。此外，埃塞俄比亚字母还有一个与众不同的特征，这就是，为了表示元音的差别，其中的基本符号的形式有时也会有所改变。因此，如果认为这种只在印度文字和埃塞俄比亚文字中出现元音标记的方法，是分别在两个地区独立产生的，这样的可能性很小，尤其就我们所知，这种形式的元音标记的方法在其他文字中都没有出现。因此，我们倾向于支持弗里德里希（Friedrich）的观点，认为埃塞俄比亚元音系统是在印度文字的影响下产生的。[35]

目前，我们在将印度文字和埃塞俄比亚文字进行归类的时候，所面临的主要问题是：它们是音节性质还是音素性质的？基本上，闪米特诸文字中所使用的元音标记的方式同印度—埃塞俄比亚文字并没有本质的区别。不论区别性的记号是单独使用，如在希伯来文字和阿拉伯文字中那样；还是附着在基本符号上共同使用，如在印度和埃塞俄比亚文字中所出现的那样，它们的作用都在于标记元音差异。但是，我们应当如何处理在印度和埃塞俄比亚文字中所出现的这样的情况：一个音节只使用一个单独的符号来表示，而未添加任何区别符号，比如文字中所出现的以 a 结尾的符号？对于在埃塞俄比亚文字以及许多速记文字中出现的改变基本符号的形式来标记不同元音的这种特殊符号，应当归为何种类型？在速记文字中，表示辅音的符号当然是辅音符号，与之相对，表示元音但使用音节形式的符号却只能是音节性质的，比如 ka 不是元音符号而是音节符号。但是我们仍然很少将速记文字定义为音节性质。[36]那么我们又该将现代的闪米特文字，如阿拉伯文字和希伯来文字归为何类呢？这些文字体系能够表示元音的区别，但是在书写中却经常省略元音而只使用辅音符号。如果将它们称为音节文字，这个用于古老闪米特文字性质的术语似乎并不合适，因为古老的闪米特文字是不能区别元音的。这些让人困扰的问题，只能留待以后的文字学理论，使用更为准确的术语，来解决现在所面临的文字归类上的种种困难。

希腊字母之后的字母在外形上的发展变化，不属于文字学理论所探讨的范围。我们所能做的，就是为有志于此的读者们提供一些参考书目，如汉斯·詹森(Hans Jensen)，[37]大卫·迪龄格(David Diringer)，[38]以及詹姆斯·费里叶(James G. Février)[39]的文字史著作。遗憾的是，自从艾萨克·泰勒(Isaac Taylor)[40]著名的著作问世以来，就再也没有出现过值得推荐的英语文字学著作。最近出版的迪龄格的著作填补了部分空白，[41]但是仍然缺乏科学的工具。对于一些文字体系的简短介绍和评论，可以在查尔斯·佛西(Charles Fossey)编辑的著作中看到。[42]而对于文字史的基本论述，尤其是倾向于社会的角度的阐释，则可以参考马塞尔·科恩(Marcel Cohen)的新作。[43]

第六章

文字的发展演变

发展阶段

在前面四章使用了描写和比较的视角对各种文字体系进行了探讨后，现在我们试图开始梳理文字发展演变的历史，这次梳理从仅借助图画传递意义的最早的示意文字(semasiography)阶段开始，逐渐发展为能够记录语言的表音文字(phonography)阶段。文字发展的若干阶段见于图 95，虽然所呈现的划分的三个文字阶段——“非文字”“原始文字”和“成熟文字”——初看上去有些荒唐可笑，但这样的分类的确存在合理的原因。

图　　画

将图画归于发展的第一个阶段，并且命名为“非文字”，这表明了两点：(1)我们通常意义上所说的图画——也就是说，出于艺术和审美的需要创作和产生的艺术品——并不能归入文字的范畴下；(2)文字确实来源于简单的图画。这个事实可以这样来比喻：在描述蒸汽机发展历程的图表中，我们将蒸汽称为第一阶段；蒸汽本身，或许是热水锅炉产生的蒸汽，或许是茶壶冒出的蒸汽，并不是蒸汽机；但是它却是蒸汽机发展过程中的重要环节，正是在它的基础上，以后的发展阶段才能够进行下去，并且达到最终的结果。

前文字（原始文字）

在“前文字”下，应当包括人类最初为了传达思想和情感所尝试的各种方法和手段。我所选择的适合用来指称这一切的术语是“示意文字”（semasiography），这个词来源于希腊语中的 sēmasía，意为“意义，含义”；和 graphé，意为“文字”；使用这个术语表明，这是文字发展过程所经历的这样一个阶段，图画能够传达书写者所要表达和传递的大概意义。在这个阶段，视觉形式，就如人们所使用的手势语那样，能够直接表达意义和观念，而无需借助任何语言的形式作为中介。

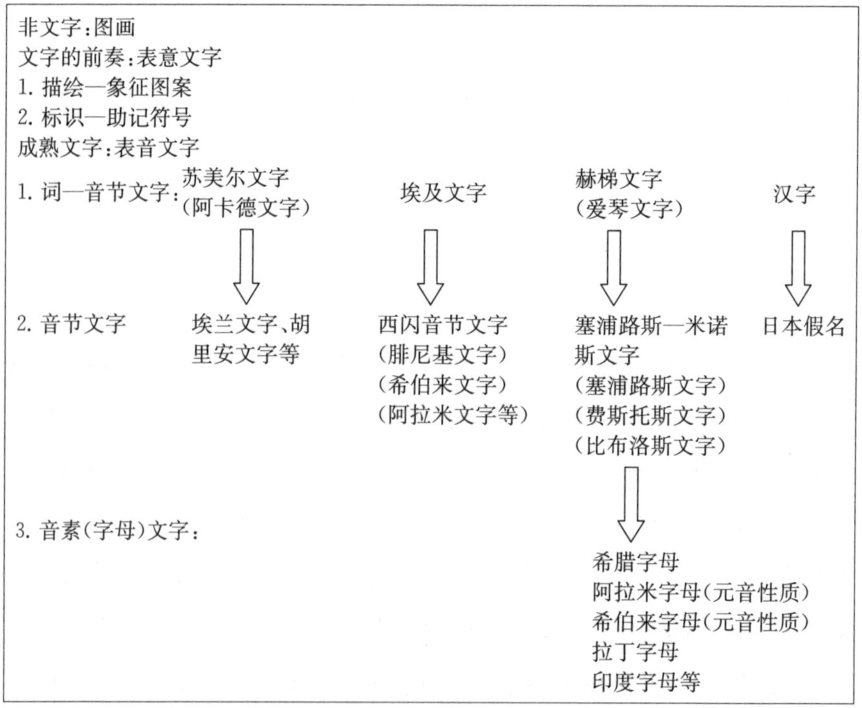

图 95　文字发展的阶段

在通过视觉符号手段进行的交流中，最原始的方法是“描绘—象征符号”和“标识—助记符号”。由于这两种方法常常一同使用，因此很难严格精确地将其区分开来，并对原始文字进行归类。

我们所讨论的“描绘—象征符号”包括这样一些交际手段，它们所使用的符号同那些基于艺术创作目的所产生的符号十分相似，它们同后者唯一的差别在于：这些符号只保留那些对于交流思想和传递信息至关重要的部分，而缺少了对于艺术图画来说所不可缺少的细节和装饰。在“标识—助记符号”中，某种符号被用来帮助记录，或者标记一个人的身份或是一个物品的所有权，例如一幅穿着线的针的图画表示谚语“线总是跟着针”，这种通过简单的符号来辅助记忆，用来为子孙后代记录事件的方法，对真正文字的产生发挥了重要而直接的作用。

从表面上看，“描绘—象征符号”似乎比“标识—助记符号”更为发达，因为这种方法较之助记性质的符号更能够满足传递信息和交流思想的需要。举例来说，很显然一幅使用“描绘—象征符号”的图画来描绘一场战争，要比使用一个或两个辅助战争记忆的“标识—助记符号”要更清楚形象。同样，如果我们比较埃及文字早期使用的“描绘—象征符号”的那尔迈调色板和使用“标识—助记符号”的古老的苏美尔的楔形陶符，也能够得出相同的结论。

但是，“描绘—象征符号”并不能直接促进和激发真正意义上成熟文字的产生，使用这种方法所形成的图画，延续了艺术图画的传统，同时在作为人类传递信息手段时，不可避免地具有不足和局限。早于标记性符号几百年甚至几千年产生的图画，由于艺术的传统的影响太过强烈，因此不允许“描绘—象征符号”沿着正确的方向发展为真正意义上的文字。

而人们使用“标识—助记”手段时，其中的图画符号虽然是使用“描绘—象征”的方法绘制的，但是它们的根本目的不在于细致地描绘事件，而是辅助记忆以及表明某一物件或人的身份。因此，在这些特定的符号和特定的人和物之间，人们逐渐创造出一种完善的约定俗成的对应关系。而又由于这些人和物在其使用的语言中都有其特定的称谓，因此更进一步的对应关系就在书写符号和口头语言中的称谓之间建立起来。一旦人们发现，语言中的词可以通过书写符号来记录和表达，那么一种全新的、更为完善的人类交流的手段就完全建立起来了。人们不再需要通过画出一个手持武器的人杀死一只狮子的过程来表达“人杀死了狮子”这样的句子，而只需要使用三个同语言中的关键词相对应的符号——人、矛(杀)和狮子。同理，人们也不再需要像艺术性图画或者“描绘—象征符号”中那样，分别画出5只羊；而只要使用同语言中的数字“5”和“羊”对应的两个符号就可以明确地表达意义。在这种“标识—助记符号”的方法中，符号同语言中词的先后顺序必须严格一致，这同“描绘—象征符号”以及艺术图画中的情况完全不同。在图画中，我们只需要传递大致相同的意义，而不需要考虑信息从何处开始，应该以怎样的顺序记录。

使用单独的符号来分别表达语言中个别的词，这种方法很自然地促进了完整的词符系统的产生；这也就是表词文字体系。但是，同一些学者的意见相左，我坚持认为，完全意义上的词符体系不论在古代还是现代都从未存在过。这是因为要为语言中的成千上万个词，尤其是专有名词分别创造成千上万个不同的符号，并且一一记忆，是完全不现实的，因此词符文字作为一种符号系统有其不可避免的局限性，人们必须找到新的方法来克服这种局限，才能发展成为真正实用可行的文字系统。由美国土著人创造的阿拉斯加和切罗基词符文字系统，已经证实了词符文字记录语言的局限性。即使在汉字中，虽然其中大部分符号是词符，也并非完全意义上的纯词符文字，因为从产生伊始，人们就已经开始将某些词符作为音节符号来使用。而汉字体系中的表音现象在其他古代东方文字体系，如苏美尔文字、埃及文字和赫梯文字中，有着更为充分的体现。

只有当人们成功地赋予原来的词符以记音的价值和功能，使其可以不再考虑原来作为词符时所记录的意义，而单纯发挥记音作用时，原始表词文字才能够发展成为真正意义上的文字体系。因此，文字的表音化是文字发展史上最为重要的一步。现在，这种方法也会出现，被称作"画谜法"或"同音隐语"。例如画一只眼睛(eye)和一只锯子(saw)，表示 I saw("我看见")。或者画一个人(man)和一颗枣子(date)，表示 mandate("命令")。随着表音化的产生，文字符号逐渐趋于系统化，这样就使人们能够通过具有某些固定读音的符号来表达语言中的任何单位。因此，真正完善的文字产生了，这种符号系统不同于示意文字那样零散的尝试。而对于后者，我们只能将其归为原始文字阶段。

词—音节文字体系

苏美尔人迈出了向真正意义的文字发展的重要一步。苏美尔国家的政治和经济的有序组织要求人们准确记录从乡村到城市，从城市到乡村运输和交换的商品，这些记录符号呈现出简单的楔形形式，类似于 5 只羊或是带有所有权标记的 10 支弓箭的符号 X。由于记录人名，避免物品混淆的需要，很快，原来在词符文字中所使用的为一个词专门选择一个符号的方法迅速扩展，成为具有表音特征的符号系统。这种发展的成功之处和重要意义在于，苏美尔人在使用古老的"标识—助记符号"创造完善的"词—音节"文字体系的过程中，完全克服了传统的"描绘—象征符号"的阻碍。他们从前者中发展出了文字系统，而在玺印、图章上的特殊文字和图案的复制技艺中，完整地保留了后者。美洲的印第安人，虽然在进行信息交流的过程中也已经具备了这两种方法，但是由于他们过分重视“描绘—象征符号”的精巧技艺，而忽略了“标识—助记符号”的重要性。因此，他们创造文字的所有尝试都沿着错误的方向越走越远。也正是这样，任何一种美洲印第安符号体系——包括玛雅文字和阿兹特克文字，都未能超越原始文字的阶段成为真正意义上的文字系统。我们也有理由认为，即使是早王朝阶段的埃及人，在其创造传递信息的符号的早期尝试中，由于过分重视艺术的传统和细节，也未能成功地独立创作出文字系统，若非外来的影响，埃及文字也不可能产生。而这种外来影响很可能来源于苏美尔文字。

在七种古代的东方文字体系中，产生时间最早的是苏美尔文字，大约产生于公元前 3100 年的美索不达米亚南部地区。从那里，苏美尔文字可能最先向东传播到其邻国——古埃兰王国，然后通过埃兰王国进一步传到印度河谷地区的古印度王国。其后产生的近东文字中的某一支，或许刺激了汉字体系的产生。(译者注：现在学界普遍认为汉字是一种自源性文字。)到公元前 3000 年前后，苏美尔文字影响到了埃及王国，而随后埃及文字的影响又传播到爱琴文明地区，公元前 2000 年前后，促进了克里特文字的产生。几个世纪以后，这种影响进一步促进了安纳托利亚、赫梯象形文字体系的产生。

由于古代东方文字体系中的原始埃兰文字、原始印度文字以及克里特文字尚未得到释读或者仅仅部分得到释读，我们只能从剩下的四种文字体系中归纳出文字产生和发展的普遍规律，也就是苏美尔文字、埃及文字、赫梯文字和汉字。

就这四种文字体系的内部原则来说，其共同的特征是它们从产生伊始就具备了表音文字的性质，并且一直保留着三种类型的符号：表词文字符号或词符、音节符号以及附加记号。

在四种文字体系中，词符的形成以及结构都基本相同。即使用一个符号来表示一个词，或者使用几个符号的组合来表示词组。而四种文字体系使用附加符号，包括定符和标点的原则也是基本相同的，虽然这些符号在外在形式上可能差别很大。只是音节符号的区别非常明显，因此有必要对其进行准确的分类。

四种东方文字体系中包含了四种不同类型的音节符号：[1]

第一类：苏美尔文字音节符号。以一个元音或辅音结尾的单音节：如 ta、ti、te、tu，at、it、et、ut，tam、tim、tem、tum；偶尔也会出现双音节的情况，但很少，如 ata、tama。

第二类：埃及文字音节符号。以一个元音结尾的单音节和双音节，但是不能区别不同的元音：如 t^x、t^xm^x。

第三类：赫梯文字音节符号。以一个元音结尾的单音节，如：ta、ti、te、tu。

第四类：汉字音节符号。以一个元音或辅音结尾的单音节，如：ta、ti、te、tu、to，at、it、et、ut、ot，tam、tim、tem、tum、tom。

音节文字体系

从四种词—音节文字体系中，经过不同程度的简化，发展出了四种音节文字体系：

第一类：埃兰楔形文字符号等。以一个元音或一个辅音结尾的单音节符号，如：ta、ti、te、tu，at、it、et、ut，tam、tim、tem、tum。

第二类：西闪米特文字符号等。以一个元音结尾的单音节符号，不能区别元音，如 t^x。

第三类：塞浦路斯音节文字符号等。以一个元音结尾的单音节符号，如：ta、ti、te、tu、to。

第四类：日文假名。以一个元音结尾的单音节符号，如：ta、ti、

te、tu、to(da、di、de、du、do)。

我们在这些新产生的音节文字体系中，可以得出一个有趣的结论：这些音节文字体系都是由借用“词—音节文字”的外来部族创造的。因此，不同于美索不达米亚地区的巴比伦人和亚述人完全继承了苏美尔文字体系而未加任何改变；外国的部族——埃兰人、胡里安人和乌拉尔图人意识到完全掌握美索不达米亚文字体系的困难，他们对其进行了简化，形成了新的音节符号，并且完全摒弃了苏美尔词符中冗繁的附加形式。而巴勒斯坦和叙利亚地区的闪米特人在文字符号的简化的道路上走得更远，他们只从埃及文字符号继承了不区别元音的单音节符号结构。与之相似，塞浦路斯人从爱琴文字体系中创造出新的文字符号时，也将其中所有的词符弃之不用。日本音节文字则没有这么极端，它们发展出一种同塞浦路斯音节符号结构相似的音节符号——假名，并且使用某些记号来区分清浊辅音；但是同时，日本文字符号中保留了从汉字体系中直接借用的词符。在以上所有的文字体系中，外国的部族勇于打破原来的文字传统，敢于进行文字改造，因而最终促进了新的文字符号的产生，在文字发展史上可以视为重要的变革。

我们通常所使用的术语“西闪音节文字”，指的是从公元前第二千年纪后半期开始，腓尼基人、希伯来人以及其他闪米特人所使用的文字。我在这里明确表示我的观点，即认为这些文字是音节性质，而非通常所认为的音素性质。闪米特文字体系是在埃及文字的影响下产生的，而从文字发展的角度来看，后者只能是音节文字性质的。

字母文字体系

那么现在我们很自然地会提出下一个问题：如果这些早期的闪

米特音节文字不能称之为字母,那么,什么是字母呢?如果“字母”被理解为一种表示语言中单个音素的文字符号体系,那么最早的字母产生于希腊。虽然在整个公元前第二千年纪,在埃及—闪米特诸文字体系中都进行了不同程度的尝试,试图找到一种标记音节中元音的方法,但是都没有成功地形成完全意义上的元音符号系统。在闪米特文字体系中,通常使用的方法是加上一个表音的记号,帮助读出原来未标记出的元音。但是由于闪米特人使用的这种“阅读之母”的方法只是零散的,偶然的,如使用 m^{a}-l^{a}-$k^{(a)-}$ t^{i}-y^{i}来表示 malaktī“我统治”;而希腊人则系统地将这种方法用于每一个音节中。因此,遵循着缩略的原则,他们很快发现了,如果在一个文字符号 t^{i}-y^{i}中,第二个符号不表示一个音节 y^{i}而是一个元音 i,那么第一个符号也不再表示一个音节 t^{i},而是变成了一个辅音 t。

因此,正是希腊人,在完全接受了西闪音节文字的形式后,发展出了元音符号系统,这些元音附着在原来的音节符号之后,并且将原来表示音节的符号缩略为简单的辅音符号,因此第一次创造出了完善的、真正意义上的字母文字体系。而随后,闪米特人也正是从希腊字母中学习了元音符号的使用,并且最终发展出自身的字母。

现在使用的字母可以分为三种类型,这三种类型是根据其标记元音的不同方式进行区分的:

第一种:希腊字母、拉丁字母等,使用单独的符号来表示元音,如:t-a、t-i、t-e、t-u、t-o。

第二种:阿拉米、希伯来、阿拉伯字母等,通过在辅音上添加区别记号标记元音:ṯ、ṭ、t̤、t̤̣、t,等等。

第三种:印度字母、埃塞俄比亚字母等,元音通过附加在辅音上的区别性记号或者是辅音符号内部的变化来表示。

在近 2500 年以来,字母遍布世界的各种文化之中,覆盖了地球上最偏远的角落。但是在这个传播的过程中,其内部的规则并没有发生任何改变。世界上目前存在的数百种字母，虽然在外部形式上各不相同，但是都仍然遵循着希腊字母开始确立的原则和规律。

观　察

通过本书简短的论述，读者大概很难意识到，我们现在所使用的文字同我们的祖先所创造的古老的文字之间存在着几千年的时间跨度。很多人都将我们现在使用的文字称为“英文字母”，因为它是用来记录英语的；很多人大概知道它还可以叫做“拉丁字母”，虽然我们现在所使用的文字形式同两千年之前所使用的拉丁字母有着一些细微的差别。但是有多少人知道，拉丁字母之前的文字史，也就是，拉丁字母是通过何种方式产生和发展的？拉丁字母是在希腊字母的基础上产生的，而希腊字母又是在公元前第二千年纪中叶的叙利亚半岛上的闪米特人所使用的文字基础上改造而成的。但这还没有结束。文字发展的历史还可以向前追溯到更早。虽然从外在形式上来看，闪米特文字是一种独立创造的文字，不能找到任何其他文字作为来源；但是从内部结构上看，它的符号构造原则却来源于埃及音节文字。而埃及音节文字又是埃及文字体系的一部分，它同苏美尔文字、赫梯文字和汉字共同构成了四大古代东方文字体系。而这些文字体系中最早产生的苏美尔文字，可以追溯到公元前 3000 年前后。

在许多学术著作或是畅销书籍中，我们常常会读到关于创造文字的论述。但是文字真的是被创造的吗？或者，用更常见的术语来说，真的存在着完全意义上的“发明”吗？如果我们举一些例子，我们就很容易看清楚。我们谈到货币的发明，通常认为货币是由吕底亚的国王克洛伊索斯发明的。但是事实上，他所做的不过是继承了在近东地区几个世纪以来已经广为人知的传统——使用某些贵重的金属作为交换的一般媒介，然后通过国家政权的力量，确定每一片金属所代表的货币价格而已。相同的情况见于所有所谓的“发明”。如果没有赫兹的电波理论，马可尼想要发明无线电电报是不可能的；而斯蒂芬森所发明的火车，也是将瓦特发明的蒸汽机用在车轮上；而瓦特所发明的蒸汽机，也是通过改造几个世纪以来传承下来的自然现象的结果。

通过以上的例子，我们可以发现，所谓的“发明”，实际上只是在某些已经存在或者已经被人们所知的东西上进行进一步的发展和推进。文字，同货币、无线电和蒸汽机一样，并不是在某个特定的时代，某个特定的地点，由某个人独立创造发明的。文字发展的历史以及史前史同人类文明的历史等长。[2]

我们在谈及人类文明成果时，总是会提到某些天才或者是不同寻常的人所发挥的决定性作用，他们能够打破原有的传统和习惯，或是能够将其他人的想象付诸实践。但是很遗憾，我们认为，在文字发展的历史中，没有任何这样的人，在文字发展的重要环节中发挥了决定性作用。他们的名字，就如那些在车轮、弓箭以及航船的发明中发挥了重要作用的人们一样，永远消失和湮没在历史长河之中。

在我们开始讨论文字发展演变历史上的那些关键转折点之前，我们有必要对于图 95 中所使用的术语和所下的定义进行一些相关的解释。文字发展史中，并不存在某种纯粹的文字体系，正如在人类学中不存在某一纯粹的人种，在语言学中不存在某种纯粹的语言一样。因为前一阶段中的某些因素会保留延续到后一阶段，而某些创新的发展又会在前一阶段找到痕迹，因此某一阶段的文字体系可能包含着其他发展阶段中的各种因素。在一个简略的图表中，不可能一一体现出这些细微的差别。我们当然可以使用冗长而复杂的术语，来考虑文字体系的所有特征，但是这只会让问题变得更加模糊不清。因此，图表中所使用的术语只能表示出某种文字最主要的特征。这里还有一些特例。如英文中虽然存在着一些词符，如“3lb”或“£3”表示“3 磅”。在埃兰音节文字和巴列维字母中，也时常出现一些词符；而赫梯象形音节文字中，也出现了一些例外，如 tra、ara 这样的音节符号。而所谓的“卡里亚字母”除了大部分从希腊字母中借用的字母符号外，也包括一定数量的从本土的安纳托利亚文字体系中借用的音节符号。[3]在所有的表音符号体系中，都能够找到一些在表意文字阶段创造的符号的因素，这一点在汉字体系中特别明显。

在前面的章节中，我们所归纳和讨论的几种文字类型，同按照文字内部规律的发展阶段是一致的。文字的发展阶段由示意性质的原始文字开始，随后是三种真正意义上的文字：词—音节文字体系、音节文字体系和字母文字体系。在进行文字的分类和归类时，我所依据的是文字内部的结构和原则，这同那些依据外部形式或地域因素等进行划分的学者是截然不同的。在文字分类和归类时，文字符号的外在形式——如象形性或线条性；或者地域位置的因素——如东方文字、非洲文字、美洲文字等，都是第二位的。

在重新构建文字发展的进程中，另一点需要强调的便是单向发展的原则。“单向发展”这个术语的使用，意味着人类文字是按照某种特定的方向发展的；我们必须把这个术语同“直线发展”这个术语区分开来，后者意味着文字是按照一条直线向前发展演变的。如果认为文字的发展是一条直线，那么没有比这更荒谬的了，因为众所周知，在长时间的历史进程中，文字的发展和阶段性演变总是伴随着不断的尝试和失败。但是，如果我们认为文字的发展是单向演进的过程，那就很合理。正如人类文化中的许多领域，如语言、艺术、宗教、经济等所共同遵循的规律那样。以语言为例，我们知道人类语言经历了由孤立语到黏着语再到分析语的发展阶段；在语言内部，语音的发展也呈现出相同的趋势，如从清辅音发展为送气音；再由送气音发展为浊辅音。语言中定冠词和不定冠词的发展过程以及双数词的消失，都可以进一步佐证语言的单向发展趋势。[4]

在文字发展的进程中，单向发展的原则意味着，不论文字最初的原始形式为何，在到达最终发展结果的过程中，除了从词—音节文字→音节文字→字母文字的发展顺序之外，没有其他的顺序存在。因此，没有任何一种文字是从音节文字或字母文字开始的（借源文字除外，因为借源文字直接或间接地使用了其他一种文字体系的因素，而这种文字体系已经经历之前的发展阶段）；但是某一种文字体系可能自然地停滞在某一发展阶段，不再继续向前发展。因此，世界上存在着一些文字体系，仍然停留在词—音节或音节文字的发展阶段。拉丁语中的"自然无突变"，也同样适用于文字发展的历史，因为没有任何一种发展阶段可以被逾越。因此，如果我们接受这样的观点，认为词—音节文字只能先发展为音节文字，那么从埃及词符发展而来的所谓的埃及"字母"，就不可能是字母（或音素）性质，而只能是音节性质。绝对不存在相反的发展过程：也就是说，字母文字不可能发展为音节文字，音节文字也不能发展为表词文字。也正因为这个原因，认为埃塞俄比亚（或是梵文）音节文字是从闪米特字母文字发展而来是非常荒谬的。正如前面所提到的，埃塞俄比亚文字和梵文都从闪米特音节文字进一步发展而来，而闪米特音节文字又是在埃及音节文字的基础上产生的。

我们很难预知文字的未来，也就是说，我们无从知晓，多年以后，我们现在所使用的字母会发展为何种文字体系。我们的文字是否会突然发展成为表意文字体系，也就是说，是否会成为无法准确记录语言的文字体系？我们无法支持以下观点：如同语言从孤立语到黏着语到分析语再到孤立语的发展过程，[5]或者是印欧语系中语音中的 TAM 规律：清塞音—送气音—浊塞音—清塞音—送气音—浊塞音的发展进程一样，[6]文字也会回归表意文字阶段，这就意味着，文字的发展是循环式的，或者说，螺旋式的。但是，除非现在我们所使用的字母会演变为词或音节文字，才能反驳单向发展的原则。

从上面的论述可知，我们应该能够在某一特定地区的某一种文字中印证文字从表词阶段到音节阶段或是从音节阶段到字母阶段的规律。但是，对于人类而言，习惯的力量有时超越了文字发展的规律，因此在某一特定的区域内的文字中，很难观察到准确遵循文字发展规律的现象。在赫梯象形文字中，可以明确观察到由词符占优势逐渐发展为音节符号占据主要地位。但是，与之相反，虽然在早期的美索不达米亚楔形文字和埃及文字中能够观察到表音化的趋势和音节符号的增加，但是随后的几个世纪，词符的数量也在不断地增加。这种个体文字体系中所呈现的退化的趋势，大概是由于宗教和政治的控制所致。这些文字符号变得越来越精细与复杂，这样大部分民众无法掌握。而这种退化的最终结果，常常是这种文字体系完全被人们所抛弃，而为一种外来的新的文字体系所取代。举例来说，古代阿卡德人、亚述人和巴比伦人早期使用的楔形文字体系，同晚期的亚述文字和巴比伦文字相比，形式上要简单得多，而且容易学习和掌握；而后者最终被阿拉米文字完全取代。同样，埃及金字塔和帝国时期所使用的圣书字，同托勒密时代所使用的文字相比，后者要复杂而神秘得多，并且最终也被科普特文字所取代。汉字体系中词符的发展和丰富，是众所周知的文字现象，这种现象让人们感觉到难以置信。由于在整个古代世界中，中国独居一隅，并不像近东文字体系那样容易受到外来文化因素的影响。也正由于这个原因，几千年以来，汉字一直在没有受到外在因素影响的条件下独立发展，最终形成了一种适合少数阶层使用，但是对于 90%的民众而言，都难以释读和学习的文字。（译者注：本书作于 1951 年，作者没有考虑到中华人民共和国成立后的汉字简化和汉字识字率的变化。)

人类文字几千年的发展历史,同在白种人的影响下在原始社会和部族中产生的某些现代文字类型的发展过程是非常相似的,如印第安人创造的切罗基文和非洲人创造的巴姆文,这些在下文还会详细地讨论。这些文字,都是从未成系统的示意文字开始,首先发展为词符文字体系,进而演变为音节文字体系,但是此后,巴姆文字最终呈现出某些字母化的趋势,而切罗基文字同许多原始部族所使用的其他文字类型一样,只停留在音节文字阶段。文字发展阶段的先后顺序反映出原始心理的发展过程。通常,所有的原始人都能够轻而易举地把握住语言中的某些部分,比如句子或短语;而要辨别和划分出一个个独立的词却有一定的困难。将一个词划分为几个音节,这在理解与分割语言的进程中是一大进步,常常需要通过外界的影响才能完成。而进一步将音节划分为单个的音素,这已经完全超出了原始人类的能力范围。而人类分析语言要素的顺序,可以通过原始部族在现代产生的文字往往停留在音节文字的阶段得到很好的诠释。音节在划分语言要素中非常有效,并且相对容易掌握,本国的学生很容易就能读写音节;而与之相反,字母文字却需要西方的外来者反复指出和重复。[7]

在我们回顾人类文字发展的大体框架之时,我们发现,在人类文字从原始阶段发展为成熟的字母文字的过程中,经历了重要的三步。按照时间的先后,它们分别是:(1)苏美尔文字中的表音化原则;(2)西闪音节文字体系的创立;(3)希腊字母的形成。

直接促进了完整而系统的音节符号的产生的表音化原则,最初发生于苏美尔文字中,后来在古代世界的许多文字体系中相继出现。在古代世界的各地以及在现代世界分别出现的表音化现象,证明了,文字中的表音化原则是在不同地域的文字独立发展的结果。

文字发展过程中第二次重要的事件是西闪音节文字体系的产生，这种文字体系由22个音节符号构成，这些音节符号同其原型——埃及文字中的24个音节符号在内部结构上完全相同。闪米特人的伟大之处并不在于革命性的创新，而在于他们彻底抛弃了埃及文字符号中所有的词符，以及包含多个以上辅音的音节符号，而只保留了有限数量的开音节符号。在某种程度上，塞浦路斯人也取得了同样的成果，他们从原始爱琴文明的词—音节文字中，放弃了词符，而保留了音节符号。当然，在文字史上，闪米特音节文字的创造同其他地区发生的相似性质的文字现象相比，显得更为重要一些，这仅仅是因为这种文字后来成为了所有字母的源头，而塞浦路斯文字却逐渐消亡，而未能产生任何其他的文字后裔。

最后，第三次重要的事件——希腊字母的诞生，是将在许多近东文字中都已经出现的一种方法（“阅读之母”）的系统化使用。有规则地在音节符号后面添加元音，最终的结果是将这些音节符号的音值缩略为音素，因此促进了成熟的字母文字的产生。如前所述，在许多东方文字体系中，同希腊字母的系统化过程相似，也逐渐走上了字母化的道路。

需要强调的是，在文字史上发生的这三次重要事件，并没有任何一次是真正意义上的“革命”，也就是说，产生完全意义上的新的事物。正如我们前面所谈到的许多事物的“发明”的真正意义一样，文字史上这些重要的发展，事实上只是在某个特定的时间阶段所发生的，将前一阶段就已经出现但只是偶尔使用的方法加以系统化。

如前所述，我们回顾了人类文字从原始示意文字的尝试，发展为完整的词—音节文字系统，再发展为音节文字最终到达字母文字系统的全部过程。虽然整个过程一眼看上去是如此简单，但是我们必须意识到，在此之前，许多人都曾持错误的见解。对于那些将文字从词到音节再到字母的发展过程认为是理所当然的，[8]但是同时却又将埃及表音符号称作辅音字母的学者的观点，[9]以及那些认为音节文字是一条黑暗的道路，不可能产生出字母文字的观点，我们该如何看待？[10]有些学者虽然接受文字从"图画（表意）"文字经历音节文字最终成为字母文字的基本观点[11]，但同时，又将埃及表音符号视作一种单辅音和多辅音的混合符号[12]，并且认为埃及文字和西闪文字体系中元音的消失无法解释，我们该如何处理这种矛盾？[13]只要我们严格地从两个基本的理论前提出发，来得出合乎逻辑的推论，那么这些问题都能得到圆满的解决。

前提一：从文字理论的观点出发，文字的发展总是从词—音节文字经历音节文字最终发展为字母文字。

前提二：从文字事实的发展史的视角出发，埃及文字发展为西闪文字最终发展为希腊字母。

如果我们接受了这两个基本的前提（事实上，几乎没有学者质疑其合理性），那么我们就可以很自信地得出结论：在希腊字母产生之前，埃及文字体系以及闪米特文字体系中都存在着音节符号。这是问题的关键，如果我们从理论上和文字发展的历史事实中接受前面所提出的这样的观点：从埃及词—音节文字体系发展为西闪米特纯音节文字体系，从西闪音节文字体系再发展为希腊字母，那么一切的矛盾都可以得到合理的解释。

第七章

原始部族中的现代文字

除去现代在原始社会族群中所使用的一些有限的文字体系，以及在第二章原始文字章节中所探讨的一些符号体系，目前，在原始部族中还存在着一定数量的较为成熟的文字体系，这些文字往往是在白种人，尤其是在传教士的影响下产生的。在以下简短的讨论中，所有的这些文字都按照其产生的地域进行分类和归类。为了论述的完整性，那些由外来的白种人创造供原始部族使用的文字也包括在内。鉴于这个问题的重要性，我们将尽可能完整地征引文献材料。

描写陈述

在美洲大陆，最重要的，也是最为古老的文字体系是切罗基(Cherokee)文字，这种文字是由一名名叫塞阔雅(Sikwāyi)的印第安人所发明的，他更为人所熟悉的名字是在部落中所使用的Sequoyah，其所在的部落位于今天美国的北卡罗来纳州。塞阔雅受到了白种人文化的影响创立了这种文字。虽然他能够读懂英文书写的书籍，但是他却既不会说英语，也不会写。1820年前后，他开始尝试通过对原始印第安的示意文字符号进行重新组合，从而创造一种新的文字体系，其中的每一个图画文字符号都代表其所使用的语言中的一个词。但是他逐渐意识到了要让部落中的人学会这种复杂的词文字体系的困难所在，因此他放弃了最初的尝试，转而建立了一种新的文字体系，其中的每个符号不再表示语言中的词，而只表示词的一部分，也就是说——音节。与此同时，他也放弃了最初使用图画符号的想法，从而决定根据英文著作中的符号形式创造新的音节符号。例如，符号 H 表示音节 mi，符号 A 表示音节 go 等。其他的音节符号，有些是独立创造的，有些则是通过对英文字母的形式进行变化产生的；通过这样的方法，他最初创造了包含了 200 个符号的音节系统，1824 年他对这套音节符号进行了简化，最终简化为 85 个符号。此后，切罗基族的书籍和报纸都一直使用这种文字符号系统。[1]

另一种音节文字相对显得不那么重要，产生时期稍晚于切罗基音节文字，是由一位英国传教士埃文斯(J. Evans)发明的，通用于加拿大地区的克里族印第安人以及邻近部族阿尔刚昆人中。这种音节文字由 44 个几何形状的符号组成。元音的区别通过这些基本符号的不同方向来表示，此外，还存在着一套用来表示音节末尾辅音的符号系统。[2]

一位名叫克里斯蒂安·夸德(Christian Kauder)的传教士创立了复杂的词符文字系统，使用范围狭窄，仅仅通行于居住在加拿大东部地区的密克马克族印第安人部落中。1866 年，在维也纳用这种文字出版了一套天主教义问答，其中使用了 5701 个不同的词符。[3]这种文字体系最大的不合理之处，就是为那些使用频率很少的词或人名、地名也创造了专门的符号，比如维也纳、澳大利亚等。

在美洲西南部的阿尔刚昆部落中的索克族、福克斯族、基卡普族使用的文字体系中，出现了纯粹的字母符号系统。这套符号系统包含 15 个字母，这些字母来源于拉丁字母的手写体，在此基础上进行了一些形式变化。其中的 11 个字母所表示的音值都同英文字母基本相近，而另外 4 个字母的音值经过了人为的变化。[4]至于由温尼贝戈族印第安人从索克族那儿借来的另一套字母，人们目前还知之甚少。这套字母应当是由17个拉丁字母和2个新创立的字母组成的。根据统计，在这17个拉丁字母中（大写或小写），有10个保留了原来的音值（如字母m音为m）；而剩下的7个则表示新的音值（如字母r的音值为s）。[5]

阿拉斯加地区的爱斯基摩人所使用的文字体系最有趣。在19世纪末期，当地的人们在原来的原始示意文字的基础上，发展出了一种包括图画符号和线性符号的表词文字体系。在这个过程中，文字逐渐呈现出某些表音化的特征，虽然像切罗基文字那样的成熟的音节文字体系在爱斯基摩文字中从未得到实现。这些爱斯基摩文字通行于阿拉斯加的某些地区，其中有些符号呈现出字母化的趋势。[6]

现在让我们来看看非洲大陆的情况，那里独立创造的文字最早出现在塞拉利昂和利比里亚地区的瓦伊（Vai）部族。根据资料显示，在1848年以前，当地的一位名为布克勒（Bukele）的黑人，从原始的示意文字体系中发展出一种图画形式的表词文字，随后又发展为音节文字。音节文字中的有些符号直接来源于相应的词符，有些则是新创造的。随着时间的推进，这些图形符号逐渐失去了其图画性特征，而词符的数量也急遽减少，最终，瓦伊文字体系大概由226个音节符号加上少量的词符构成。[7]

同这种文字体系关系密切的一批音节文字体系，大多数都是在古老的瓦伊文字体系影响下产生的：

由当地一位名叫基西米·卡玛拉（Kisimi Kamala）的居民创立的门德（Mende）音节文字，由190个音节符号组成。[8]

从一些官方报道中得知利比里亚地区有巴萨（Basa）音节文字。[9]

在巴萨北部的卡佩尔（Kapelle）或克佩尔（Kpelle）文字，目前尚未出版。[10]

几内亚和利比里亚地区的托马(Toma)音节文字,由187个音节符号构成,其中可以看出同瓦伊—门德(Vai-Mende)文字符号的密切联系。[11]

几内亚地区的格尔泽(Gerze)文字,由87个符号组成。[12]

同瓦伊文字同等重要的喀麦隆地区通行的巴姆文字,出现时间要晚得多,这种文字是由当地部落的酋长恩乔亚(Njoya)于1895—1896年在欧洲以及豪萨商人的影响下创立的。同瓦伊文字一样,巴姆文字最初也由510个图画形式的词符组成。[13]后来,这些符号逐渐失去了其原始的图画特征,而符号的数量也从510减少到437,进而到381,再到295,最后变成205。最终,巴姆音节文字的符号数量只有70个,并且呈现出字母化的趋势,这在现代非洲的原始部落中的文字体系中是非常独特的。[14]这种新的文字类型的产生有其独特的背景和条件,恩乔亚很羡慕在邻国的王室同僚,因为他们创立了一种不同于普通语言的王室语言,所以他也决定创立一种语言,专门用于皇家宫廷。这种新的语言,在欧洲女传教士的帮助下成功创立,这种语言中是法语、德语和英语的词的混合,这些词都保留原来的发音,但被赋予了不同的意义。由于原来的音节文字符号不能很好地满足表达外来词的需求,一种新的方法开始出现,也就是在开音节后加上元音符号,这种"辅音—元音"法在许多近东文字体系都曾出现。例如,词 fété"东西"(来源于英语词 fate),就写作 f(è)-é-t(è)-é;而 atol"就是它"(来源于英语词 at all),则写成 a-t(é)-o-l(i)。但是这种方法的使用并未系统化,因此巴姆文字也就未能成为真正的字母。但是,巴姆文字中的字母化拼写,如 f-é-t-é 和 a-t-o-l,还并不像某些学者所说的,能够完全用来作为以下文字理论观点的重要证据:字母文字并不一定从闪米特音节文字那样不标记元音的文字类型发展而来,也可以从巴姆文字这样能够明确标记元音的符号中产生。[15]

非洲当地居民创造的各种文字体系中,唯一确证为字母性质的文字只有索马里字母。创造这种字母的人名为伊斯曼·尤素福（ʿIsmān Yusūf），他是当地人，文化水平很高，通晓阿拉伯语，也懂得一些意大利语。在此基础上，他创造发展出一种独特的字母符号系统，由 19 个辅音和 10 个元音组成。辅音的顺序同阿拉伯字母的顺序一致。但是符号的形式，却既没有借用阿拉伯字母，也没有使用意大利字母，而是独立创造的，大概受到埃塞俄比亚文字的部分影响。[16]

在亚洲也存在一种独特的文字体系，是西伯利亚地区一位名叫特涅维尔（Tenevil）的楚克其族牧羊人创造的。这种文字体系由几百个形式规则的符号组成，每一个符号表示一个特定的词。由于这种文字体系未能发展成为表音—音节性质，因此学习起来十分困难。它的使用范围也相对狭窄，仅限于在特涅维尔的家族和朋友中使用。[17]

英国传教士设计了一些线性形式的文字符号，形成音节文字体系，用来记录中国西南地区的一些语言。除去在英国和外国圣经协会出版的目录中提供的这种文字的样本，[18]我对其几乎一无所知。

最后，我们应该提到，在加罗林群岛上所使用的音节文字体系。对于这种文字体系了解甚少，只知道它和切罗基文字一样，在拉丁字母符号样式的基础上创造出了新的音节符号。[19]另一种使用于莱纳群岛上的欧莱亚岛（或乌利亚岛）的音节文字，据说其中部分符号是从图画发展而来，另一部分是人为特意创造出来，因此可能是人们所创造的另一种文字。[20]

观　　察

即使以上简短的论述和归纳，也足以让我们清楚地认识到，要列举出现代创造的用于原始部族的所有文字体系有多么困难。其中有些文字，我们的认识还很不够；另外一些，我们只能通过传闻有大概的粗略的了解。还有一些文字存在于地球某个隐蔽的角落，还未被学者注意到。总之，这是一个有待进一步研究的文字领域，迄今为止文字学的研究对它重视很不够。近年来，著名的东方学家约翰内斯·弗里德里希(Johannes Friedrich)对于这些文字体系的研究发挥了很大的推动作用。

对于这些文字体系的研究，可以促使我们得出对于普通文字史研究很重要的基本理论，列举如下：

(1) 所有的文字体系所经历的发展演变的过程(如北美的切罗基和阿拉斯加文字，以及非洲的瓦伊和巴姆文字)，都是从原始示意文字，到词符文字，再到音节文字，在发展的最后阶段，有时会呈现出字母化的趋势。因此，原始部族所创造的文字发展阶段的顺序同我们前面所讨论的文字自然发展演变的历史存在着某些相似性。

(2) 原始部族中的文字，由于受到了白种人的外来影响，通常经过一两代人的传承，就经历了普通文字几千年才得以完成的自然发展演变过程。因此，我们可以观察到，在外来因素的影响下，文字发展演变的速度将会急遽增加。

(3) 赛阔亚开始创造出词文字性质的切罗基文字，后来又放弃了这种文字的事实，以及阿拉斯加和楚克其地区的词文字有限的使用范围，都证明了我们前面所提出的观点：通常情况下，作为一种人类进行交流的符号体系，表词文字在使用中有很大的困难和局限性。

(4) 从我们在这一章所讨论的大部分文字体系来看，音节文字似乎最适合在原始部族中使用，这同我们前面的观点也是一致的。

(5) 在上述某些音节文字体系中，如巴姆文字和阿拉斯加文字，呈现出字母化的发展趋势，证明了瑟斯所提出的论断“音节文字无法发展为字母文字”是不正确的。[21] 我们依然坚持本书中一贯的观点，字母文字的来源只能是音节文字。

第八章

文字的一元发生或多元发生

在我们开始这个问题的探讨之前，首先必须明确一点。如果我们使用广义的“文字”术语，也就是说，将“文字”视为人类通过视觉符号进行交流的一切手段，那么我们就根本不可能探讨文字的发生和起源。在这个意义上，文字和图画一样，能够也确实被世界各地的许许多多的人所使用，那么想要为这个意义上的文字找一个普遍性的起源，就如我们要将所有的艺术找到一个共同的源头的尝试一样，是毫无意义的。因此，我们在探讨文字的一元发生或多元发生时，所说的“文字”仅仅指的是成熟的文字体系，或者说表音文字。

我们所知道的七大文字体系：苏美尔文字、原始埃兰文字、原始印度文字、汉字、埃及文字、克里特文字以及赫梯文字，从理论上说，都有其独立的起源。由于这些文字体系所共同具有的表音性质，一些学者，如阿尔弗雷德·施密德（Alfred Schmitt）[1]和亚瑟·乌格纳德（Arthur Ungnad）[2]就认为，这些文字一定具有一个共同的起源，因为表音化这种重要的特征不可能在世界的不同地域中的不同文字中分别独立地发生。我认为这个理由并不足够充分。表音化的确是发展为真正意义上的文字的过程中最为重要的一步，但是并没有理由认为它只能在某个特定的地域内发生一次。在文字发展过程中起着至关重要作用的表音化现象，并不是一种发明，而是文字体系中某种重要原则系统化的结果。

在我们更为深入地探讨文字的一元发生和多元发生这个问题之前，首先让我们简要了解一下东方文字体系产生和发展的条件、环境以及文化背景，并且简要概括其中所发生的文化接触和影响的事实依据。

七种东方文字体系产生的文化背景

在七种东方文字体系中，最为古老的是公元前3100年前后产生于美索不达米亚南部地区的苏美尔文字体系。几个世纪以后，产生了原始埃兰文字。这种文字发现于古埃兰王国的都城苏萨，目前尚未得到破解。但是就目前所发现的原始埃兰文字材料来看，我们很难认为它是独立产生的。埃兰同苏美尔王国地域邻近，来往密切，并且在整个历史过程中都表现出了其对于这个西部邻邦强烈的文化依赖性，因此，认为原始埃兰文字是在苏美尔文字及文化的影响和激发下产生的，是完全合理的。而也正是埃兰对于苏美尔文化的依赖，最终导致了原始埃兰文字的消亡，而改为使用美索不达米亚楔形文字。

在原始印度文明地区所发现的圆柱形的印章，明确显示出其同美索不达米亚文明的传承关系。这些印章和其他反映出文化接触和传承的依据一样，可以作为原始印度文字也可能在美索不达米亚文化影响下产生的证据。[3]

从印度河谷地区，我们进一步向东来到中国北部。在公元前1300年前后，大约在商代，中国出现了最早的文字系统——出现在龟甲、兽骨的占卜文字以及青铜器上的铭文。虽然现存的这些文字材料主要都用于占卜和祭祀，但是这并不意味着汉字只有这样单一的功能和用途。早在商代文字中，就出现了表示“书”的文字符号“册”，从字形上看，显示出用一条绳子穿住简牍和木册，这证明当时人们很有可能也使用木头作为书写的材料。虽然现在这些书册材料已经无从寻找，但是说不定在不久的将来，人们很有可能在挖掘中又会发现能够证明在商代早期曾经存在不同于甲金文载体和功能的其他文字材料的证据。汉字的起源问题同商代文明的起源密切相关。近年来的考古研究发现，中国北部商代文化可能来源于时代更早的彩陶文化和黑陶文化。而国外有一些汉学家则认为，同中国早期的较为落后的原始文化相比，商代文化显得极为发达，因此很有可能受到某些中国以外其他国家的更为发达的文化的影响。商代文化中存在着高度发达的青铜冶炼和制造技术，能够制造马车以及许多新型武器，畜牧业和种植业都比较发达，并且具有成熟的文字体系。这些证据，让人们很难相信，商代文化仅仅是对此前相对落后的原始文明的继承。（译者注：从现有中国考古学的发现和研究来看，中国各地区新石器时代以来的考古学文化谱系和演进序列基本完整，商以前中国文明的发展程度并不算"相对落后"，商文明的发展线索和脉络亦清晰可见，故所谓"让人们很难相信，商代文化仅仅是对此前相对落后的原始文明的继承"的说法与事实不符。）

商代文化起源问题的研究中，存在着两种不同的理论和观点：第一种观点，主要支持者是中国的学者以及美国教授顾立雅(Herrlee Creel)，他们认为商代文化完全是本土自发产生的，是之前原始文明发展的自然结果。[4]第二种观点的主要支持者是西方的学者，他们倾向于认为，忽然发生的高度成熟的商代文明是受到了外来影响的结果。[5]但是这种影响究竟来源于何处尚不明确，当然，近东地区的任何一种高度发展的文明都可能被纳入考虑的范围。对于这种文化借用观点，最重要的证据是中国当时的战车同公元前第二千年纪中期的近东地区的战车呈现出极大的相似之处。[6]如果这种观点成立，那么这显然是历史上一次远距离的文化扩散和传播，它沿着地中海岸，长途跋涉，到达黄海地区。（译者注：从现有考古学证据来看，商文化毫无疑问是从中国本土产生的，但是在发展过程中确实吸收了部分外来文化。典型的即文中所提及的战车,亦可称双轮辐式马车。双轮辐式马车及与之相关的遗物在属于商晚期的殷墟文化[约公元前 14—前 11 世纪]中有大量发现,但在更早的遗址中不见。不过殷墟马车并非源于近东战车,双轮辐式马车是欧亚草原文明的产物,目前已知最早的双轮辐式马车出现于南乌拉尔地区辛塔什塔遗址,年代为公元前 3 千纪末至公元前 2 千纪初,殷墟及近东地区的战车可能都是受其传播影响的结果,传播的具体时间节点和路径仍有待探索。)

某些学者认为汉字体系直接来源于美索不达米亚文字,他们的主要依据是汉字和美索不达米亚文字符号的相似性,[7]但是这种符号的对比从未被任何严密的科学方法所证明。因此,这种文字符号外在形式的比较并不能作为确切的证据,这一点后面还要谈到。

如果我们现在再回到近东地区,我们的下一个探寻的对象就是埃及文字。如果时间倒退回三四十年前,那么我们不可能对这个问题作出清晰的解答。现在,随着埃及和美索不达米亚地区众多材料的发现,为我们提供了更多的可能性。这些新的考古发现和事实依据显示,在公元前 3000 年前后,也就是埃及文字产生的时期,美索不达米亚文明对于埃及地区的影响非常强烈。直接从美索不达米亚地区所引进的陶筹和陶土制造的车轮,以及制陶技术和砖块建筑,都显示出美索不达米亚文明对于早期埃及文明的影响。如果美索不达米亚文明的重要性和基础性,不是由那些在过去一味鼓吹巴比伦文化的重要性同时贬低亚述文化的学者所提出,而是由那些研究埃及文明的学者提出,那么我们更能意识到这种观点的价值和分量。因为研究埃及文明的学者,本能上并不会同意自身所研究的文化领域的次要地位和价值。[8]

最后,我们需要提到近年来沙夫(A. Scharff)的研究成果,他证明了早期埃及文字中那些表示实物的文字符号形式同公元前 3000

年前后埃及所使用的实物形式非常相似。这意味着，埃及文字产生的时间大概是公元前 3000 年，而这个时候美索不达米亚文化的影响非常强烈，因此他支持埃及文字可能是在美索不达米亚文明的影响下产生的观点。[9]

同以上几种东方文字体系相比，爱琴文字体系的起源问题相对容易一些。爱琴文字体系包括克里特文字体系，以及其在希腊和邻近岛屿上的旁支和衍生，如费斯托斯圆盘上的文字、塞浦路斯—米诺斯音节文字、塞浦路斯音节文字、比布洛斯音节文字以及赫梯象形文字。

在克里特文明产生和发展的整个历史进程中，都受到了埃及文明很大的影响。在克里特文明遗址地区中的诸多发现，都能够找寻到埃及起源的痕迹。事实上，整个克里特文明的编年史，都能够通过其文明遗迹和考古发现同埃及文明的联系进行重建。

由于塞浦路斯文字、费斯托斯文字和比布洛斯文字在前面已经进行过讨论，我在这里就只再强调一点：至少从外部形式上看，塞浦路斯音节文字可能来源于克里特文字，在发展过程中经历所谓“塞浦路斯—米诺斯”文字的过渡阶段，这种过渡阶段的文字也就是在塞浦路斯地区发现的克里特文字。

目前所发现的最古老的赫梯象形文字，如在埃米尔加齐（Emirgazi）地区所发现的文本材料，也已经是相对成熟的文字体系，同后来的文字体系并没有什么差异。我们所了解到的比埃米尔加齐文字材料更早的赫梯文字，如在印章上的文字，也很难认为是这种文字的最初阶段。其中高度发达的文字符号完全阻止了这种可能性。从中我们可以推断出两种结论：一种结论是，赫梯象形文字是完全意义上的自源文字，虽然目前我们还不了解其早期的阶段；另一种结论是，赫梯象形文字是借用其他文字而产生的。赫梯文字在公元前第二千年纪中叶完全独立产生的可能性似乎不大，因为在那个时候，安纳托利亚地区周围遍布高度发达的文明，这些文明往往具备成熟的文字体系，很容易对赫梯文字产生影响。在这些文字体系中，我们不将楔形文字纳入考虑的范围，因为它并不再是象形图画文字。而埃及文字从地理上看相距太远，且同赫梯象形文字差异很大。因此，通过简单的排除法，我们可以粗略地判断认为，这种文字可能受到了西部文明的影响，很有可能是爱琴文明。在那个区域内，克里特文字和其他爱琴文字体系都有很大的可能性。

在 1931 年，为了尝试证明赫梯象形文字同克里特文字的共同来源，我曾经制作了一幅图表，对于两种文字体系中的 40 个文字符号进行比较。[10]由于我不再相信不同文字体系符号外部形体比较的结果，这个图表对我的意义不大，并且没有得出进一步的结论。在赫梯象形文字和克里特文字中都出现的某些图形符号，如表示身体、动物的符号以及一些几何图形符号，在所有的图形文字或是象形文字中都可能出现。但是，从图表中所比较的符号中，确实发现了一组目前看来只存在于这两种文字体系中的符号，及另一组表现出图形形式的发展变化过程的符号；[11]这些都可能促使我们得出结论，认为两者同出一源。

相对于个别文字符号外在形式上的比较，更为重要的是对于其内部结构特征的比较。虽然，我们现在无法将赫梯象形文字的结构以及原则同克里特文字进行比较，因为后者尚未得到释读，但是我们完全可以将赫梯象形音节文字同线性 B 文字以及塞浦路斯音节文字进行比较，尤其是当我们知道近东地区并不存在这种类型的音节文字。更有甚者，我们知道塞浦路斯音节符号来源于克里特文字。总而言之，通过赫梯文字符号同克里特象形文字符号外在形式上的相似性，通过赫梯文字同线性文字 B 以及塞浦路斯音节文字的内在结构上的联系，以及通过塞浦路斯音节符号同克里特文字符号的联系，我们可以得出结论：这些文字在某种程度上都是相互联系的，很有可能有着相同的来源，这个来源很可能发生在爱琴海周围的某个地方。

支持一元发生的可能性探讨

在七种东方文字体系中，苏美尔文字是最古老的，但是这并不能证明它是所有其他文字体系的原型；正如我们没有理由将中国发明的纸币认为是多年以后欧洲出现的相似成果的原型一样。如果试图对于文字的单一发生说给出一个更为坚实的基础，我们必须寻找更为可信的依据和更为合理的缘由。

另一种可能证明一元发生的方法是外在形式的比较。如前所述，多年以来，一些学者一直试图通过比较汉字和苏美尔文字符号的外部形式，证明汉字来源于苏美尔文字。相同的方法和结论也被用于其他一些东方文字体系。本书中已经反复强调，不赞同单纯依据文字符号外在形式的比较得出文字具有共同起源的推论。所有的较为古老的文字体系都是象形性质的，而其所使用的图形符号往往都表示周围世界的实物。由于全世界的人和周围的事物都基本相同，我们应该很自然地预期到，人们所创造出来的文字体系中的象形符号也会有很多的相似之处。因此，表示人和人的身体部位的符号，表示动植物的符号，表示工具和武器、房屋和其他建筑、天空、土地、水、火等的符号形式在各种文字体系中可能非常相似，因为这些事物本身的存在形式就是相同的。我们没有必要认为这些符号必须有同一个来源。

比文字符号的外在形式的比较更为重要的是文字的内部结构特征的比较，如表音化或元音化的现象。但是即使这种发展变化，也可能在不同的地域内呈现出相似的形式，原始部族中在白种人刺激下产生的一些文字体系就很能证明这一点。这些文字体系的内部结构特征都经历了相似的发展变化过程,而这些文字显然是各自独立发展的。

当我们对于早期的东方文字体系进行观察时,能够从中发现一种非常重要的现象。这便是:苏美尔文字从其最初阶段发展为表音文字体系,经历了很长的时间——大约 500 年。但是其他几种文字体系的情况却很不一样。我们所见到的现存最早的汉字和赫梯文字材料中,都已经是高度发达的表音文字体系,其文字的内部结构同晚期的文字并没有很大差异。而埃及文字和克里特文字所经历的表音化的发展过程,持续时间也非常短。最后,尽管我们对于原始埃兰文字和原始印度文字知之甚少,但是从图 45 和 47 中,至少从外部形式来看,我们也很容易发现这两种文字体系也是高度发达成熟的文字。这种情况可以有两种解释:第一,其他的东方文字体系也同苏美尔文字体系一样,都经历了很长的史前阶段,只是现在无从发现这些材料;第二,这些文字体系受到了外来文化和文字的影响和刺激,因此发展速度大为增加。尽管"默证"并非强有力的证据,但是如果我们注意到除苏美尔文字体系以外,所有东方文字系统普遍存在这种"史料空白"现象时,要为失落的史前文明进行辩护就显得尤为困难。

对于文字的单一发生说的印证卓有成效的方法是通过不同文化接触而产生的影响进行解释。这也是存在一定困难的。因为很显然,仅仅依据文化接触的事实提出文字的单一发生或共同起源,很难让人信服。但是,有一点很有助于证明文字的单一发生,这就是除苏美尔文字以外的所有其他东方文字体系的产生时间,都发生在受外来文化影响非常强烈的时期。因此,我们可以更进一步说,虽然目前尚且没有明确的证据,证明七种文字体系同出一源,但是至少我们可以证明,其中的某几种文字体系的确有某个共同的来源。因此，由于地域上的邻近而发生的文化接触，让苏美尔文字、原始埃兰文字和原始印度文字的同出一源变得极为可能。相同的因素，再加上文字符号形式和结构上的共同特征，让我们推断爱琴文明地区的文字体系，包括克里特文字、赫梯文字等，都可能受到了埃及文明的影响。至于埃及文字，由于它发生的时间同美索不达米亚文明最为强烈地影响埃及地区的时段非常接近，甚至恰好吻合，因此很有可能受到美索不达米亚文字的影响。最后，由于汉字产生的时间——商朝，出现了许多外来的创新发明，许多学者认为商朝文明也是外来文化输入的结果。（译者注：见前文注）

我们应当怎样评价文化接触所产生影响的重要性呢？这个问题已经不仅仅关系到文字，因为它影响文化的其他方面。以希腊天文学为例，其中的许多因素都来源于巴比伦文化。那么证据何在？首先，在希腊和巴比伦的天文学中存在着相同的因素；第二，从时间上看，美索不达米亚地区的天文学出现在希腊之前；第三，两种文化之间曾经发生过接触。在我看来，支持文字单一发生说观点的证据和论证的可信度，同我们论述希腊天文学的原型是巴比伦天文学是基本相同的。[12]

第九章

文 字 与 文 化

文字的重要性

著名的芝加哥历史学家和东方学家詹姆斯·布雷斯特德(James H. Breasted),曾经说过:“文字的产生,便捷的书写符号记录体系的出现,在人类发展的历史中,对于加速人类文明的进程发挥着比任何文明成果都更为重要的作用。”[1]此外,还有许多名人,如卡莱尔、康德、米拉布和赫纳等,都认为文字的产生标志着文明的发端。在人类学领域,这些观点也时常被引用:如果说语言是区分人和动物的标志,那么文字便是人类从野蛮进入文明的象征。

然而,这些论断该如何受到历史的检验?文字是否真的是人类从原始野蛮阶段进入文明阶段的关键一步?这个问题并不容易回答。在古代世界中,在文字所产生的时代,其主要特征往往是多种因素同时发展,而我们将这各种因素的总体称之为文化或文明。不论何时,文字的出现总是伴随着政府和国家的产生,艺术、商业、工业、金属冶炼、交通运输业、农耕文化和畜牧业的显著发展,同没有出现文字的原始阶段相反,大大推进了人类文明的进程。但是我们没有必要去强调文字的出现是促进人类文明发端的唯一因素。因为事实上,所有的因素:地域、社会、经济等共同促进了人类文明的发生,人类文明是在各种条件的共同作用下发生的,当然文字是其中不可或缺的一部分。或者,换言之,文字只能存在于文明中,而没有文字的存在,文明也无从存在。

在现代社会，我们很难想象，一个有知识有文化的人不能读写。文字现在变得如此普遍，已经成为我们的文化生活中不可或缺的一部分。从中世纪的傲慢但不能读写的国王使用十字签下自己的名字那时到现在，我们经历了漫长的过程。现在，一个无法阅读和书写的人不可能成功地参与和实现人类的进步；而这也同样适用于某个群体、某个社会阶层甚至于某个种族人群。这种情况在欧洲的表现极为明显：文盲率很低的国家，如斯堪的纳维亚半岛上的国家，文明程度较高；而文盲率相对高的国家，如巴尔干半岛上的国家，其发展远远落后于那些高度发达的邻邦。

只要我们试图想象一下，我们的世界如果没有文字将会成为什么样，就能够意识到文字的重要性。如果我们没有书籍、报刊和信件，将会怎样？如果我们忽然失去了书写的能力，并且无法阅读前人留下的书面成果，那么我们该如何交流？文字对我们的日常生活如此重要，因此我可以说，人类文明如果缺失了文字，会比缺失了货币、金属、收音机、蒸汽机以及电更难以存在。

但是我们可以从反面进行观察。随着文字的广泛使用，口头语言的传统相对减弱了。我们现在所能做的，是比较一下，我们对于自己祖辈以上的祖先的了解同无法使用文字的贝都因人对其祖辈以上的祖先的了解，从而发现其中的差异。一般情况下，贝都因人无法使用书面的资料了解其家族和部落历史，因此必须保存过去所发生事件的记忆，并且将这些记忆通过口头语言传递给其他的人。口头语言的广泛使用，对于增强记忆力有重要作用。众所周知，古代印度的智者默记《吠陀经》文，正如古希腊人是使用口头记忆传诵的方式创造了《伊利亚特》和《奥德赛》一样。我们现在不需要通过背诵来学习古代经典，我们可以通过书籍来阅读。“ex libro doctus”适用于我们中的大多数人。现代的知识不仅仅是我们在实践中所了解的，也包括在书籍和资料中发现事实和真理的能力。在这个意义上，培根对于这两种知识所进行的区分对于今天比对于其所在的时代意义更大。

文字与语言

文字同语言之间联系十分密切，并且经常互相影响。通常情况下，人们很难在不懂得一种文字的情况下学会其所记录的语言，同样，也几乎不可能在不懂得一门语言的情况下学会记录它的文字。

相对于语言来说，文字的变化是相对缓慢且稳定的，因此文字对于语言的自然发展存在着一种很强的约束作用。书面语言通常能够保留在日常口语中已经不再出现的较为古老的形式。在书面英语中，我们也常常使用不同于口头英语的表达形式。书面语同口语的差别是非常明显的。例如，在古巴比伦帝国，不仅仅历史宗教文献和史诗作品会使用比一般的书信中更为古老而典雅的语言，而且我们会发现，在皇家书信中所出现的表达形式往往比私人信件更古老。文字顽固地抵御着口语的变化，通常将其称之为"侵蚀"。在英语口语中非常流行的表达，如 ain't（表示 is not）和 no good（表示 not good），由于其没有遵循书面英语的使用规则，因此大概需要经历相当长的一段时间，才会被接受作为"正确"的形式。

我们通过观察英语的发音和形态变化，可以很好地发现文字对于语言的约束作用，这种现象在任何语言文字中都存在。近四五百年来，英语所发生的变化相比于之前的变化非常小，这主要是因为广泛传播的英语书面文字对于口头语言的约束作用所致。另一方面，我们通过观察现代产生的原始部落中的语言，发现由于缺乏真正的表音文字，它们的变化总是非常迅速。某些美洲印第安语言的变化如此之快，以至于年轻一辈很难甚至无法同三四辈以前的人进行谈话交流。而持续不断的语言变化的最终结果便是分化为新的语言或者方言。在美洲印第安人中和非洲巴图人中所存在的几百种语言或方言就是很好的例子。

文字通常总是保持着较为古老的、时间较早的拼写，我们通过观察现代法语的拼写可以发现这一点。法语中的 sain 和 saine 的不同拼写表明，在较早的时代，如果我们用传统的拉丁语发音来念，法语词 sain、saine 的确存在着不同的发音，就如其拼写不同一样。这种在法语词汇系统出现的较为原始的拼写对于文字的原始形式的重建帮助很大，因此在语言学研究中具有十分重要的价值。而现代英语词的拼写仅仅部分保留其较为原始的语言形式，如在 night 或 knight 中，显示出这些词较早的发音同对应的德语词中的 nacht 或 knecht 相似。但是英语的拼写并不像法语那样成系统。许多现代英语中的拼写都是某一时代的残留，而在这个时代，同一个词可以使用许多不同的形式进行拼写，这完全取决于书写者的兴趣。我们无法解释，英语为什么出现 height 和 high，speak 和 speech，proceed 和 precede，或是 attorneys 和 stories 这样的不同拼写。现代英语中所保留的这些毫无规律的随意的拼写，大概是由于古代英语书写的个人化倾向，这种倾向拒绝受到任何系统化、规律性的约束。这种态度可以通过一些事实得到反映。例如学者克罗恩（Crown）博士，在其 17 世纪后半期所出版的诸多著作中，将自己的名字拼成各种不同的形式，如 Cron、Croon、Croun、Crone、Croone、Croune 等。又如距离现在很近的著名的阿拉伯学者劳伦斯（Lawrence），当被其困惑的出版商要求尽可能规范地书写他的外来词和人名时，他曾经回答："我要随意拼写我的姓名，以显示这种系统是多么糟糕。"[2]

英文字母拼写的不一致，通过对于长元音 i 可以使用十一种不同的拼写可见一斑：me、fee、sea、field、conceive、machine、key、quay、people、subpoena、Caesar；还表现为字母 a 至少具有五种不同的发音:man、was、name、father、aroma。这种书写的不规则性还反映在一个故事中,一位外国人的名字在英语中发音同 fish 相同,由于英语拼写的灵活性,他将自己的名字写作 Ghotiugh,发音分别取自下列词:gh 取自 tough 中的发音 f; o 取自 women 中的发音 i; ti 取自 station 中的发音 sh;而最后的 ugh 则和 dough 中一样,不发音。

许多欧洲文字体系都对其原来的拼写形式进行了调整,使之更适应于现在的口语形式的表达。罗曼语族的意大利语和西班牙语,以及斯拉夫语族的克罗地亚语和波兰语,都使用同口语发音一致的书写形式。最好的办法要数捷克人所使用的借助变音符改变字母的发音。捷克文写作Čech,而波兰文写作 Czech,两者的开头字母的发音都同英语词 chess 中 ch 的发音相同。我们通过观察英语中 Czech 一词中,开头的 cz 和结尾的 ch 拼写完全不同于在通常的英语中的拼写 ch 和 kh,也可以进一步印证英语拼写的随意性。

文字中的拼写常常是由于人为的错误解释产生的。因此,英语词 debt 和 doubt 中的 b 通常是不发音的,在古法语和英语中,这些词都曾经写作 dette 和 doute,而现代英语中的 b 大概是由于书写者延续了拉丁语的写法(debitum、dubitum)。同样,来源于古英语 iegland 的拼写 isle 和 island 中的 s 大概是延续了拉丁文 insula 的写法,而在任何阶段,这个词中都没有出现过发音的 s。[3]有时候,这些错误的拼写还会反映在口头语言中。例如,出现在希腊词中的双字母 th,被那些中世纪的抄写人员发作 t 音,而他们时常使用 th 来记录那些根本就没有使用过二字母组成的词。[4]因此,在现代英语中,才出现了 author(拉丁语 au(c)tor,法语 auteur)、Gothic(拉丁语 Goti,德语 Goten)、Lithuania(拉丁语 Lituania)中这样的 th 发音。

同理,英语中 Mexico 和 Don Quixote 中的 x 发音为 ks,在古西班牙语中音为 sh,而在现代西班牙语中音为 kh,这都是字母拼写对读音产生的影响。与之相似，我们在现代英语中经常看见 often、soften 等词中的发音的字母 t，在几个世纪以来的英语中都是不发音的。还有现在我们将 forehead 发成 foor-hed，而原来的读音其实是 fored。

书面形式的缩写和简略形式大大丰富了我们的语言词汇。这些词往往是科技词或者是暂时出现的新词。在美国军队中，recon（与 pecan 押韵）一词用来表示 reconnaissance（“侦察”）。而在英国军队中则用 recce（与 Becky 押韵）表示。同样，我们用 ammo 来表示 ammuniton（“弹药”），用 arty 表示 artillery（“炮兵”），用 divarty（通常写作“Div Arty”）表示 divisional artillery（“炮兵师”）。纳粹时期，德国人显示出使用缩写形式造词的狂热兴趣。虽然纳粹官方表示出了对这种倾向（他们将其称作 Bolshevic-Talmudic）并不赞同，但是书面语和口语中的缩略词数量迅速增加，以至于在政治、经济、军事等各种著作的后面都必须附上数量庞大的附录，一一列举出这些缩略词的用法。在第二次世界大战期间，盟军情报机关专门制作了两本册子，列举出德军使用的缩略词。从进入语言的几千个缩略词中，我们选择了 Ari（Artillerie“火炮”），Hiwi（Hilfswilliger“辅助志愿者”），Jabo（Jagdbomber“战斗轰炸机”），Pak（Panzer-abwehrkanone“防坦克炮”），Flak（Flugzeugabwehrkanone“高射炮”），当然还有 Nazi（Nationalsozialistische Deutsche Arbeiterpartei“纳粹”），以及其战后的影响 Entnazifizerung（“去纳粹化”）。顺带提及，在不同的国家可能使用不同类型的缩略词。通常的方法——将一个较长词的最后一部分省略。如美国将 reconnaissance 省作 Recon、将 division 省作 Div 以及将 company 省作 Co 等，有时也见于德语词，如将 Munition 省略为 Muni。英国则延续了古老的中世纪传统，通常省略一个词的中间一部分，如 reconnaissance 省略为 recce，而 company 省略为 coy 等。德国则通常喜欢通过组合几个复合词的首音节构成新词，如 Hiwi 和 Jabo，另一种德语缩略词的代表则是 Pak 和 Flak。在语言使用中，还会发生多种缩略方法的共同使用。如在口语中 prof 代称 professor，用 prexy 代替 president，用 varsity 代替 university，用 natch 代替 naturally，这些都是英语语言倾向于对长词进行缩略的结果，而非书写形式的影响。

民族对于文字的坚持和依恋在犹太人和西班牙的阿拉伯人身上得到了最好的体现。当阿拉伯人统治西班牙地区，犹太人也说西班牙语，但是他们却留下了相当数量的用希伯来文字所记录的西班牙语的文献资料。同样，当西班牙人重新统治了这片地区之后，阿拉伯人接受西班牙语为其母语，但是却留下了著名的用阿拉伯文字写成的著作《阿尔加米亚多》(*Aljamiado*)。相似的例子，还有在地中海地区的犹太人虽然说拉蒂诺语(西班牙语的一种方言变体)，东欧地区的犹太人虽然说意第绪语(德语的一种方言变体)，但是他们都使用希伯来字母记录这两种语言。波兰地区的鞑靼人，所留下的著作虽然记录的是白俄罗斯语和波兰语，使用的却是阿拉伯字母。

通常情况下，在某一时期，一种语言只使用一种文字。因此，在古代，苏美尔语、埃及语、汉语、希腊语、拉丁语都只有一种与之对应的文字体系，正如现在英语、法语、阿拉伯语也都只是用一种类型的字母体系一样。同样，晚期的巴比伦文字通常只记录古巴比伦语，而以契刻为主要书写方式，辅助以绘画方式的楔形文字，只记录阿拉米语。但是有时也会出现一种文字记录几种语言的现象。比如罗塞塔石碑上的文字，其中一种是记录埃及语的，包括两种埃及文字形式(圣书字和民书字)，而另一种则记录希腊语。同样，贝尔斯顿铭文记录了三种语言：波斯语、埃兰语和巴比伦语，每一种语言都是用不同的楔形文字来表达。

同时使用几种不同的文字来记录同一种语言的现象是很少见的。但也存在着一些例外：如阿拉米语通常使用阿拉米文字，但有时也使用楔形文字。美索不达米亚地区北部的胡里安人，通常使用巴比伦楔形文字记录其语言，但是在西奈半岛的沙拉姆角地区，也发现了使用另一种成熟的楔形文字所记录的胡里安语文献材料。

如果我们从较长的时间段来进行观察，一种语言当然可以使用几种不同的文字。例如，波斯语一开始使用的是一种楔形文字，后来使用巴列维和阿维斯塔文字，最终使用阿拉伯字母。如果波斯也像土耳其那样，那么很可能我们还会看到使用拉丁字母记录的波斯语。同样，希伯来人首先使用迦南文字体系记录语言，后来从阿拉米文字发展出其自身的字母。古埃及人最初是有自己的文字体系，但是科普特人，埃及人的直系后裔，却是用从希腊字母发展出来的字母体系记录埃及语的。

在过渡时期，人们可能同时使用两种不同的文字体系记录同一种语言。1928 年，拉丁字母被引入土耳其，但是原来使用的阿拉伯字母还没有完全废弃。老一辈的人能够而且确实使用这两种字母体系，年轻一代却只会拉丁字母。毫无疑问，在不久的将来，土耳其地区将完全不再使用阿拉伯字母。

虽然通常情况下一种语言只选择一种文字体系作为其表达和记录的工具，但是一种文字却可以不受限制地用来记录多种语言。某个文化发达国家的文化占领的结果通常是其文化欠发达的邻邦借用了其文字。在古代，巴比伦语是整个近东世界的通行语，其地位在某种程度上相当于中世纪欧洲的拉丁语。伴随着巴比伦语的强势地位，美索不达米亚楔形文字也传播开来。许多古代近东文化不发达或者尚且没有文字的民族，都借用楔形文字来记录其语言，因此发展出许多地方变体。因此，埃兰人、胡里安人、乌拉尔图人以及波加科斯的赫梯人都使用楔形文字来记录其自身的语言。稍晚时期，希腊字母、拉丁字母、俄语字母，以及阿拉伯字母也被用来记录许多不同的语言，这种状况目前还在延续。

如前所述，口头语言相比于书面语言的特点和优势是更充满变化，更便于表达。那么书面语言也在某些方面发挥着其自身的优势和长处。我们都很了解在宗教的布道坛和政治演讲台上口头语言的煽动力和震撼力。那么同样，在科学领域内，如数学，充满了各种复杂符号，只有使用文字才能够进行最简洁有效的表达。书面语言的使用增强了口头语言的效力。因此，即使在教室里，我们也常常使用黑板，借助视觉符号来补充那些很难单纯通过口耳相传的内容。

文字常常比语言更生动而富于感染力，这一点在图画文字中表现得更为明显。在埃及文字中，人们忠实而细致地保存了精致的图画形式。因此，当我们用语言表达："我把药材放进花瓶里"，我们无从知晓花瓶的大小和形式。但是在图画文字中，花瓶可以绘制得可大可小，描绘为特殊的颜色、特殊的形状，用来展现其特征。有时，通过那些石器和金属器皿上的图画文字中不发音的定符，可以传达给我们更多的信息。

文字与艺术

从艺术美学角度对文字所进行的研究目前还很欠缺。[5]虽然文字的主要功能不在于其艺术效果，而在于实用性的记录和作为传播交流的媒介。但是，自始至终，文字都具有艺术的价值。在这一点上，文字同摄影很相似，二者的主要目的虽然都在于其实用价值，但是同时都具有艺术效力。

有的时候，文字中的艺术特征会被人们有意识地强调和夸大，使文字主要发挥装饰的效用，而忽略其基本的交际功能。例如，阿拉伯人用作装饰的文字，非常华美，但是很难读懂。[6]在现代的一些广告牌中，也会出现形式繁复的巴洛克式的文字，用来装饰。

从艺术方面而非实用角度来看待文字，那么文字便是一种普通的艺术形式，它同其他的艺术样式共同发展，并且折射出其他艺术领域所具有的某些特征。我们能够观察到，加洛林字体圆润的样式来自罗马式建筑中的艺术样式，而晚期的哥特体则反映出哥特式建筑的多角、尖头风格。[7]

在所有成熟发展的文字体系中我们都会发现两种类型的文字样式：精心而规范书写的正式字体，往往用于公众场合以及官方的建筑物上；较为简单随意的手写体，主要用于私人的交流，如信件。当然，通常情况下，正式字体会比手写体表现出更强的艺术性。随着正式字体逐渐发展为手写体，文字符号的象形性逐渐减弱乃至失去，最终文字发展为线性形式，人们已经无法在这时的符号中发现最初的象形性特征。

那些镌刻在纪念碑上的文字的艺术形象取决于很多因素：所雕刻的个体符号（形式、大小等），符号之间的关系（位置、符号间的距离、行距、文字的方向等），以及这些文字同建筑物本身的关系（浮雕、图画、结构等）。

这些因素中，最重要的是个体文字符号的形式，它的选择最能体现出艺术价值。同样，符号之间的组合也很能体现艺术表现力。如果文字符号的顺序是 xXx（x 表示一个较小的文字符号，X 表示一个较大的符号），那么我们就可以将其排列为$^{x}_{x}$X，这样，两个较小的符号排放在一起可以同较大的符号配合得更为平衡而协调。这也可以避免按照正常顺序书写所造成的空格。尽量避免留出空格，在艺术性文字符号的排列组合中是人们着重考虑的因素。

抄写学派所极力表现的每个文字符号的特征，在任何阶段的文字中都曾经出现过。我们不难发现，苏美尔陶符上所镌刻的乌鲁克三期的文字呈现出非常细致精微的特征，是由于拉伽什学派的细心抄写。我们也很容易发现，波加科斯学派所抄写的赫梯象形文字中的独特性。更早时期的文字中所体现的个人创造性，我们目前还知之甚少，虽然这些书写者们常常在文字材料的末尾署自己的名字。这是将来有待于进一步探讨的领域。

文字与宗教

文字的神创说以及文字具有神力的说法随处可见，不论是在古代还是现代，在文明地区或是原始种族中。这主要是缘自于人们普遍认为文字具有某种神奇的效力。[8]

不论在古代东方还是西方，人们都普遍将文字的产生归结为神创的结果。在巴比伦文化中文字的创造者是纳布神，而在早期美索不达米亚文化传统中，掌管着科学和文字的神尼萨巴创造了文字；埃及人则相信他们的神托斯（Thoth）是文字的创作者，并且将文字称为 $m^{x}d^{x}w^{x}\text{-}n^{x}\underline{t}^{x}r^{x}$，意为“神的语言”。在中国古代传说中，有的认为文字是由掌管商业的神（译者注：原文如此。）伏羲创造的，也有传说认为是由一个长着四只眼睛的智者仓颉创造的。希伯来人除了晚期的“人类”文字体系之外，还存在着早期的“神化”体系。在伊斯兰教传统中，神创造了文字。在印度文化中，将文字赐予人们的是婆罗门。在北欧的英雄史诗和神话传说中，人们认为卢尼字母的创造者是奥丁神。在爱尔兰传说中，文字的创立者是奥格迷奥斯（Ogmios）。关于文字神创的传说实在数不胜数。[9]

一个关于文字神创说的有趣的例子，是与最近由几内亚和利比里亚地区的一位名为托马（Toma）的人创立的新的文字体系有关的描述。[10]这种文字的创造者，当地人维多（Wido）有这样一段论述：

难道是神灵不怜惜托马人吗？其他的种族都懂得文字。而只有托马人对此一无所知。神灵回答说："我害怕当你们能够掌握文字，并使用文字来表达以后，你们就不再遵循你们种族的信仰和风俗。"维多回答说："绝对不会，我承诺我们仍然会像过去一样生活。"神说："如果是这样，我愿意赋予你们懂得和使用文字的能力，但是注意不要将它们展示给任何一个女人。"

对于这种文字体系的产生，还有其他的一些描述，但是没有任何一种描述解释了他们对女性特殊的态度，这个问题还有待人们进一步了解。

在那些文字的使用范围仅仅限于某些特殊阶层的国家，人们对于文字的宗教色彩和神奇力量的信奉非常强烈。在古代的近东地区，只有那些祭司和神职人员能够使用文字，他们对于文字的看法充满了神话和宗教色彩。而与此相反，那些文字不仅仅限于神职人员使用而作为所有公民的共同财富的希腊地区，往往缺乏关于文字的神奇力量的传说。[11]所有受到教育的希腊人都能够使用文字，就如他们所掌握的其他来自东方的实用技能一样，他们认为无须将文字认为是神创造的。事实上，希腊人也有一些对于文字的富于神话色彩的描述，如毕达哥拉斯学派对于文字的重建和描述，但是这些传说往往都是在东方文化的影响下产生的，并且很少见于通行普遍的希腊哲学著作中。

在原始部族中，文字和书籍都是让人惊奇和崇拜的领域。[12]对他们而言，书籍是占卜和预测的工具。书籍能够预见未来，揭示不为人所知的隐藏的奥秘，能够对人们的行为和生活进行指引，通常具有某种神奇的力量。对一个人来说，开始学习读和写是进入宗教行动的必备条件和洗礼。书籍被认为是可以"说话"的活的生物。原始人往往对语言文字中的"词语"所具有的神奇的魔力感到敬畏。

在一个故事中，当地的一位信使拒绝传递一条信息，因为害怕在传递的过程中，这封信件会对他说话。在另一个故事中，一位信使使用他的长矛在信件上戳了一个洞，确保这封信不会在运送过程中同他交谈以后，才敢送信。原始部族还认为，书面的信件具有神奇的力量，能够看见所发生的事件。我们都知道这样的故事：一位印第安人被派遣给他的同伴送去四个面包和标记面包数量的一封信。这个印第安人吃了一个面包，当然被发现了。后来，他又被派给同样的差事，他又重复了偷窃行为，但是这次他格外留心，在吃面包的时候，把这封信藏在一块石头底下，这样它就看不见了。[13]在澳大利亚也有类似的故事，一位当地的土著在运送烟草的过程中偷取了一些，然后惊讶地意识到，尽管在偷烟草的时候他将信件藏在了树干中，但是自己的偷窃行为仍然被白人发现了。盛怒之下，他将信件拽出疯狂鞭打以泄愤。[14]

另一个有趣的故事见于埃尔兰·诺登舍尔德（Erland Nordenskiöld）所引的文字：

> 当鲁本·佩雷斯·坎图勒（Ruben Pérez Kantule）学习了图画文字以后，他同时也使用拉丁文字记录了这些传说，当然，使用拉丁文字要比使用印度文字的记录更完整，更便于表达。耐人寻味的是，他为何不辞辛劳地坚持使用图画文字进行记录？这证明了这种图画文字具有某种神奇的魔力，或者说，咒文的神奇功效是通过图画文字的使用得到了增强。[15]

信奉符号普遍性的毕达哥拉斯学派、诺斯替教徒、占星家、术士巫师以及犹太神秘哲学中，可以视作对字母的神化解释的源头。如最近出版的一本著作中，就对于这个问题进行了这样的阐释：“我们希望指出：拉丁字母……是希腊神话中表意文字的代表物，它向我们提供了关于人类和宇宙的普遍真理的指引，提供了生动的反映造物主和至高无上的神的真理的指引。”[16]

咒符和护身符所具备的神力很大程度上取决于其中所包含的文字，在古巴比伦的护身符上常常出现某些成套的咒文。即使在现代，我们也能发现，文字神力的广泛存在。比如犹太人在做祷告时所穿的服装上护身符上的文字，以及犹太人的房屋门柱上所刻的用来保护居住者免受伤害的文字。伊斯兰教教徒随身携带的护身符上写着截取的《古兰经》经文。在基督教中，我们则发现这样的现象：人们用《圣经》的书页给病人扇风，或者让病人吞下书写着祷告文的纸团。

信奉文字所存在的宗教特征的另一个重要表现是，1910 年在威斯敏斯特大教堂所举行的神职仪式中的宗教活动：

在教堂宽阔的正厅的地板上，从主要的入口到圣坛，都用白色画着两条宽阔的路径，这两条路径将对角线的几个拐角处联系在一起，并且在正厅的中央交叉，形成了一个巨大的 X，或者说，圣安德鲁斯十字架。在路线交汇处放置着跪拜台，大主教在那里身穿斗篷式长袍，头戴法冠，跪地祈祷。持续吟诵着《索尔兹伯里圣咏集》古老的素歌。同时侍从用灰尘洒满正厅，这意味着将小堆的灰尘沿着圣安德鲁斯十字架的路线每隔两码撒在地上。每堆灰烬旁都配有一张标注字母的卡片——希腊字母在上，拉丁字母在下。然后，大主教在助祭人员的陪伴下，跟随着点燃的蜡烛和耶稣十字架进入圣堂。伯恩博士首先从左角出发，沿圣安德鲁十字的一条路径前行，用牧杖尖端在灰烬堆上划写希腊字母；随后返回正门，重复相同仪式在另一条路径上划写拉丁字母。这一奇特仪式被不同学者解读为：象征东西方教会的联合，或基督教义启蒙的演示；亦有学者认为其沿袭了罗马占卜师规划神庙建筑时的仪轨，或罗马测量师为土地征税估值的操作程序。[17]

在现代，近东地区对于文字的神奇力量，仍然深信不疑。即使在那些我们所不了解的文字身上，也常常出现这样的情况。在众多例子中，我想列举自己亲身经历过的事件。1935 年，我去安纳托利亚中部一个叫做埃尔米加齐(Emirgazi)的小城镇参观，在三十年前，那里曾经发现了一些赫梯象形文字的材料，随后这些材料被移交伊斯坦布尔的博物馆。邻近地区在此后一直没有新的考古发现，但是即使有，当地的居民告诉我，他们不会再放弃这些材料，因为上一次，当赫梯文字材料移交博物馆以后，当地就爆发了一次瘟疫。对于石刻文字的神奇力量，在那些游览过伊斯兰世界的人的游记和报告中经常涉及。人们对于文字具有神奇魔力的看法(有时这种魔力完全无法理解，如上文所提到的赫梯文字材料)，同他们对于口头语言也具有某种神奇魔力的看法相同。对于语言的神力的看法在世界范围内非常流行，在某些魔法仪式甚至宗教仪式中，都存在着这样的传统：使用一些歌谣和固定的文本，而听到这些歌谣和语言的人往往根本不理解其意义，甚至有时，连唱诵这些歌谣和诗的人也不理解。[18]

文字和语言是一个国家或民族外在形式的象征。因此，每一个入侵者，如果要摧毁一个国家，首先要做的就是摧毁其书面文化财富。我们因此理解 1520 年，当科斯特人占领了墨西哥以后，为何要焚毁一切阿兹特克文字著作，毁灭一切可能让当地人回忆和认识其辉煌的过去的载体；同样，西班牙调查局因此将犹太人送进火场，让他们的“塔木德”同他们一同毁灭。这也是纳粹党急于毁灭一切反对他们的书籍和文字，及二战后胜利的盟军焚毁所有纳粹时期的文化作品的原因。

第十章

文字的未来

当我们探寻一种现象是如何发生的时候，通常很难同时解释它发生的原因。因此，很自然，在我们试图构建文字史的过程中，同样的问题就会反复出现：为什么文字会从一个阶段发展到另一个阶段？对于这个问题，我们很容易给出一个大致的答案：文字之所以从一个阶段发展到另一个阶段，是由于在某一特定时期，人们认为一种新的文字体系比目前所使用的文字体系更符合人们的需要。换言之，发展演变的目的在于优化和完善，而文字在其发展的过程中，逐渐稳步朝向发展成更加完美的交流手段这一趋势不断前行。但是文字的确是不断进步的吗？我们能够理所当然地认为某种新的文字体系比之前使用的文字体系更为优越吗？在我们试图给出这个问题的确切答案之前，让我们首先看看文字史上与之相关的例子。

如果我们将西闪文字体系同其来源——埃及文字进行对比，我们很容易发现，西闪文字体系比埃及文字体系要简单。毫无疑问，学习和使用闪米特文字体系中的22到30个字母要比埃及文字体系中的上百个符号容易得多。同样，我们也同意，希腊人所创造的元音符号，让这种文字体系比其原型——缺乏元音标记符号的西闪文字在表达上更为准确。但是，我们能够因此认为，西闪文字体系比埃及文字体系更为优越完美，而希腊字母比西闪文字更为优越吗？在我们将埃及文字同闪米特文字进行对比的过程中，我们也同样可以列举出许多埃及文字所具备的优点，比如象形符号表达形象的准确性。例如，在埃及文字中，一个花瓶的符号不仅仅表示语言中的“花瓶”一词，同时还被以一种特定的形式描绘出来，表示这个花瓶的大小和形态。在闪米特文字中，“花瓶”一词通过表音符号，确切地说，是音节符号来记录，任何附加的信息也只能通过附加的音节符号来表达。同样，在我们将闪米特文字同希腊字母进行对比的过程中，我们同样可以认为，闪米特文字不标记元音符号同样可以准确清晰地记录语言，并且往往比希腊字母和其他使用元音符号的文字体系更为快速和简洁。同样，不乏有人认为汉字是世界上最为优秀的文字体系，不论是专家学者还是一般的民众，他们拒绝听从任何使用字母文字代替词—音节文字体系的建议，我们对此又该如何看待？我们又该如何评价，切罗基人对于音节文字的偏爱？因为他们能够在很短的时间内就掌握这种新的音节文字体系，而无需用四年甚至更长的时间学习英文字母。[1]我们又该如何评价认为阿拉伯文字比拉丁字母更为优越的看法？因为在听写记录中，老一辈的土耳其人使用阿拉伯字母记录语言要比年轻一辈使用新拉丁字母要快得多。

因此，我们能够发现，要评价事物的优劣是多么困难的事情，如果我们只观察到现象的一面而忽略了从其内部各种特征进行综合考虑，那么我们很容易得出谬误。闪米特文字确实比埃及文字容易学习和使用；然而埃及文字的表达性更强。但是，如果从价值高低的角度来衡量，这两种特征的价值是不对等的。相比于这种文字不能为大多数人掌握的复杂性和困难性而言，其优点——外在形式的华美以及表达信息的完整就微不足道了。很大程度上，这种评价同样也适用于汉字体系——或许是世界上最难以掌握的文字体系之一。人们需要经历多年的学习，才能掌握最基本的文字能力。当然，这种文字能够很好地为人数比例很少的贵族服务，这些人掌握了读写的技巧之后，那些彼此说着互相不能理解的方言的人们甚至

可以单纯借助汉字来进行交流。（译者注：见前文注）

如果我们无偏见地对各种因素进行衡量，那么我们认为，在文字体系中，确实存在着高低优劣之分，也就是说，发展更成熟的文字体系较之欠成熟的文字体系，确实有其显著的优势。虽然闪米特文字在书写上可能比希腊字母更为快捷，但是只有后者所创造的完善的元音体系才真正让世界认识到了元音标记的潜力，以及其在准确表达各种语言、方言形式、新词以及外来词和专有名词的细微差异的重要性。同样，阿拉伯字母能够快速记录土耳其语的优势几乎完全被其拼写的困难所掩盖了，而新引进的拉丁字母，由于能够准确表达单个音素，对于学生来说，只需要花费学习阿拉伯字母一半的时间和精力就可以掌握。最后，当我们评价切罗基文字的优势时，我们必须承认，这种文字的确适用于表达切罗基语，但是这种文字是否适合于居住在英语地区的部族呢？这种文字又如何满足人们记录成百上千个从周边英语部族所传到切罗基地区的外来词的需要呢？正是这种局限性，才最终导致了这种印第安文字体系的消亡，能够满足切罗基人更广泛需要的拉丁字母体系取而代之。

为了回答本章开头所提出的问题，我们先回答以下问题：文字从词文字经历音节文字再到字母文字阶段的发展是一种进步吗？我要说，是的，确实是一种进步。从广阔的视角进行综合衡量，我们毫无疑问地认为，音素文字体系要比音节文字体系更能满足人类交流和表达的需要，而音节文字体系则比表词文字和词—音节文字更适合作为交际的媒介和手段。这是无须夸大的事实。至于希腊和拉丁字母能够准确对应语言中的音素，相比英文字母拼写同读音的不一致性，以及在现代印第安文字体系中形成的比早期文字形式更为复杂的符号这样不规律的文字现象，只能说明，文字发展中有时会出现同发展路线和方向相反的例外。而由于文化传统、宗教以及国家政权所导致的某些阻碍文字发展的习惯和风俗，使得文字发展过程中可能出现某些停滞或倒退的现象。

如果我们将西方文化中所使用的任何一种字母同希腊字母进行比较，我们很容易发现，从内在结构的角度来看，现代西方字母同希腊字母并无差异。换言之，尽管通过人类的努力，在文化的众多领域内都取得了惊人的成果，但是文字从希腊字母时期开始却始终未曾进一步发展。我们可以想想现在传播交流的各种现代化媒介手段，如收音机、电影、电报、电话、电视、印刷机等；再看看现代的各种文字体系中的字母 DADA，拉丁字母 DADA 以及希腊字母 ΔΑΔΑ，再将现代和希腊时期的其他媒介手段进行比较，可以发现其中存在着巨大的差异；而将英文字母、拉丁字母和希腊字母进行比较，却发现其本质没有什么区别。这并不意味着，我们的文字体系已经完美到不需要经历任何发展和进步，也并不是由于缺乏合理而实用的文字改革方案，使得我们一直使用原来的文字体系。我们现在使用的文字体系一直未变的原因是复杂的，我们目前的能力尚且无法给出一个合理的解释。但是，我们仍然可以了解我们目前的状态，并且对于未来的可能性进行一些设想，这并不会出现太多的错误。

对于文字进行改革的方案和尝试，通常是随着语言的变化而发生的。如果我们回想一下在漫长的发展历史过程中，文字对于语言的依赖性，就会认为这种现象是十分自然的。

语言发生变化的最简单形式，往往发生在一个国家的语言被外族的人们所使用的时候。阿卡德语、阿拉米语、阿拉伯语、希腊语、拉丁语、西班牙语、法语、俄语以及英语，由于其文化霸权或是政治控制，都曾经将其影响扩展到广泛的地域和许多国家。伴随着语言的传播而来的是文字的扩张，正如楔形文字体系在古代曾经通行于整个闪米特地区，而希腊和拉丁字母体系则在稍后的时间也曾经广泛使用。而目前西方文化在世界范围内的文化霸权，或多或少地将拉丁字母的影响推广到整个世界。土耳其人改使用拉丁字母，整个非洲和美洲印第安人也开始广泛使用拉丁字母，以及日本、阿拉伯和波斯文字的罗马拼音化都是这种文字扩张趋势的最好表现。

但是，现代拉丁字母的使用状况并非如此。许多时候，在不同的国家，拉丁字母符号形成了不同的音值。例如，土耳其使用拉丁字母 c 表示 jig 中的 j 音，这种情况在其他西方字母体系中都没有出现。拉丁字母符号拼写的不一致性，在俄国著名作家契诃夫的姓名拼写中得到了最好的证明。同一个名字，同样使用拉丁字母进行拼写，第一个音可以写成 Ch、Tch、C、Tsch、Tsj、Tj、Cz、Cs 或者是 Č，中间的辅音可以拼写成 kh、ch、k、h 或 x，最后的音可以拼成 v、f 或 ff。几百年来，人们一直普遍意识到改革拉丁字母的需要，也试图进行了许多尝试。[2] 目前最有效的方法是国际语音协会所创造的国际音标方案，这套音标主要由拉丁字母组成，此外还补充了一定数量的人为创造的字母和一些区别符号。[3] 这套语音字母体系在语言学界广泛使用。它的优点主要是简单实用，使用范围广泛，而不仅仅局限于狭窄的科学领域。

在许多国家，最常见的文字改革目的都是为了简化拼写以及将符号和所记录的音值严格对应，实现系统化。一些国家和民族，如芬兰，就相对成功地实现了这种严格意义上的表音字母体系，而相反，安格鲁—撒克逊人则继续背负着传统拼写给文字表达带来的负担。但是，文字的将来却不再取决于某个国家的文字改革。正如马克·吐温曾经说过的，某种意义上来说，真正标准的拼写应当是："The da ma ov koars kum when the publik ma be expektd to get rekonsyled to the bezair asspekt of the Simplified Kombynashuns，但是，即使我们真的被允许这样记录语言，值得为它如此浪费时间吗？"[4] 现在大肆宣扬国家的文字规范和改革已经太迟了，我们现在所需要的是这样一种文字体系，其中的文字符号在全世界都具有相同或基本相同的音值,这有待于国际音标方案来实现。

国家和宗教所持态度严重阻碍了世界通行语言的使用。英国人反对使用法语,同样,法国人也拒绝使用英语,新教徒反对使用拉丁语,而俄国人反对以上三种语言。即使是简化的语言,如“基本英语”,在推行过程中也收效甚微。由于所有现存的自然产生的语言所存在的不规律性和不一致性,现在,许多人工语言随之产生。其中,世界语、伊多语、西欧语、人工国际语、诺维亚语、沃拉普克语等语言在一段时间内至少取得了部分成功。但是,总的说来,我们还是认为试图创造一种世界通行的普遍性语言的尝试,其结果只能是给复杂的巴别塔中再加入一种新的语言。在文字领域,同样也出现过试图以一种新形式的文字体系取代现行文字体系的尝试,但是在操作过程中会产生各种问题,以下我们要进一步讨论。

不论一种文字是通过自源或是借源的方式产生的,它一定首先使用在官方和公众场合。这样一来,这种文字体系中个体字符的形式选择,就会完全不考虑时间和空间的简易和经济原则。只有当日常生活中使用的手写体文字逐渐产生之后,文字符号才会逐渐呈现出某种简化的倾向,这也就是我们现实生活中手写体同印刷体的差异。但是,通常情况下,即使是文字的手写体形式也不能足够简化到能够满足速记速写的需要。因此,从古代开始,人们就进行过各种尝试,试图创造新的文字形式,使文字符号的选择和连接组合最大限度地满足节省时间和空间的需要。在现代速记中,我们经常称之为“速记文字”“狭窄文字”“树形文字”,或“简明文字”“速记法”“快速文字”。在所有的文字改革中,迄今为止,速记文字获得了最大的成功。虽然其中某些速记文字体系宣称其在国际上已经得到普遍认同,但是事实上,并没有任何一种文字体系能够通行世界。一种文字体系只可能在一定数量的国家使用,即使如此,在不同的地域为了满足当地语言表达的需要也会产生各种不同的变体。虽然实用性强的速记文字体系作为国家通行文字体系的补充使用范围很广，但是没有任何一种速记文字体系能够成功地彻底取代目前通行的文字系统。

用符号记录语音的另一种截然不同的办法见于贝尔的“可视语言”[5]和叶斯柏森的“类字母标音法”。这种方法所进行的理论前提是，所有的语音都有两方面的特征，器官的（发音的）和声学的。当人们说话的时候，发出一个音素 s 时，从发音语音学所关注的是发这个音时嘴唇的形状和舌头的位置；而声学语音学则关注这个声音所产生的结果，也就是在形成发音过程中所送出的气流。[6]这种新的方法记录的是语音发音学方面的特征而非声学特征。

“可视语言”装置最初由电话的发明者贝尔所创造，后来通过亨利·斯威特进一步改造和完善而盛行。[7]在这一符号系统中，人们使用图表符号模拟声带在发出各种声音时的位置情况。后来，贝尔电话实验室的研究者们研制出一种能够将语音符号转化为视觉形式的电子仪器，并且所转化的这种视觉符号形式可供人们阅读和分析，也称之为“可视语言”。[8]但是除了名称相同，这种新的手段同贝尔和斯威特创造的记录语音的手段没有任何共同之处。

另一种记录语音发音特征的手段便是奥拓·叶斯柏森（Otto Jespersen）所创立的“类字母标记法”。[9]这种符号体系同“可视语言”符号体系相比，显得更为精准。在“可视语言”体系中，人们用符号来描述单一的发音特征；而在“类字母标记法”中，人们试图表达出发出某个单个音时各个紧密相连的发音器官的总体特征。在叶斯柏森的标记法中，每一个音素都用一系列希腊和拉丁字母、阿拉伯数字以及其他符号来表示，其中的每一个符号都有不同的含义：希腊字母表示发音器官（唇、舌等），数字代表嘴唇的开口形状和幅度（如开口、闭口等），而拉丁字母则如同指数的作用一样，表示发音器官的位置（前、中、后等）。例如，一个字母 u 用这种符号表示为 $\alpha 3^{a}\beta g\gamma 3^{j}\delta o\varepsilon 1$ 这样一个类似于化学分子式的形式。而肯尼斯·派克(Kenneth L. Pike)所创造的类字母标记法则更为复杂,[10]在他所使用的符号系统中,一个音素t被表示为MaIlDeCVveIcAPpaαtdtltnransfsSiFSs。这种两种符号体系在专业的科学领域内存在着某些优势,因为它们在记录单个语音特征的过程中,可以使用一些简单符号来描述我们需要使用很多行文字才能表达清楚的特征,但是这些符号并不是用来记录语言的,因此,不可能成为一种实用的文字体系。

正如我们在第三章着重提到的那样,汉字体系同其他相同类型的词—音节文字体系,如苏美尔文字和埃及文字体系相比,使用了数量众多的词符。在一个存在着各种相互无法顺利交流的方言的国家,汉字的这种特征促使了汉字体系成为一种普遍的文字体系。欧洲于是尝试模仿汉字体系,进行创造一种普遍性文字体系的尝试,在这种文字体系中,符号能够用来表示一些发音不同但理解方式相同的词和语法形式。这种完善体系的形成是将一种我们各种文字中普遍使用的方法的系统化,即使用相同的符号代替不同语言中的不同词。在中世纪,就曾经出现过这样的文字体系,但是并没有被人们广泛接受使用。[11]这种文字体系不可克服的局限性在于需要使用各种词文字体系:掌握成千上万不同语言要素的词符的不准确性和困难性。但是,创造一种各国通行的文字系统的可能性并没有完全被否定。目前为聋哑人所通用的国际手势语符号系统的成功创立(其中的每一个手势符号在不同的国家都表示相同的基本含义),意味着在将来,可能会出现一套相似的符号系统,当然可能仅仅局限于某些特殊领域。

另一种我们所知道的通用符号系统便是Isotype:国际图形教育系统。[12]这套符号体系的目的并不在于取代现行表音文字体系成为通行的文字符号体系。其目的仅仅在于创立一定数量的图形符号,人们可以不借助符号同语言中词的联系就准确了解其含义。这套符号体系主要计划适用于教学领域，其中的某些符号形式也适用于国际媒介和交通运输领域。例如，在如何使用电话的说明中，使用这样一组图形符号，全世界的人都能看懂，这比使用很长篇幅的并且只能为一种语言的人所理解的文字符号要简明实用得多。

现在又是总结的时候了。我们目前应该如何看待文字的改革以及文字的未来？让我们首先回顾一下那些已经经历过的不完善并且不实用的文字改革，我们应该承认，对于国家范围的文字所进行的简化拼写方向的改革是不成功的，并且也是没有必要的。对于某一国家通行的文字进行修正是 18 或 19 世纪的任务，那是国家化产生并且到达顶点的时期，而不是 20 世纪的任务。现在我们所要努力的方向，是实现各国之间共同交流。因此，我们不应该支持将拉丁字母强加于其他国家，这仅仅是由于西方文化的强势地位和影响力所造成的。此外，我们应该注意到，从文字学理论的视角来看，我们并不能认为，通行于西方各国的拉丁字母比其他的文字体系更优越，如阿拉伯字母、希腊字母或是俄语字母等。拉丁字母的主要优势，或者说，是支持其地位的西方文化，似乎完全掩盖和抵消了其显著的缺陷和不足。因此，我们需要的，或者是对一种文字体系进行改革使其能够在国际上通行使用，或者是创造一种新的世界文字类型。

考虑到可以在世界范围内普遍使用的文字体系，我们首先应当排除“可视语言”和“类字母标记法”这样的符号体系，这两种符号体系都能够在世界范围内通行，但是都只能使用符号来表达语言的某些要素。它们非常精确，因此对于科学研究领域很有帮助，但是它们的实用性较弱，因此不能作为日常使用通行的文字体系。出于使用的角度考虑，各种万国通用符号体系也不在考虑范围之列，因为这些符号体系往往包含着成百上千个不同的符号。

目前，存在着一种拉丁字母形式的文字体系，被语言学家们广泛用于世界各种不同语言之间的传递和交流，这便是国际语音协会所创造的国际音标。这种字母能够相对准确地反映出符号同音素之间的关系，同时，其形式相对简单，借助这种字母，一个孩子掌握这种文字体系的时间要比学习某一国家的文字体系的时间短得多。

尽管如此，我们所要实现的世界通行的字母改革方案同国际音标还是存在着区别，因为前者在国家范围内使用，而后者则适用于全世界的任何一种语言。两种方案的实施都遭遇着某些阻力。首先，公众的态度可以通过马克·吐温[13]对于简化拼写的评价表现出来："La on, Makduf, and damd be he hoo furst krys hold, enuf!"他认为"这些字母组合在一起不符合人们的习惯，并且无法明确地记录和表达语言，并不能产生同正常的拼写一样的效果"。因此，马克·吐温本人并不支持现行英文字母体系的改革，而建议创造和引进一种全新的文字形式，这样不会像简化拼写一样让人们感觉不适应，从而能够更好地为公众所接受。这样一种新的文字体系不仅仅更能够满足公众的心理需求，而且能够带来一种快速书写的便利，这正是现行的拉丁字母所缺少的。有多少人清醒地意识到我们的拉丁字母所浪费的时间和空间：单个的符号形式过于复杂，个体符号通常同文字书写方向并不一致，通常无法连体书写，也无从解释现行字母区分大小写的理由。所有这些拉丁字母所存在的缺陷，都可以通过引进一种速记的方法而得到克服。但是这种快速简单的速记体却不足以满足我们对于通行的普遍文字体系的需求。影响这种简单的速记体的使用的原因主要有二：其一，其目的主要是为加速书写的速度，因此它们相对不够准确；其二，这种文字体系或许适用于某种语言，但是并不一定能记录全世界的各种语言。

我们应该寻找这样一种文字体系，综合了国际音标的准确性以及简单书写体的形式简明性。一定条件下发展出一种完善而精确，同时有相对简明的标记符号系统，从理论上和实践上都是可能的。

这种符号体系中的符号，应当能够记录国际音标所覆盖的所有语言所包含的音素，而符号的形式则可以借助速记文字体系中简明的形式。人们可以从这种文字体系中选取一部分数量的符号来记录某种语言。同时，这种完善的体系在某种程度上能够为更进一步的简化提供开放性，即使是在记录某种语言的单一文字体系内。这种国际音标同速记文字结合的文字方案无疑比现存的国际音标符号要简单，但是它或许不能像现行的速记文字那样满足快速记录的要求。因此，这种文字体系可能要求进一步简化以适应实用目的。为了保证这种文字体系的完整性，我不建议为了达到快速书写的目的，像速记文字那样，创立一些新的词符和短语符号。一定条件下，在对一种文字体系中的某些不影响记录和交流的部分进行缩略和简化之后，这种文字体系仍然能够为人们所理解。省略了元音符号而不影响表达的闪米特文字是我们对于这种文字符号体系进行进一步简化的绝好示范。因此，在这种简略的文字体系中，simplification 一词可以被拼写为 simplifikeyšn，处于实用的目的，还可以省略元音符号，只写作 smplfkyšn；与此相似，simplifik 可以写成 smplfk。

我们对于文字未来的探讨已接近尾声。我很清楚，对于各领域的批评者而言，这一章的论述是多么的薄弱。遵循传统的人或许会将其批评为试图改变现状的又一无用尝试，而专业学者则会责备我对于这样重要的问题的草率的态度。我并不在意传统人士反对改革方案的批评，因为如果没有改革者，这些遵循传统的人士，到现在或许还穿着兽皮披着羽毛，住在洞穴里，根本没有机会来将文字改革批评为“败坏传统风俗的异端邪说”。至于对于态度不够严谨的批评，我只能解释说，我应该阐明，我并没有打算对于一种新的普遍通行的文字体系提出一个正式的方案，我所尝试的，仅仅是将我从过去的文字的经验中所产生的一些看法归纳起来，以便于将来人们从中进行了解。这也就是写作这章的目的和价值所在。

第十一章

文字术语表

这是对于文字术语进行归纳和定义的首次尝试。因此，这种尝试没有传统可以遵循。为了从严格的类型学的角度对这些术语进行精确的定义，我们必须创造出新的术语，并修正了传统的一些定义。在术语表中，将文字发展的各种规律和原则放在一起，以便于读者能够衡量我在这项研究中最重要的贡献和价值。希望首次尝试能够为以后的研究奠定基础，从而创建更为准确规范的文字术语体系。

* Acrophony“截头表音法”：见“截头表音原则”Principle of Acrophony。

Aesthetic Convention“艺术习惯”：见“艺术习惯原则”Principle of Aesthetic Convention。

Allogram“借符”：一种文字体系中的词符、音节符号、音素符号（字母）或符号的组合在另一种借源文字体系中直接被借用，表示意义相同的词符甚至是短语符号。如，苏美尔文字中的 in-lá-e，“他将要称重”，直接被阿卡德文字借用，在阿卡德语中读为 išaqqal，意义相同，仍然表示“他将要称重”；阿拉米文字中表示“国王”的词符 malkā，直接被波斯文字借用，在波斯语中读为 šāh。

Alphabet or Alphabetic Writing“字母或字母文字（音素文字）”：一种文字体系，其主要特征是其中的每一个文字符号通常对应语言中的一个（有时是一个以上）音素（或音位）。因此，在英文字母中，字母 b 表示音素 b，字母 c 则表示音素 k 或 s。参见表词文字、音节文字。

Associative Sign“意义联系(表意)符号”:通过一个具体事物的图画形式所表示的符号,来表达同这个图形相关的词,如,使用太阳的符号表示“天”。

Auxiliary Mark or Sign“附加记号或符号”:非表音符号,如标点符号以及一些文字体系中帮助理解文字符号意义的定符。

Classifier“类符”:参见“意义提示符号”(Semantic Indicator)。

* Consonantal Writing“辅音文字”:埃及文字和西闪米特文字体系中的所谓的辅音文字符号,在本书中一律视为元音不确定的音节符号。

Context of Situation “上下文语境”:参见“上下文语境原则”。

Conventionalization“约定俗成性”:参见“约定俗成原则”。

Convergence“归并(聚合)”:参见“归并(聚合)原则”。

Cursive Writing“草体”:用于日常生活中的文字的快速而简略的书写形式。有时,草体的文字形式会成为代表性规范文字,而同时又产生出新的草体形式,同“规范体”相反。

Descriptive-Representational Device“描绘—象征符号”:一种原始表意文字阶段所使用的方法,通过图画以及某种顺序的图画组合传达意义,进行交流。

Determinative“定符”:参见“意义提示符号”(Semantic Indicator)。

Diagrammatic Sign“指示符号”:通过某种几何图形形式来表达意义的符号,如一个圆圈表示“全部的”,一条横线表示“一”。

Divergence“分化”:参见“分化原则”(Principle of Divergence)。

Economy“经济性”:参见“经济原则”(Principle of Economy)。

Forerunners of Writing“前文字(原始文字)”:示意文字时期的各种通过视觉符号进行交流的方法,其中的视觉符号能够表达意义和观念,但是不需要借助语言要素。同“表音文字”相对。

Grammatology“文字学”：研究文字的科学。

Hieroglyphic“象形文字”：一种使用图形符号的词—音节文字体系，如埃及象形文字和赫梯象形文字。

Homophony“同音化”：一种文字现象，主要表现为几个不同的文字符号表达语言中相同的音素或音位，如 too、two、to 在英语中都发音为 tuu。同“多音化”相对。

Identifying-Mnemonic Device“标识—助记符号”：一种原始表意文字阶段所使用的方法，通过图画或视觉符号来传达信息，进行交流，其中的视觉符号通常用来辨别和记录人或事物的身份和所有权。例如，盾牌上的豹形图案用来表示“这个盾牌属于杀死了这只豹子的人”这样的含义。

* Ideogram“表意符号”：语言学家通常使用这个不确切的术语来表示“词符”。

* Ideography“表意文字”：使用“表意符号”的文字体系。

Inner Development“内在发展”：参见“内在发展原则”(Principle of Inner Development)。

Linear Writing“线性文字”：文字符号呈现线条性特征而非图画性特征的文字形式，同“图画文字(象形文字)”相对。

Linguistic Transfer“语言转移”：由于语言符号系统对于另一种符号系统的标记作用，使后者成为前者的工具。因此，当文字符号被人们约定俗成地用来记录语言时，文字便转化成为第二语言。

Logogram“词符”：在表词文字中所使用的表示语言中某个词的符号。非*“表意符号”(Ideogram)。以英文为例，表示“二，第二”这个词的数字符号 2，以及表示“美元”的货币符号 $，表示“度”的计量符号°，就是词符。参见“基本符号”“意义联系符号”“指示符号”“意义提示符号”“借音符号”及“意音符号”。

Logography or Word Writing“表词文字”或“词文字体系”:一种文字体系,其中的每个符号通常表示语言中的一个或一个以上的词,参见“音节文字”和“音素文字”。

Logo-Syllabic“词—音节文字”:“词—音节文字体系”,如苏美尔文字和埃及文字,使用词符和音节符号。

Manual Writing“手写体”:手写的文字形式,同“印刷体”相对。

Meaning“意义”:符号的能指同其所指之间的抽象联系,也就是说,语言中的一个词同其所指代的事物或观念之间的固定联系,或者是一个视觉符号同其所指代的事物之间的固定联系(可以通过语言中的词作为媒介也可以不通过)。

Mechanical Writing“印刷体”:通常借助某种机器,如打字机完成的文字书写形式,同“手写体”相对。

Mnemonic “助记性符号”:参见“标识—助记符号”。

Monumental Writing“碑铭体”:一种仔细书写的规范的文字形式,通常出现在碑铭上,用来作为官方展览目的,同“草体”相反。

Object Writing or Object Language“实物文字”或“实物语言”:一种使用实物进行交流的符号体系,如绳结文字以及鲜花文字。

Outer Development“外在发展”:见“外在发展原则”Principle of Outer Development。

Pasigraphy“万国通用文字符号”:一种世界普遍通行的文字体系,使用符号表达意义,但不一定需要表示语言要素。

Petroglyph“岩刻文字”:人们刻画在岩石上的原始图形符号。

Phonetic Complement/Indicator“表音构件”:一种附着或添加在基础符号上用来表音而不表意的符号。因此,在苏美尔文字中,妇女胸部的图形符号可以读作 dumu,表示“儿子”;也可以读作 banda,表示“男孩”;又可以读作 tur,表示“小的”,在这个基本的象形符号上添加一个表音构件 da,以确定这个符号读作 banda,而不是

dumu或tur。

Phonetic Sign“表音符号”：成熟文字体系用来表达语言中某一单位的视觉符号。包括音素符号、音节符号和词符，在某些文字体系中，还包括超音位或短语符号。表音符号可分为两类：表音兼表意符号，如词符或短语符号；以及纯表音不表意符号，如音素符号、音节符号以及超音位音质符号。

Phonetic Transfer“借音符号”：参见“表音化原则”Principle of Phonetization。

Phonetization“表音化”：参见“表音化原则”Principle of Phonetization。

Phonography“表音文字”：一种成熟完善的文字类型，使用视觉符号表达语言中的某一单位要素。同“表意文字”相对。

Phraseography or Phrase Writing“短语文字”：一种文字类型，每个文字符号表示语言中的某个短语或句子。虽然不能称之为一种真正意义上的文字体系，许多短语文字符号用于速记文字以及微积分计算中。

Pictography“图画文字”：使用图符（即用图形作为符号）的原始文字阶段，例如美洲印第安文字。

Pictorial Writing“图形（象形）文字”：一种文字的形式，使用可以辨识的图形作为文字符号，同“线性文字”相对。

Polyphony“多音化”：单个的文字符号能够表达语言中一个以上音素。例如，英文字母a在man，mane和malt中的不同读音，同“同音化”相对。

Position“位置”：参见“位置原则”。

Primary Sign“基本符号”（表意符号中的象形符号）：通过某一具体事物的图形来表达这个具体事物或动作的一种文字符号。例如，一幅人的图画表示“人”一词，一幅人手拿面包放到嘴边的图画表示“吃”一词。

* Principle of Acrophony“截头表音原则”：在文字发展过程中，在原有的较长的词符的基础上，截取词首部分形成新的音节符号或音素符号，舍弃剩余部分的原则。这种原则可以通过英文字母截取了表示房屋的词 house 的首字母形成字母 h 得到解释。不考虑某些例外和特殊情况，截头表音作为一种原则和规律在文字史上似乎并没有发生实质性作用。

Principle of Aesthetic Convention“艺术习惯原则”：文字符号以及排列顺序按照艺术或审美的习惯发生改变的原则和规律。例如，一个符号的组合原来的顺序是$\substack{xx\\X}$（x 表示一个较小的符号，X 表示一个较大的），按照艺术习惯可以变成$\substack{x\\x}$X，使两个较小的文字符号$\substack{x\\x}$放置在较大的符号 X 左边，以保持平衡。

Principle of Context of Situation“上下文语境原则”：指文字符号的读音或意义可能取决于上下文语境的情况。例如，缩写 m 在某一语境中可能表示 minute（分），在另一语境中则表示 meter（米）。

Principle of Conventionalization“约定俗成原则”：所有的符号形式和意义的联系由人为强制规定并约定俗成化的原则。

Principle of Convergence“归并（聚合）原则”：一种文字体系中不同的词符不再使用，而被音节符号所取代，如在苏美尔和赫梯文字中所发生的文字发展规律。同“分化原则”相对。

Principle of Divergence“分化原则”：一种文字体系中不断创造和分化出新的词符的文字发展规律，如汉字体系。同“归并原则”相对。

Principle of Economy“经济原则”：文字试图通过最少数量的符号尽可能清晰地实现表达的有效性的原则，例如，某些音节文字由于经济原则不区分清浊音以及轻重辅音，其他一些音节文字则不区别不同元音。

Principle of Inner Development“内在发展原则”：文字体系的内在结构从一阶段发展到另一阶段的原则，如从音节文字发展为音素文字，同“外在发展原则”相伴发生。

Principle of Outer Development“外在发展原则”：文字体系中符号的外在形式从一阶段发展到另一阶段的原则，如从象形文字发展为线性文字，同“内在发展原则”相伴发生。

Principle of Phonetization“表音化原则”：在现代被称作“同音画谜原则”，在表达一个较难直接使用图形符号来表达的词时，借助另一个读音相似且比较容易直接使用图形符号来表示的词的符号来表示的原则。如在苏美尔文字中，“生命”一词借用与之读音相同(ti)“箭”的符号来表示。

Principle of Position“位置原则”：文字符号的读音和意义随着其摆放的位置而发生变化的原则，如 32 和 3^2。

Principle of Reduciton“缩略原则”：由于在一个文字符号上加上了另一个表音的符号，原来的符号的音值会发生变化，通常是发生音值的脱落。例如，在阿卡德文字中，将一个表音构件 ab 加在原来的词符ṭâb 上构成新的符号ṭâb-ab，其结果就是原来符号ṭâb 的音值脱落为 ta。与之相似，希腊字母中，在原来的音节符号 bi 后加上一个符号 i 所构成的音节符号 bi-i，使前一个音节符号 bi 的音值脱落为一个音素 b。

Principle of Unidirectional Development“单向发展原则”：指文字发展演变过程中从词文字经历音节文字最终发展为音素文字的普遍原则。

Prosodic Sign“超音质符号”：指一种表示超音质的特征的符号或记号，如表示语音的长度、重音、声调以及停顿等。如 dēmos 或 ku_3 中的“-”和 3。

Rebus Principle“同音画谜原则”：参见“表音化原则”。

Reduction“缩略”：参见“缩略原则”。

Representational“表达法”：参见“描绘—象征符号”。

Semantic Indicator“意义提示符号”：一种文字符号，通常称之为“定符”，添加或附着在基本符号上只表意不表音的构件。如在汉字中表示“乡村”的文字符号中的“村”中的构件“木”，作为意义提示符号，将发音相同的“村”和“寸”的意义区分开来。在某些文字体系中，定符变成了部首或类符，即标明所记录的词所属的种类的附加符号。例如，在阿卡德文字中，所有神灵的名字都要加上一个表示“神”的定符或分类符号。

Semasiography“示意文字”：文字的前奏阶段，包括“描绘—象征符号”和“标识—助记符号”，通过视觉符号进行交流。但是所使用的视觉符号直接表达意义和观念，无需借助语言要素，同“表音文字”相对。

Sign“符号”：构成一种体系的约定俗成的符号个体，如构成语言系统中的词，以及文字系统中的书写符号，狭义的符号只指个别的文字符号。

Signary“符号表”：文字符号的列表。

Syllabary or Syllabic Writing“音节文字”：一种文字体系，其中的每一个文字符号通常表示语言中的一个(或一个以上)的音节，如在苏美尔文字中，一个符号表示音值 ba，另一个表示 ri 或 dal，另一个表示 bala。参见“表词文字”和“音素文字”。

Syllabic Sign or Syllabogram“音节符号”：在音节文字体系中所使用的单个的文字符号。

Symbol“记号(象征性记号)”：同“符号”相似但不构成系统，例如一个十字架可以作为天主教的符号，“船橹”是“希望”的记号。

System of Signs“符号系统”：将符号按照约定俗成的规则联系并组合在一起所形成的系统，用于交流，如语言系统、文字系统、手势语系统等。

Unidirectional Development“单向发展”：参见“单向发展原则”。

Word Sign“表词符号”：参见“词符”。

Transcription“译音”：在译音中，每个字符（或者字母和其他符号的组合）按照这种文字所记录的语言的符号来进行转译。因此，被转写为 i-din-nam 或者 i-di(n)-nam 的楔形文字符号，应当被音译为 iddinam.

Transliteration“转写”：一种文字符号的转写形式，在转写中，字符（或者字母符号和其他符号的组合）需严格按照被转写的文字体系的符号数量和顺序进行一一对应的转换，因此，三个楔形文字符号应该被转写为拉丁符号：i-din-nam 或者 i-di(n)-nam 按照每个字符。

Writing“文字”：一种使用约定俗成的视觉符号进行交流的符号系统，参见“文字的前奏”“表意文字”和“表音文字”。

第十二章

参 考 文 献

GENERAL（通论专著论文）

PHILIPPE BERGER, *Histoire de l'écriture dans l'antiquité* (2nd ed.; Paris, 1892).

ALOYS BÖMER, 'Die Schrift und ihre Entwicklung' in *Handbuch der Bibliothekswissenschaft*, hrsg. von F. Milkau, i (Leipzig, 1931), pp. 27—149. 2nd ed. edited by Walter Menn (Wiesbaden, 1952).

JOSEPH BOÜÜAERT, *Petite histoire de l'alphabet* (Bruxelles, 1949).

P. E. CLEATOR, *Lost Languages* (London, 1959).

EDWARD CLODD, *The Story of the Alphabet* (3rd ed.; New York, 1938).

MARCEL COHEN, *L'écriture* (Paris, 1953).

MARCEL COHEN, *La grande invention de l'écriture et son évolution*. Three volumes: *Texte*, *Documentation et index*, *Planches* (Paris, 1958).

TH. W. DANZEL, *Die Anfänge der Schrift* (2nd ed.; Leipzig, 1929).

HERMANN DEGERING, *Die Schrift*, *Atlas der Schriftformen des Abendlandes vom Altertum bis zum Ausgang des 18. Jahrhun-*

derts(Berlin, 1929). 3rd ed. in 1952.

HERMANN DELITZSCH, *Geschichte der abendländischen Schreibschriftformen*(Leipzig, 1928).

DAVID DIRINGER, *L'alfabeto nella storia della civiltà* (Firenze, 1937).

DAVID DIRINGER, *The Alphabet. A Key to the History of Mankind*(London and New York, 1948). 2nd ed. in 1949.

DAVID DIRINGER, *The Story of the Aleph Beth*(London, 1958).

DAVID DIRINGER, *Writing*(London, 1962).

ERNST DOBLHOFER, *Voices in Stone. The Decipherment of Ancient Scripts and Writings* (London and New York, 1961). Translation of Doblhofer's *Zeichen und Wunder* (Wien, Berlin, Stuttgart, 1957).

FRANZ DORNSEIFF, *Das Alphabet in Mystik und Magie* (2nd ed.; Leipzig und Berlin, 1925).

MAX EBERT, *Reallexikon der Vorgeschichte*, xi(1927—1928), 315—366: article 'Schrift' by Thurnwald, Sundwall, Roeder, J. Pedersen, F. Hiller von Gaertringen, and J. de C. Serra-Ràfols.

BEN ENGELHART and FRANS DE CLERCQ, *50 eeuwen schrift. Een inleiding tot de geschiedenes van het schrift*(Utrecht, 1956).

CARL FAULMANN, *Illustrirte Geschichte der Schrift* (Wien, Pest, and Leipzig, 1880).

JAMES G. FÉVRIER, *Histoire de l'écriture*(Paris, 1948). Nouvelle édition in 1959.

CHARLES FOSSEY, *Notices sur les charactères étrangers anciens et modernes, rédigées par un groupe de savants* (Paris, 1927). Nouvelle édition in 1948.

J. FRIEDRICH, *Entzifferung verschollener Schriften und Sprachen* (Berlin, 1954). Also the American edition: *Extinct Languages* (New York, 1957).

I. J. GELB, *Von der Keilschrift zum Alphabet. Grundlagen einer Sprachwissenschaft* (Stuttgart, 1958). Translation and a revised edition of Gelb's *A Study of Writing*.

WALTER JAMES HOFFMAN, *The Beginnings of Writing* (New York, 1895).

LANCELOT HOGBEN, *From Cave Painting to Comic Strip* (New York, 1949).

V. A. ISTRIN, *Razvitie pis'ma* (Moskva, 1961).

HANS JENSEN, *Geschichte der Schrift* (Hannover, 1925).

HANS JENSEN, *Die Schrift in Vergangenheit und Gegenwart* (Glückstadtund Hamburg, 1935). 2nd ed. in 1958.

FREDERIC G. KENYON, *Ancient Books and Modern Discoveries* (Chicago, 1927).

WILHELM H. LANGE, *Schriftfibel. Geschichte der abendländischen Schrift von den Anfängen bis zur Gegenwart* (3rd ed.; Wiesbaden, 1952).

C. R. LEPSIUS, *Standard Alphabet* (2nd ed.; London and Berlin, 1863).

Č. LOUKOTKA, *Vývoj písma* (Praha, 1946).

WILLIAM A. MASON, *A History of the Art of Writing* (New York, 1920).

ANNELISE MODRZE, *Zum Problem der Schrift. Ein Beitrag zur Theorie der Entzifferung* (Dissertation; Breslau, 1930).

A. C. MOORHOUSE, *Writing and the Alphabet* (London,

1946).

A. C. MOORHOUSE, *The Triumph of the Alphabet. A History of Writing* (New York, 1953).

HUBERT NELIS, *L'écriture et les scribes* (Bruxelles, 1918).

GEORGE F. VON OSTERMANN and A. E. GIEGENGACK, *Manual of Foreign Languages for the Use of Printers and Translators* (3rd ed.; Washington, 1936). 4th ed. in 1952.

WALTER OTTO, *Handbuch der Archäologie*, i (München, 1939), 147—356: articles by F. W. von Bissing, A. Rehm, E. Pernice, and H. Arntz.

HOLGER PEDERSEN, *Linguistic Science in the Nineteenth Century* (Cambridge, 1931), chap. vi, pp. 141—239: 'Inscriptions and Archaeological Discoveries. The Study of the History of Writing.'

ALFRED PETRAU, *Schrift und Schriften im Leben der Völker* (Essen, 1939). 2nd ed. in 1944.

W. M. FLINDERS PETRIE, *The Formation of the Alphabet* (*British School of Archaeology in Egypt*, *Studies Series*, iii; London, 1912).

PAUL SATTLER and GÖTZ v. SELLE, *Bibliographie zur Geschichte der Schrift bis in das Jahr 1930* (*Archiv für Bibliographie*, Beiheft 17; Linza.D., 1935).

ALFRED SCHMITT, *Die Erfindung der Schrift* (*Erlanger Universitäts-Reden*, 22; Erlangen, 1938).

O. SCHRADER, *Reallexikon der indogermanischen Altertumskunde*, ii (Berlin und Leipzig, 1929), pp. 338—353: article 'Schreiben und Lesen'.

KURT SETHE, *Vom Bilde zum Buchstaben. Die Entwicklungs-*

geschichte der Schrift. Mit einem Beitrag von Siegfried Schott(*Untersuchungen zur Geschichte und Altertumskunde Ägyptens*, xii, Leipzig, 1939).

R. STÜBE, *Beiträge zur Entwicklungsgeschichte der Schrift* (*Monographien des Buchgewerbes*, vi; Leipzig, 1913).

R. STÜBE, *Der Ursprung des Alphabets und seine Entwicklung* (Berlin, 1921).

ISAAC TAYLOR, *The Alphabet*(2 vols.; London, 1883).

ISAAC TAYLOR, *The History of the Alphabet* (2 vols.; New York, 1899).

JAN TSCHICHOLD, *Geschichte der Schrift in Bildern* (Basel, 1940). 2nd German ed. in 1946, *An Illustrated History of Writing and Letters*(London, 1946).

B. L. ULLMAN, *Ancient Writing and Its Influence*(New York, 1932).

KARL WEULE, *Vom Kerbstock zum Alphabet*(20th ed.; Stuttgart, 1926?).

H. S. WILLIAMS, *The History of the Art of Writing*. Manuscripts, inscriptions and muniments, etc. (4 vols.; London and New York, 1901—1908).

HEINRICH WUTTKE, *Die Enstehung der Schrift. Die verschiedene Schriftsysteme*(Leipzig, 1877).

PRIMITIVE DEVICES（原始文字符号）

HENRI BREUIL, *Four Hundred Centuries of Cave Art*(Montignac, 1952). Translated from French.

L. S. CRESSMAN, *Petroglyphs of Oregon* (Eugene, 1937).

DANIEL S. DAVIDSON, *Aboriginal Australian and Tasmanian Rock Carvings and Paintings* (*Memoirs of the American Philosophical Society*, v; Philadelphia, 1936).

SELWYN DEWDNEY and KENNETH E. KIDD, *Indian Rock Paintings of the Great Lakes* (Toronto, 1962).

G. B. M. FLAMAND, *Les pierres écrites. Gravures et impressions rupestres du Nord-Africain* (Paris, 1921).

LEO FROBENIUS and DOUGLAS C. FOX, *Prehistoric Rock Pictures in Europe and Africa* (New York, 1937).

W. G. HELLINGA, 'Pétroglyphes caraïbes: problème sémiologique,' *Lingua*, iv(1954), 121—165.

A. T. JACKSON, *Picture-Writing of Texas Indians* (Austin, 1938).

THEODOR KOCH-GRÜNBERG, *Südamerikanische Felszeichnungen* (Berlin, 1907).

HERBERT KÜHN, *Die Felsbilder Europas* (Stuttgart, 1952).

E. LOHSE, *Versuch einer Typologie der Felszeichnungen* (Dissertation; Leipzig, 1934).

GARRICK MALLERY, *Pictographs of the North American Indians*. A Preliminary Paper (*Fourth Annual Report of the Bureau of Ethnology*, *Smithsonian Institution*; Washington, 1886; pp.1—256).

GARRICK MALLERY, *Picture-Writing of the American Indians* (*Tenth Annual Report of the Bureau of Ethnology*; Washington, 1893, pp.1—822).

ERLAND NORDENSKIÖLD, *The Secret of the Peruvian Quipus* (*Comparative Ethnographical Studies*, 6 Part 1; Göteborg, 1925).

ERLAND NORDENSKIÖLD, *Picture-Writings and other Documents by Néle and Ruben Pérez Kantule* (*Comparative Ethnographical Studies*, 7 Part 1; Göteborg, 1928).

E. B. RENARD, 'Indian Petroglyphs from the Western Plains,' *Seventieth Anniversary Volume Honoring Edgar Lee Hewett* (Albuquerque, New Mexico, 1939), pp.295—310.

HENRY R. SCHOOLCRAFT, *Historical and Statistical Information Respecting the History, Condition and Prospects of the Indian Tribes of the United States*, Part 1(Philadelphia, 1851).

JULIAN H. STEWARD, 'Petroglyphs of California and Adjoining States,' *University of California Publications in American Archaeology and Ethnology*, xxiv(1929), 47—239.

JULIAN H. STEWARD, 'Petroglyphs of the United States,' *Annual Report of the Board of Regents of the Smithsonian Institution for the Year 1936* (Washington, 1937), pp.405—425.

ANDRÉ VARAGNAC *et al.*, *L'homme avant l'écriture* (Paris, 1959).

AZTEG-MAYA（阿兹特克—玛雅）

T. S. BARTHEL, 'Die gegenwärtige Situation in der Erforschung der Maya-Schrift,' *Journal de la Société des Américanistes*, n.s. xlv(1956), 219—227.

HERMANN BEYER, 'The Analysis of the Maya Hieroglyphs,'

Internationales Archiv für Ethnographie, xxxi(1932), 1—20.

DANIEL G. BRINTON, *A Primer of Mayan Hieroglyphics* (*Publications of the University of Pennsylvania Series in Philology, Literature and Archaeology*, iii, 2; Boston, 1895).

TH. W. DANZEL, *Handbuch der präkolumbischen Kulturen in Lateinamerika* (Hamburg und Berlin, 1927).

YURIY V. KNOROZOV, 'Drevnyaya pis'mennost' Centralnoy Ameriki,' *Sovetskaya Etnografiya*, 1952, Part 3, pp.100—118.

YURIY V. KNOROZOV, 'Pis'mennost' drevnikh Maiya, Opyt rasshifrovki,' *Sovetskaya Etnografiya*, 1955, Part 1, pp.94—125.

YURIY V. KNOROZOV, 'New Data on the Maya Written Language,' *Journal de la Société des Américanistes*, n.s. xlv(1956), 209—216[*Proceedings of the Thirty-second International Congress of Americanists* (Copenhagen, 1958), pp.467—475].

YURIY V. KNOROZOV, 'The Problem of the Study of the Maya Hieroglyphic Writing,' *American Antiquity*, xxiii(1958), 284—291.

RICHARD C. E. LONG, 'Maya and Mexican Writing,' *Maya Research*, ii(1935), 24—32.

RICHARD C. E. LONG 'Maya Writing and Its Decipherment,' *Maya Research*, iii(1936), 309—315.

SYLVANUS G. MORLEY, *An Introduction to the Study of the Maya Hieroglyphs* (Washington, 1915).

SYLVANUS G. MORLEY, *The Ancient Maya* (Stanford University Press, 1947).

P. SCHELLHAS, 'Fifty Years of Maya Research,' *Maya Research*, iii(1936), 129—139.

EDUARD SELER, *Gesammelte Abhandlungen zur amerikanischen Sprachund Alterthumskunde* (5 vols.; Berlin, 1902—1923).

J. ERIC S. THOMPSON, *Maya Hieroglyphic Writing. Introduction* (Washington, D.C., 1950). 2nd ed., Norman, Oklahoma, 1960.

J. ERIC S. THOMPSON, *A Catalogue of Maya Hieroglyphs* (Norman, Oklahoma, 1962).

ALFRED M. TOZZER, 'The Value of Ancient Mexican Manuscripts in the Study of the General Development of Writing,' *Annual Report of the Board of Regents of the Smithsonian Institution for the Year 1911* (Washington, 1912), 493—506.

ALFRED M. TOZZER, 'Maya Research,' *Maya Research*, i (1934), 3—19.

BENJAMIN L. WHORF, 'Maya Writing and Its Decipherment,' *Maya Research*, ii(1935), 367—382.

BENJAMIN L. WHORF, 'Decipherment of the Linguistic Portion of the Maya Hieroglyphs,' *Annual Report of the Smithsonian Institution*, 1941, pp.479—502.

GÜNTER ZIMMERMANN, *Die Hieroglyphen der Maya-Handschriften* (Hamburg, 1956).

MESOPOTAMIAN CUNEIFORM
(美索不达米亚的楔形文字)

G. A. BARTON, *The Origin and Development of Babylonian Writing* (2 vols.; Leipzig, 1913).

FRANZ BAYER, *Die Entwicklung der Keilschrift* (*Orientalia*, xxv; Roma, 1927).

CUMBERLAND CLARK, *The Art of Early Writing. With Special Reference to the Cuneiform System* (London, 1938).

G. CONTENAU, 'Les débuts de l'écriture cunéiforme,' *Revue des études sémitiques*, 1940, pp.55—67.

ANTON DEIMEL, *Keilschrift-Palaeographie* (Roma, 1929).

E. DHORME, 'L'écriture et la langue assyro-babyloniennes,' *Revue d'assyriologie*, xl(1945—1946), 1—16.

A. FALKENSTEIN, *Archaische Texte aus Uruk* (Leipzig, 1936).

CHARLES FOSSEY, *Manuel d'assyriologie* (2 vols.; Paris, 1904—1926).

I. J. GELB, *Memorandum on Transliteration and Transcription of Cuneiform*, submitted to the 21st International Congress of Orientalists, Paris(Chicago, 1948). Mimeographed.

RENÉ LABAT, *Manuel d'épigraphie akkadienne* (Paris, 1948).

L. MESSERSCHMIDT, *Die Entzifferung der Keilschrift* (*Der Alte Orient*, v, 2; Leipzig, 1903).

M. RUTTEN, 'Notes de paléographie cunéiforme,' *Revue des études sémitiques*, 1940, pp.1—53.

F. THUREAU-DANGIN, *Recherches sur l'origine de l'écriture cunéiforme* (Paris, 1898).

ECKHARD UNGER, *Die Keilschrift* (Leipzig, 1929).

ECKHARD UNGER, *Keilschrift-Symbolik* (Berlin, 1940).

EGYPTIAN HIEROGLYPHIC (埃及圣书字)

W. F. ALBRIGHT, *The Vocalization of the Egyptian Syllabic Orthography* (New Haven, 1934).

W.F. EDGERTON, 'Egyptian Phonetic Writing, from Its Invention to the Close of the Nineteenth Dynasty,' *Journal of the American Oriental Society*, lx(1940), 473—506.

A. ERMAN, *Die Hieroglyphen* (Neudruck; Berlin und Leipzig, 1917).

H. W. FAIRMAN, 'An Introduction to the Study of Ptolemaic Signs and Their Values,' *Bulletin de l'Institut Français d'Archéologie Orientale du Caire*, xliii(1945), 51—138.

A. H. GARDINER, 'The Nature and Development of the Egyptian Hieroglyphic Writing,' *Journal of Egyptian Archaeology*, ii (1915), 61—75.

H. KEES, S. SCHOTT, H. BRUNNER, E. OTTO, and S. MORENZ, *Ägyptische Schrift und Sprache*. (Handbuch der Orientalistik, hrsg. von B. Spuler, Erste Abt., Erster Bd., Erster Abschnitt; Leiden, 1959).

PIERRE LACAU, *Sur le système hiéroglyphique* (*Institut Français d'Archéologie Orientale. Bibliothèque d'Étude*, T. xxv; Le Caire, 1954).

E. NAVILLE, *L'écriture égyptienne* (Paris, 1926).

A. SCHARFF, *Archäologische Beiträge zur Frage der Enstehung der Hieroglyphenschrift* (*Sitzungsberichte der Bayer. Akad.*

d. Wiss., Philos.-hist. Abt., 1942, Heft 3).

SIEGFRIED SCHOTT, *Untersuchungen zur Schriftgeschichte der Pyramidentexte* (Dissertation; Heidelberg, 1926).

SIEGFRIED SCHOTT, *Hieroglyphen. Untersuchungen zum Ursprung der Schrift* (*Akademie der Wissenschaften und der Literatur in Mainz*, *Abhandlungen der Geistes- und Sozialwissenschaftlichen Klasse*, Jahrgang 1950, Nr.24).

KURT SETHE, *Das hieroglyphische Schriftsystem* (*Leipziger Ägyptologische Studien*, Heft 3; Glückstadt und Hamburg, 1935).

H. SOTTAS and E. DRIOTON, *Introduction à l'étude des hiéroglyphes* (Paris, 1922).

WALTER TILL, 'Vom Wesen der ägyptischen Schrift,' *Die Sprache*, iii(1956), 207—215.

HITTITE HIEROGLYPHIC（赫梯象形文字）

H. TH. BOSSERT, *Santaš und Kupapa* (*Mitteilungen der Altorientalischen Gesellschaft*, vi, 3; Leipzig, 1932).

E. O. FORRER, *Die hethitische Bilderschrift* (*Studies in Ancient Oriental Civilization*, No.3; Chicago, 1932).

J. FRIEDRICH, *Entzifferungsgeschichte der hethithischen Hieroglyphenschrift* (Sonderheft 3 der Zeitschrift *Die Welt als Geschichte*; Stuttgart, 1939).

IGNACE J. GELB, *Hittite Hieroglyphs* (*Studies in Ancient Oriental Civilization*, Nos. 2, 14, and 21; Chicago, 1931—1942).

IGNACE J. GELB, 'The Contribution of the New Cilician Bilinguals to the Decipherment of Hieroglyphic Hittite,' *Bibliotheca Orientalis*, vii(1950), 129—141.

B. HROZNÝ, *Les inscriptions hittites hiéroglyphiques* (3 vols.; Praha, 1933—1937).

EMMANUEL LAROCHE, *Les hiéroglyphes hittites*. Première partie: L'écriture(Paris, 1960).

P. MERIGGI, *Die längsten Bauinschriften in 'hethitischen' Hieroglyphen nebst Glossar zu sämtlichen Texten* (*Mitteilungen der Vorderasiatischägyptischen Gesellschaft*, xxxix, 1; Leipzig, 1934). The glossary was republished under the title *Hieroglyphischhethitisches Glossar* (2nd ed.; Wiesbaden, 1962).

P. MERIGGI, 'Listes des hiéroglyphes hittites,' *Revue hittite et asianique*, iv(1937), pp.69—114 and 157—200.

CHINESE (汉字)

PETER BOODBERG, 'Some Proleptical Remarks on the Evolution of Archaic Chinese,' *Harvard Journal of Asiatic Studies*, ii (1937), 329—372.

PETER BOODBERG, '"Ideography" or Iconolotry?,' *T'oung Pao*, xxxv(1940), 266—288.

HERRLEE G. CREEL, 'On the Nature of Chinese Ideography,' *T'oung Pao*, xxxii(1936), 85—161.

HERRLEE G. CREEL, 'On the Ideographic Element in Ancient Chinese,' *T'oung Pao*, xxxiv(1938), 265—294.

BERNHARD KARLGREN, *Analytic Dictionary of Chinese and Sino-Japanese*(Paris, 1923).

BERNHARD KARLGREN, *Sound and Symbol in Chinese* (London, 1923).

BERNHARD KARLGREN, *Philology and Ancient China* (Oslo, 1926).

BERNHARD KARLGREN, *Grammatica Serica, Script and Phonetics in Chinese and Sino-Japanese* (*Bulletin of the Museum of Far Eastern Antiquities*, No. 12; Stockholm, 1940).

P. PELLIOT, 'Brèves remarques sur le phonétisme dans l'écriture chinoise,' *T'oung Pao*, xxxii(1936), 162—166.

A. VON ROSTHORN, 'Zur Geschichte der chinesischen Schrift,' *Wiener Zeitschrift für die Kunde des Morgenlandes*, xlviii(1941), 121—142.

BRUNO SCHINDLER, several articles in *Ostasiatische Zeitschrift*, 1914—1918.

TAI T'UNG, *The Six Scripts, Or the Principles of Chinese Writing*. Translated by L. C. Hopkins(Cambridge, 1954).

TCHANG TCHENG-MING, *L'écriture chinoise et le geste humain* (Shanghai and Paris, no date, about 1939?).

PROTO-ELAMITE (埃兰原始文字)

F. BORK, *Die Strichinschriften von Susa*(Königsberg, 1924).

WILLIAM C. BRICE, 'The Writing System of the Proto-Elamite Account Tablets of Susa,' *Bulletin of the John Rylands Library*,

Manchester, xl(1962), 15—39.

C. FRANK, 'Elam. Schrift' in Max Ebert, *Reallexikon der Vorgeschichte*, iii(1925), 83f.

WALTHER HINZ, 'Zur Entzifferung der elamischen Strichschrift,' *Iranica Antiqua*, ii(1962), 1—21.

PROTO-INDIC (印度原始文字)

H. HERAS, 'La escritura proto-Indica y su desciframiento,' *Ampurias*, i(1939), 5—81.

B. HROZNÝ, 'Inschriften und Kultur der Proto-Inder ...,' *Archiv Orientálni*, xii(1941), 192—259; xiii(1942), 1—102.

G. R. HUNTER, *The Script of Harappa and Mohenjodaro and Its Connection with Other Scripts* (London, 1934).

ERNEST J. H. MACKAY, *Further Excavations at Mohenjo-Daro* (2 vols.; Delhi, 1937—1938).

ERNEST J. H. MACKAY, *Chanhu-Daro Excavations 1935—1936* (New Haven, 1943).

JOHN MARSHALL, *Mohenjo-Daro and the Indus Civilization* (3 vols.; London, 1931).

P. MERIGGI, 'Zur Indus-Schrift,' *Zeitschrift der Deutschen Morgenländischen Gesellschaft*, lxxvii(1934), 198—241.

HEINZ MODE, *Indische Frühkulturen und ihre Beziehungen zum Westen* (Basel, 1944).

MADHO SARUP VATS, *Excavations at Harappā* (2 vols.; Calcutta, 1940).

CRETAN（克里特文字）

EMMETT L. BENNETT, *The Pylos Tablets. Texts of the Inscriptions Found 1939—1954* (Princeton, 1955).

W. C. BRICE, *Inscriptions in the Minoan Linear Script of Class A* (Oxford, 1961).

JOHN CHADWICK, *The Decipherment of Linear B* (Cambridge, 1958).

JOHN CHADWICK and MICHAEL VENTRIS, 'Greek Records in the Minoan Script,' *Antiquity*, xxvii(1953), 196—206.

FERNAND CHAPOUTHIER, *Les écritures minoennes au palais de Mallia* (École Française d'Athènes. *Études crétoises*, ii; Paris, 1930).

STERLING DOW, 'Minoan Writing,' *American Journal of Archaeology*, lviii(1954), 77—129.

ARTHUR J. EVANS, *Scripta Minoa* (2 vols.; Oxford, 1909—1952).

ARTHUR J. EVANS, *The Palace of Minos* (4 vols. and Index; London, 1921—1936).

ARNE FURUMARK, *Linear A und die altkretische Sprache, Entzifferung und Deutung* (2 parts, multigraphed; Berlin, 1956).

G. P. GOULD and M. POPE, *Preliminary Investigations into the Cretan Linear A Script* (mimeographed; University of Cape Town, 1955).

A. E. KOBER, 'The Minoan Scripts: Fact and Theory,' *American*

Journal of Archaeology, lii(1948), 82—103; also *op. cit.*, xlviii (1944), 64—75, xlix(1945), 143—151, and l(1946), 268—276.

MICHEL LEJEUNE, ed., *Études mycéniennes*, Actes du Colloque International sur les Textes Mycéniens(Paris, 1956).

MICHEL LEJEUNE, *Mémoires de philologie mycénienne*, Première série(Paris, 1958), esp. pp.321—330.

P. MERIGGI, *Primi elementi di Minoico A*(Salamanca, 1956).

LEONARD R. PALMER, *Mycenaeans and Minoans* (London, 1961).

AXEL W. PERSSON, *Schrift und Sprache in Alt-Kreta* (*Uppsala Universitets Årsskrift*, 1930, No.3).

EMILIO PERUZZI, *Le iscrizioni minoiche*(Firenze, 1960).

G. PUGLIESE CARRATELLI, *Le iscrizioni preelleniche de Haghia Triada in Creta e della Grecia peninsulare* (*Monumenti Antichi*, xi, 4[a]; 1945; pp.421—610).

G. PUGLIESE CARRATELLI, 'La decifrazione dei testi micenei e il problema della lineare A,' *Annuario della Scuola Archeologica di Atene*, xiv—xvi(1952—1954), 7—21.

J. SUNDWALL, 'Die kretische Linearschrift,' *Jahrbuch des K. Deutschen Archäologischen Instituts*, xxx(1915), 41—64.

J. SUNDWALL, *Der Ursprung der kretischen Schrift* (*Acta Academiae Aboensis*. Humaniora, i, 2, 1920).

J. SUNDWALL, 'Kretische Schrift' in Max Ebert, *Reallexikon der Vorgeschichte*, vii(Berlin, 1926), 95—101.

J. SUNDWALL, 'Methodische Bermerkungen zur Entzifferung minoischer Schriftdenkmäler,' *Eranos*, xlv(1947), 1—12.

MICHAEL VENTRIS, 'King Nestor's Four-Handled Cups,'

Archaeology, vii(1954), 15—21.

MICHAEL VENTRIS and JOHN CHADWICK, 'Evidence for Greek Dialects in the Mycenaean Archives,' *Journal of Hellenic Studies*, lxxiii(1953), 84—105.

MICHAEL VENTRIS and JOHN CHADWICK, *Documents in Mycenaean Greek* (Cambridge, 1956).

DERIVED CUNEIFORM SYLLABARIES
(衍生的楔形音节文字)

GEORGE C. CAMERON, *Persepolis Treasury Tablets* (*Oriental Institute Publications*, lxv; Chicago, 1948).

JOHANNES FRIEDRICH, *Kleinasiatische Sprachdenkmäler* (Berlin, 1932).

FRIEDRICH WILHELM KÖNIG, *Corpus inscriptionum Elamicarum* (Hannover, 1928).

C. LEHMANN-HAUPT, *Corpus inscriptionum Chaldicarum* (Berlin und Leipzig, 1928—).

E. A. SPEISER, *Introduction to Hurrian* (*The Annual of the American Schools of Oriental Research*, xx; New Haven, Conn., 1941).

WEST SEMITIC SYLLABARIES (西闪音节文字)

W. F. ALBRIGHT, 'New Light on the Early History of Phoenician Colonization,' *Bulletin of the American Schools of Oriental Research*, No.83(1941), 14—22.

W. F. ALBRIGHT, 'The Phoenician Inscriptions of the Tenth Century B. C. from Byblus,' *Journal of the American Oriental Society*, Ixvii(1947), 153—160.

W. F. ALBRIGHT, 'The Early Alphabetic Inscriptions from Sinai and Their Decipherment,' *Bulletin of the American Schools of Oriental Research*, No.110(1948), 6—22.

H. BAUER, *Zur Entzifferung der neuentdeckten Sinaischrift und zur Enstehung des semitischen Alphabets*(Halle, 1918).

H. BAUER, *Das Alphabet von Ras Shamra*(Halle, 1932).

H. BAUER, *Der Ursprung des Alphabets* (*Der Alte Orient*, xxxvi, 1/2; Leipzig, 1937).

AUGUSTIN BEA, 'Die Enstehung des Alphabets. Eine kritische Übersicht,' *Miscellanea Giovanni Mercati*, vol.vi: *Studi e Testi*, 126 (Città del Vaticano, 1946), 1—35.

A. VAN DEN BRANDEN, 'L'origine des alphabets protosinaïtiques, arabes préislamiques et phénicien,' *Bibliotheca Orientalis*, xix(1962), 198—206.

FRANK M. CROSS, 'The Evolution of the Proto-Canaanite Alphabet,' *Bulletin of the American Schools of Oriental Research*, No.134(1954), 15—24.

FRANK M. CROSS and THOMAS O. LAMBDIN, 'An Ugaritic Abecedary and the Origins of the Proto-Canaanite Alphabet,' *Bulletin of the American Schools of Oriental Research*, No. 160 (1960), 21—26.

E. DHORME, *Langues et écritures sémitiques*(Paris, 1931).

D. DIRINGER, 'The Origins of the Alphabet,' *Antiquity*, xvii (1943), 77—90 and 208 f.

D. DIRINGER, 'The Palestinian Inscriptions and the Origin of the Alphabet,' *Journal of the American Oriental Society*, lxiii (1943), 24—30.

D. DIRINGER, 'Problems of the Present Day on the Origin of the Phoenician Alphabet,' *Journal of World History*, iv/1(1957), 40—58.

G. R. DRIVER, *Semitic Writing. From Pictograph to Alphabet* (London, 1948). Rev. ed. in 1954.

M. DUNAND, *Byblia grammata. Documents et recherches sur le developpement de l'écriture en Phénicie*(Beyrouth, 1945).

R. DUSSAUD, 'L'origine de l'alphabet et son évolution première d'après les découvertes de Byblos,' *Syria*, xxv(1946—1948), 36—52.

JAMES G. FÉVRIER, 'La genèse de l'alphabet,' *Conférences de l'Institut de Linguistique de l'Université de Paris*, vi(1938), 21—39.

JAMES G. FÉVRIER, 'Les fouilles de Byblos et la date de l'alphabet phénicien,' *Journal asiatique*, ccxxxvi(1948), 1—10.

JOHN W. FLIGHT, 'The Present State of Studies in the History of Writing in the Near East,' *The Haverford Symposium on Archaeology and the Bible*(New Haven, 1938), pp.111—135.

J. FRIEDRICH, 'Einige Kapitel aus der inneren Geschichte der Schrift,' *Archiv für Schreib- und Buchwesen*, n.F. ii(1935), 8—18.

A. H. GARDINER, 'The Egyptian Origin of the Semitic Alphabet,' *Journal of Egyptian Archaeology*, iii(1916), 1—16.

T. H. GASTER, 'The Chronology of Palestinian Epigraphy,' *Palestine Exploration Fund Quarterly Statement*, 1935, pp.128—

140, and 1937, pp.43—58.

I. J. GELB, 'New Evidence in Favor of the Syllabic Character of West Semitic Writing,' *Bibliotheca Orientalis*, xv(1958), 2—7.

J. LEIBOVITCH, 'Les inscriptions Protosinaitiques,' *Mémoires présentés à l'Institut d'Égypte*, xxiv(1934).

M. LIDZBARSKI, *Ephemeris für semitische Epigraphik* (3 vols.; Giessen, 1902—1915).

B. MAISLER, 'Zur Urgeschichte des phönizisch-hebräischen Alphabets,' *Journal of the Palestine Oriental Society*, xviii(1938), 278—291.

B. MAISLER, 'Phoenician Inscriptions from Byblos and the Development of the Phoenician-Hebrew Alphabetic Writing,' *Leshonenu*, xiv(1946), 166—181(in Hebrew).

JULIAN OBERMANN, 'The Archaic Inscriptions from Lachish,' *Journal of the American Oriental Society*, Supplement to vol.lix, No.2, 1938.

VITTORE PISANI, 'Origini dell'alfabeto,' *Annali della R. Scuola Normale Superiore di Pisa*. Lettere, Storia e Filosofia. Serie II, vol.v(1936), 267—277.

ALFRED SCHMITT, 'Die Vokallosigkeit der ägyptischen und semitischen Schrift,' *Indogermanische Forschungen*, lxi(1954), 216—227.

KURT SETHE, 'Der Ursprung des Alphabets,' *Nachrichten von der K. Gesellschaft der Wissenschaften zu Göttingen*. Philos.-hist. Kl., 1916, pp.87—161.

KURT SETHE, 'Die neuentdeckte Sinai-Schrift und die Enstehung der semitischen Schrift,' *Nachrichten von der K. Gesell-*

schaft der Wissenschaften zu Göttingen. Philos.-hist. Kl., 1917, pp.437—475.

MARTIN SPRENGLING, *The Alphabet. Its Rise and Development from the Sinai Inscriptions* (*Oriental Institute Communications*, No.12; Chicago, 1931).

B. L. ULLMAN, 'The Origin and Development of the Alphabet,' *American Journal of Archaeology*, xxxi(1927), 311—328.

S. YEIVIN, 'The Palestino-Sinaitic Inscriptions,' *Palestine Exploration Quarterly*, 1937, pp.180—193.

CYPRO-MINOAN AND CYPRIOTE
(塞浦路斯—米诺斯和塞浦路斯文字)

HANS-GÜNTHER BUCHHOLZ, 'Zur Herkunft der kyprischen Silbenschrift,' *Minos*, iii/2(1954), 133—151.

STANLEY CASSON, 'The Cypriot Script of the Bronze Age,' *Iraq*, vi(1939), 39—44.

JOHN FRANKLIN DANIEL, 'Prolegomena to the Cypro-Minoan Script,' *American Journal of Archaeology*, xlv(1941), 249—282.

OLIVIER MASSON, 'Nouvelles inscriptions en caractères chyprominoens,' in C. F. A. SCHAEFFER, *Enkomi-Alasia*, i (Paris, 1952), pp.391—409.

OLIVIER MASSON, 'Les écriptures chypro-minoennes et les possibilités de déchiffrement,' in *Études mycéniennes*, ed. M. Lejeune(Paris, 1956), 199—206.

OLIVIER MASSON, *Les inscriptions chypriotes syllabiques. Re-*

cueil critique et commenté(Paris, 1961).

PIERO MERIGGI, 'I primi testi ciprominoici e l'eteociprio,' *Athenaeum*, n.s. xxxiv(1956), 3—38.

E. SITTIG, 'Hellenische Urkunden des 2. vorchr. Jahrtausends von Cypern,' *La Nouvelle Clio*, vi(1954), 470—490.

E. SITTIG, 'Zur Entzifferung der minoisch-kyprischen Tafel von Enkomi,' *Minos*, iv/1(1956), 33—42.

PHAISTOS（费斯托斯文字）

ERNST GRUMACH, 'Die Korrekturen des Diskus von Phaistos,' *Kadmos*, i(1962), 16—26.

G. IPSEN, 'Der Diskus von Phaistos,' *Indogermanische Forschungen*, xlvii(1929), 1—41.

ERNST SCHERTEL, 'Der Diskos von Phaistos. Wege zu seiner Entzifferung,' *Würzburger Jahrbücher für die Altertumswissenschaft*, iii(1948), 334—365.

BENJAMIN SCHWARZ, 'The Phaistos Disk,' *Journal of Near Eastern Studies*, xviii(1959), 105—112 and 227 f.

BYBLOS（比布洛斯文字）

JOHN PAIRMAN BROWN, *The Pseudo-Hieroglyphic Texts of Byblos*(mimeographed; American University of Beirut, 1962).

E. DHORME, 'Déchiffrement des inscriptions pseudo-hiéroglyphiques de Byblos,' *Syria*, xxv(1946—1948), 1—35.

M. DUNAND, *Byblia grammata* (Beyrouth, 1945), chap. iv.

G. JANSSENS, 'Contribution au déchiffrement des inscriptions pseudohiéroglyphiques de Byblos,' *La Nouvelle Clio*, vii—ix (1955—1957), 361—377.

M. MARTIN, 'Revision and Reclassification of the Proto-Byblian Signs,' *Orientalia*, n. s. xxxi(1962), 250—271 and 339—363.

HARVEY SOBELMAN, 'The Proto-Byblian Inscriptions—a Fresh Approach,' *Journal of Semitic Studies*, vi(1961), 226—245.

JAPANESE (日文)

BASIL HALL CHAMBERLAIN, *A Practical Introduction to the Study of Japanese Writing* (2nd ed.; London, 1905).

N. E. ISEMONGER, *The Elements of Japanese Writing* (2nd ed.; London, 1943).

R. LANGE, *Einführung in die japanische Schrift* (2nd ed.; Berlin, 1922).

JOSEPH K. YAMAGIWA, *Introduction to Japanese Writing* (Ann Arbor, Michigan, 1943).

PERSIAN CUNEIFORM(波斯楔形文字)

J. FRIEDRICH, 'Einige Kapitel aus der inneren Geschichte der

Schrift,' *Archiv für Schreib- und Buchwesen*, n.F. ii(1935), 14 ff.

F. H. WEISSBACH, *Die Keilinschriften der Achämeniden* (Leipzig, 1911).

GREEK(希腊字母)

RHYS CARPENTER, 'The Antiquity of the Greek Alphabet,' *American Journal of Archaeology*, xxxvii(1933), 8—29.

RHYS CARPENTER, 'The Greek Alphabet Again,' *American Journal of Archaeology*, xlii(1938), 58—69.

MARGIT FALKNER, 'Zur Frühgeschichte des griechischen Alphabets,' *Frühgeschichte und Sprachwissenschaft*, hrsg. von Wilhelm Brandenstein(Wien, 1948), pp.110—133.

V. GARDTHAUSEN, *Griechische Palaeographie* (2 vols.; 2nd ed.; Leipzig, 1911—1913).

J. PENROSE HARLAND, 'The Date of the Hellenic Alphabet,' *University of North Carolina Studies in Philology*, xlii(1945), 413—426.

F. HILLER VON GAERTRINGEN, *Griechische Epigraphik*; W. Schubart, *Papyruskunde*; P. Maas, *Griechische Palaeographie* (*Einleitung in die Altertumswissenschaft*, hrsg. von A. Gercke und E. Norden, vol.i, Heft 9; Leipzig und Berlin, 1924).

L. H. JEFFERY, *The Local Scripts of Archaic Greece* (Oxford, 1961).

W. LARFELD, *Handbuch der griechischen Epigraphik* (2 vols.; Leipzig, 1902—1907).

W. LARFELD, *Griechische Epigraphik*(3rd ed.; Berlin, 1914).

ARTHUR MENTZ, *Geschichte der griechisch-römischen Schrift bis zur Erfindung des Buchdrucks mit beweglichen Lettern*(Leipzig, 1920).

E. S. ROBERTS and E. A. GARDNER, *An Introduction to Greek Epigraphy*(2 vols.; Cambridge, 1887—1905).

WILHELM SCHUBART, *Das Buch bei den Griechen und Römern* (2nd ed.; Berlin und Leipzig, 1921).

EDWARD MAUNDE THOMPSON, *Handbook of Greek and Latin Palaeography*(3rd ed.; London, 1906).

EDWARD MAUNDE THOMPSON, *An Introduction to Greek and Latin Palaeography*(London, 1912).

B. L. ULLMAN, 'How Old Is the Greek Alphabet?' *American Journal of Archaeology*, xxxviii(1934), 359—381.

WEINBERGER and GAERTE, 'Die Schrift' in Pauly-Wissowa, *Real-Encyclopädie der classischen Altertumswissenschaft* (Stuttgart, 1921).

LATIN（拉丁字母）

RHYS CARPENTER, 'The Alphabet in Italy,' *American Journal of Archaeology*, xlix(1945), 452—464.

H. DESSAU, *Lateinische Epigraphik*; P. Lehmann, *Lateinische Paläographie* (*Einleitung in die Altertumswissenschaft*, hrsg. von A. Gercke and E. Norden, vol. i, Heft 10; Leipzig und Berlin, 1925).

JAMES C. EGBERT, *Introduction to the Study of Latin Inscriptions*(rev. ed.; New York, 1923).

M. IHM, *Palaeographia Latina*, Series I(2nd ed.; Lipsiae, 1931).

JEAN MALLON, *Paléographie romaine*(Madrid, 1952).

J. MALLON, R. MARICHAL, and C. PERRAT, *L'écriture latine de la capitale romaine à la minuscule*(Paris, 1939).

M. PROU, *Manuel de paléographie latine et française*(4th ed.; Paris, 1924).

J. E. SANDYS and S. G. CAMPBELL, *Latin Epigraphy*(2nd ed.; Cambridge, 1927).

FRANZ STEFFENS, *Lateinische Paläographie*(2nd ed.; Trier, 1909).

MODERN WRITINGS AMONG PRIMITIVES
(原始部族中的现代文字)

J. FRIEDRICH, 'Schriftgeschichtliche Betrachtungen,' *Zeitschrift der Deutschen Morgenländischen Gesellschaft*, xci(1937), 319—342.

J. FRIEDRICH, 'Zu einigen Schrifterfindungen der neuesten Zeit,' *op.cit.*, xcii(1938), 183—218.

J. FRIEDRICH, 'Noch eine Parallele zu den alten Schrifterfindungen. Eine Schrifterfindung bei den Alaska-Eskimos,' *op. cit.*, xcv(1941), 374—414.

J. FRIEDRICH, 'Schriftsysteme und Schrifterfindungen im Alten Orient und bei modernen Naturvölkern,' *Archiv Orientální*, xix (1951), 245—259.

J. FRIEDRICH, 'Alaska-Schrift und Bamum-Schrift,' *op. cit.*, civ(1954), 317—329.

ALFRED SCHMITT, *Die Alaska-Schrift und ihre sprachgeschichtliche Bedeutung* (*Münstersche Forschungen*, Heft 4; Marburg, 1951).

注 释

第一章

1. Cf. Adolf Noreen, *Einführung in die wissenschaftliche Betrachtung der Sprache*(Halle, Saale, 1923), pp.1 ff., and O. Krückmann, 'Sethe's Buch über die Enstehung der Schrift,' *Orientalia*, n.s. x(1941), 255.

2. L. A. Rosa, *Espressione e mimica* (Milano, 1929); Giuseppe Cocchiara, *Il linguaggio del gesto*(Torino, 1932); Macdonald Critchley, *The Language of Gesture* (London, 1939); J. Vendryes, 'Langage oral et langage par gestes,' *Journal de Psychologie*, xliii(1950), 7—33; David Abercrombie, 'Gesture,' *English Language Teaching*, ix(1954—1955), 3—12; William P. Stokoe, *Sign Language Structure: An Outline of the Visual Communication Systems of the American Deaf*(Buffalo, 1960). 关于肢体语言和手势语的符号系统参见 Ray L. Birdwhistell, *Introduction to Kinesics* (Louisville, Kentucky, 1952).

3. Lucien Lévy-Brühl, *How Natives Think*(London, 1926), pp.158—159.

4. Cf. Dietrich Westermann, 'Zeichensprache des Ewevolkes in Deutsch-Togo,' *Mitteilungen des Seminars für Orientalische Sprachen*, vol. x, Abt. 3, pp. 1—14; George Herzog, 'Drum-Signalling in a West African Tribe,' *Word*, i(1945), 217—238; George M. Cowan, 'Mazateco Whistle Speech,' *Language*, xxiv(1948), 280—286; J. F. Carrington, *A Comparative Study of Some Central African Gong-Languages*(*Institut Royal Colonial Belge. Section des Sciences Morales et Politiques*. Mémoires. Collection in -8°. Tome xviii, fasc.3; Bruxelles, 1949); *idem*, *Talking Drums of Africa*(London, 1949).

5. Marcel Cohen, 'Sur l'écriture libyco-berbère,' *Comptes rendus du Groupe Linguistique d'Études Chamito-Sémitiques*, v(1948—1951), 40. 记录了年轻的柏柏尔恋人常通过在彼此手心描绘符号的方式进行交流。

6. L. Leland Locke, 'The Ancient Quipu, a Peruvian Knot Record,' *American Anthropologist*, n. s. xiv(1912), 325—332; *idem*, *The Ancient Quipu or Peruvian Knot Record* (New York, 1923); André Eckardt, 'Das Geheimnis der Knotenschriften,' *Forschungen und Fortschritte*, xxxii(1958), 340—342; Porfirio Miranda Rivera, 'Quipus y jeroglíficos,' *Zeitschrift für Ethnologie*, lxxxiii(1958), 118—132.

7. Garrick Mallery, *Picture-Writing of the American Indians* (Tenth Annual Report of the Bureau of Ethnology, Smithsonian Institution; Washington, 1893), pp.228—231.

8. 'Zur Entstehung der Schrift,' *Zeitschrift für ägyptische Sprache*, xlix(1911), 2 f.

9. *West African Studies*(2nd ed., London, 1901), pp.126 f.

10. C. A. Gollmer, 'On African Symbolic Messages,' *The Journal of the (Royal) Anthropological Institute of Great Britain and Ireland*, xiv(1885), 169—181.

11. 根据 John Lotz 教授向作者所述。

12. Gollmer, *op. cit.*, pp.173 f.

13. R. Stübe, 'Ein türkischer Liebesbrief aus Zentralasien in "Markenschrift",' *Zeitschrift des Deutschen Vereins für Buchwesen und Schrifttum*, i(1918), 3, quoting A. von Le Coq, *Volkskundliches aus Ost-Turkistan*(Berlin, 1916), p.5.

14. Karl Weule, *Vom Kerbstock zum Alphabet*(20th ed.; Stuttgart, 1926?), p.16; Hans Jensen, *Die Schrift*(Glückstadt und Hamburg, 1935), pp.10 ff.

15. 更多论述参见论文'Schreiben und Lesen' in O. Schrader, *Reallexikon der Indogermanischen Altertumskunde*, ii(Berlin und Leipzig, 1929).

16. Cf., e.g., Alan H. Gardiner, *The Theory of Speech and Language* (Oxford, 1932); Rudolf Carnap, *Introduction to Semantics* (Cambridge, Mass., 1942), p. 3; Charles Morris, *Signs, Language, and Behavior*(New York, 1946), pp.36 ff. 关于口语以外的交际符号系统,参见 cf. the programmatic article by George L. Trager, 'Paralanguage: A First Approximation,' *Studies in Linguistics*, xiii(1958), 1—12, with extensive literature.

17. 另一术语引自 Allen W. Read, 'An Account of the Word "Semantic",' *Word*, iv(1948), 78—97.

18. E.g., Leonard Bloomfield, *Language*(New York, 1933), chapters 9 and 17; *idem*, 'Language or Ideas?' *Language*, xii(1936), 89—95; *idem*, *Linguistic Aspects of Science* (*International Encyclopedia of Unified Science*, vol. i, no. 4; Chicago, 1939), pp.6 ff.; *idem*, 'Secondary and Tertiary Responses to Language,' *Language*, xx(1944), 45—55; Edward Sapir, *Language*(New York, 1939), p.19; B. L. Whorf in *Annual Report of the Board of Regents of the Smithsonian Institution for the year 1941*(Washington, 1942), p.483; George S. Lane, 'Changes of Emphasis in Linguistics with Particular Reference to Paul and Bloomfield,' *Studies in Philology*, xlii(1945), 465—483.

19. 关于该问题的讨论,可另参见 Margaret Schlauch 的启发性论文。'Early Behaviorist Psychology and Contemporary Linguistics,' *Word*, ii(1946), 25—36.

20. C. K. Ogden, *The Meaning of Psychology* (New York and London, 1926), pp.221 f.

21. Eduard Martinak, *Psychologische Untersuchungen zur Bedeutungslehre* (Leipzig, 1901), pp.3 f. Cf. V. Panfilov, 'A propos des rapports entre la langue et la

pensée,' *Recherches internationales à la lumière du marxisme*, No. 7. Linguistique (1958), pp.74—93. On writing as viewed by psychologists, cf. Friedrich Kainz, *Psychologie der Sprache*, iv(Stuttgart, 1956), chapter 1, 'Das Schreiben'(pp. 1—161), and bibliographical annotations (pp.493—506).

22. Carnap在同上引文中指出,尽管口语是一切符号系统中最为重要的,但他也承认存在其他可独立于言语习得和使用的符号系统。

23. E.g., Peter A. Boodberg in *Harvard Journal of Asiatic Studies*, ii(1937), p.332, n.5; and in *T'oung Pao*, xxxv(1940), p.269, n.1.

24. *Idem* in *Harvard Journal of Asiatic Studies*, *loc. cit.*

25. E.g., Bloomfield, *Language*, *loc. cit.*; *idem*, *Linguistic Aspects of Science*, *loc. cit.*

26. Sapir, *loc. cit.*

27. E.g., William F. Edgerton, 'Ideograms in English Writing,' *Language*, xvii (1941), 148 ff.; Herrlee G. Creel, 'On the Nature of Chinese Ideography,' *T'oung Pao*, xxxii(1936), 85—161; *idem*, 'On the Ideographic Element in Ancient Chinese,' *op. cit.*, xxxiv(1938), 265—294.

28. 布龙菲尔德在《语言论》第283页提出,美洲印第安人的"图画文字"(picture-writing)并非真正的文字(因其与语言形式缺乏固定关联),但这一观点似乎与其另一主张相矛盾——例如他在第144页明确断言"一切文字皆为语言的次级衍生"(all writing is a secondary derivative of language)。

29. 即便对一位约六百年前的中国学者而言,"文字乃具象之言语,言语即有声之气息"。参见戴侗《六书故》,L. C. 霍普金斯英译本。

30. 严格而言,上述示例中用X表示"交叉"(cross)的用法,并不属于约定俗成的符号系统,而应被理解为一种"游戏性符号手段"(sportive device)。其性质类似于以"+"表示"叠加"(plus)的用法(如"voicile+important"),或更复杂的案例——例如在法语中,通过"G grand a petit"表达"j'ai grand appétit"(我胃口大开),实则是利用字母G与单词"grand"首字母及发音的谐趣关联。

31. 音节符号(syllabic sign)通常表示一个元音(vowel),该元音可独立存在,或在其前后伴有一个辅音(consonant)。此定义有时可扩展至包含单独存在的元音或双元音(diphthong),或其前后伴有一个以上辅音的情况。

32. Taken from Dwight L. Bolinger, 'Visual Morphemes,' *Language*, xxii (1946), 333—340.

33. 另一例属于此类别的书写形式可见于"£3"(3英镑)与"3lb."(3磅)的符号表达中。

34. 'The Cultural Basis of Emotions and Gestures,' *Journal of Personality*, xvi (1947), 49—68, esp. p.59.

35. Kurt Sethe, *Das hieroglyphische Schriftsystem* (Glückstadt und Hamburg, 1935), pp.10 ff.; *idem*, *Vom Bilde zum Buchstaben*(Leipzig, 1939), pp.18 f.

36. *Ibid*.

37. Garrick Mallery, *Picture-Writing of the American Indians* (Tenth Annual

Report of the Bureau of Ethnology, Smithsonian Institution; Washington, 1893), p.624. 在埃及圣书体文字中,单个符号常通过不同着色加以区分;与之类似,早期《古兰经》手稿中的元音标记以及埃塞俄比亚文字中的标点符号(如分词、分句标记)亦采用色彩编码。

38. 更多此类复合符号(compounds)的例证可参见 Kurt Sethe 的著作,*Das hieroglyphische Schriftsystem*(Glückstadt und Hamburg, 1935), p.13.

39. C. K. Ogden and I. A. Richards, *The Meaning of Meaning* (2nd ed.; New York, 1927), Supplement I, pp.306 ff.

40. 我进一步记录了"PG"作为缩写在不同语境中的使用实例,包括:《匹兹堡邮报》(Post-Gazette, in Pittsburgh);芝加哥大学实验学校初级班(primary grade, in the Laboratory School of the University of Chicago);二战时期广播中的军事术语毒气(poison gas, on a radio broadcast);得克萨斯州地名普莱森特格罗夫(Pleasant Grove, a place in Texas);小说中的付费客人(paying guest, in a novel);《生活》杂志中的戏称监狱毕业生(prison graduate, in Life Magazine);人民燃气公司(Peoples Gas, a company);宝洁公司(Procter and Gamble, a company);苏美尔前王朝墓葬(Predynastic Graves, in Sumer)。

41. 近年来关于文字与言语关系的科学研究主要由具有普通语言学背景的学者推进。该主题的综合性话述可参考:Leonard Bloomfield, *Language*(New York, 1933), chapter 17; H. A. Gleason, Jr., *An Introduction to Descriptive Linguistics*(New York, 1955), chapters 21 and 22; W. Nelson Francis, *The Structure of American English* (New York, 1958), chapter 8; Archibald A. Hill, *Introduction to Linguistic Structures* (New York, 1958), pp.442 f.; Charles E. Hockett, *A Course in Modern Linguistics* (New York, 1958), chapter 62; H. M. Hoenigswald, *Language Change and Linguistic Reconstruction* (Chicago, 1960), pp. 4—12. A more detailed treatment is offered in the articles by Josef Vachek, 'Zum Problem der geschriebenen Sprache,' *Travaux du Circle Linguistique de Prague*, viii (1939), 99—104; *idem*, 'Some Remarks on Writing and Phonetic Transcription,' *Acta linguistica*, v(1945—1949), 86—93; *idem*, 'Written Language and Printed Language' in *Mélanges*, J. M. Kořinek (Bratislava, 1948?, not available to me); H. J. Uldall, 'Speech and Writing,' *Acta linguistica*, iv(1944), 11—16; Ernst Pulgram, 'Phoneme and Grapheme: A Parallel,' *Word*, vii(1951), 15—20; and Angus McIntosh, 'The Analysis of Written Middle English,' *Transactions of the Philological Society*, 1956, pp. 26—55; *idem*, '"Graphology" and Meaning,' *Archivum linguisticum*, xiii(1961), 107—120. Uldall 与 Pulgram 着重阐释文字与言语的相互关联性及文字对言语的依存性,而瓦切克 Vachek 与 McIntosh 则强调文字系统的相对独立性。这些研究的共性是均以现代文字体系为分析基础,却极少(甚至完全未)考量前字母文字系统(pre-alphabetic systems)。当下亟需对文字与言语在所有历史阶段的互动关系展开全面研究。

42. 我在此刻意使用"原始"(primitive)一词,尽管深知人类学界对此术语的普遍抵触。某些我称之为"原始"的社会,或许在复杂仪式或编织工艺等方面并不原始,但若从整体文明成就的视角评判,它们确属原始。部分人类学者以"前文字社会"(preliterate)

替代“原始”,但此举同样暴露了其研究范式的狭隘性——这种狭隘性恰是反对使用“原始”一词的根源。

43. G. H. Luquet, *Les dessins d'un enfant* (Paris, 1913).

44. Kurt Goldstein, 'On Naming and Pseudonaming, from Experiences in Psychopathology,' *Word*, ii(1946), 1—7; *idem*, 'L'analyse de l'aphasie et l'étude de l'essence du langage,' in *Psychologie du langage* par H. Delacroix, etc. (Paris, 1933), pp.430—496; Adhemar Gelb, 'Remarques générales sur l'utilisation des données pathologiques pour la psychologie et la philosophie du langage,' *op. cit.*, pp.403—420; Roman Jakobson, *Kindersprache, Aphasie und allgemeine Lautgesetze* (*Uppsala Universitets Årsskrift*, 1942, No.9, pp.1—83); Kurt Goldstein, *Language and Language Disturbances. Aphasic Symptom Complexes and Their Significance for Medicine and Theory of Language* (New York, 1948); Roman Jakobson and Morris Halle, *Fundamentals of Language* ('s-Gravenhage, 1956), Part 2: 'Two Aspects of Language and Two Types of Aphasic Disturbances'; A. R. Luria, 'Differences between Disturbances of Speech and Writing in Russian and in French,' *International Journal of Slavic Linguistics and Poetics*, iii(1960), 13—22.

45. David Diringer, *The Alphabet* (London, 1949), pp.35 f.

46. Friedrich Ballhorn, *Grammatography. A Manual of Reference to the Alphabets of Ancient and Modern Languages*. Translated from German (London, 1861). 德文原版没有使用这个术语。

第二章

1. Cf. Henri Breuil, *Four Hundred Centuries of Cave Art*. Translated from French (Montignac, 1952); Herbert Kühn, *Die Felsbilder Europas* (Stuttgart, 1952); André Varagnac *et al.*, *L'homme avant l'écriture* (Paris, 1959).

2. Cf. esp. Garrick Mallery, *Pictographs of the North American Indians*. A Preliminary Paper (Fourth Annual Report of the Bureau of Ethnology, Smithsonian Institution; Washington, 1886, pp. 1—256), and *idem*, *Picture-Writing of the American Indians* (Tenth Annual Report; Washington, 1893, pp.1—822). Among the latest publications with extensive bibliographies, cf. Julian H. Steward, 'Petroglyphs of California and Adjoining States,' *University of California Publications in American Archaeology and Ethnology*, xxiv(1929), 47—239; L. S. Cressman, *Petroglyphs of Oregon* (Eugene, 1937); A. T. Jackson, *Picture-Writing of Texas Indians* (Austin, 1938); Theodor Koch-Grünberg, *Südamerikanische Felszeichnungen* (Berlin, 1907).

3. 'Petroglyphs of the United States,' *Annual Report of the Board of Regents of the Smithsonian Institution for the Year 1936* (Washington, 1937), pp.405—425.

4. In Max Ebert, *Reallexikon der Vorgeschichte*, vii(1926), 156 ff.

5. Mallery, *Picture-Writing*, pp.353 f.

6. Henry R. Schoolcraft, *Historical and Statistical Information, Respecting the History, Condition, and Prospects of the Indian Tribes of the United States*, Part 1 (Philadelphia, 1851), pl.57 B, opp. p.406.

7. Mallery, *Picture-Writing*, pp.363 f. = *idem*, *Pictographs*, pp.160 f.

8. Mallery, *Picture-Writing*, pp.362 f.

9. James Bonwick, *The Last of the Tasmanians* (London, 1870), pp.83 ff.

10. Mallery, *Picture-Writing*, p.332 = *idem*, *Pictographs*, pp.147 f. = Walter James Hoffman, 'The Graphic Arts of the Eskimos,' *Annual Report of the Board of Regents of the Smithsonian Institution for the Year 1895* (Washington, 1897), 904 f.

11. Mallery, *Picture-Writing*, pp.352 f. = *idem*, *Pictographs*, pp.154 f. = Hoffman, *op. cit.*, p.907.

12. In *Reallexikon der Assyriologie*, ii(1938), 91.

13. Karl Weule, *Vom Kerbstock zum Alphabet* (20th ed.; Stuttgart, 1926?), p.13; Alfred Schmitt, *Die Erfindung der Schrift* (Erlangen, 1938), p.4.

14. Mallery, *Pictographs*, pp.174—176, and *idem*, *Picture-Writing*, pp.419—425.

15. Mallery, *Pictographs*, pp.176—181.

16. *Picture-Writing*, pp.447 ff.

17. *Op. cit.*, pp.380 ff.

18. 更多论述详见 Mallery, *Pictographs*, pp.89—146, and *idem*, *Picture-Writing*, pp.266—328. For additional literature and examples, cf. James H. Howard, 'Dakota Winter Counts as a Source of Plains History,' *Smithsonian Institution, Bureau of American Ethnology*, Bulletin 173(1960), pp.273—416.

19. 如 Leslau(*Word*, xi1955, 282)所指出的,"冬天"与"年"的语义关联在闪米特语族中具有跨语言共性。例如:希伯来语*ḥoreph*意为"冬天",与"年"的关联可能源于古代农业社会以冬季为年度周期节点的认知。埃塞俄比亚语*ḫarif*特指"当前年份",其词根ḪRF在南阿拉伯语中进一步扩展为双重语义:既可表"冬天/秋季",亦可表"年"(Conti Rossini, 1931, p.158)。

20. Collected and discussed by Mallery, *Pictographs*, pp.82—84, and *idem*, *Picture-Writing*, pp.231—250.

21. Mallery, *Pictographs*, *loc. cit.*

22. Mallery, *Picture-Writing*, pp.233—236.

23. William Tomkins, *Universal Indian Sign Language of the Plains Indians of North America* (San Diego, California, 1927), pp.79—85.

24. Cf. p.266, n.27.

25. 如 1940 年《荷兰皇家科学院院刊》(*Verhandelingen der K. Nederlandsche Akademie van Wetenschappen*)所载论文《人类远古语言的类型学重建》(La reconstruction typologique des langues archaïques de l'humanité)所述,某些学术研究存在对事实的误读(见第 120 页)。类似问题亦见于 Oscar Ogg 1948 年所著《26 个字母》(*The 26 Letters*)中所谓的"史前绘画复原图"(第 24 页起)。该图基于西班牙与法国的考古发

现,“重构”了史前人类活动的线性场景序列:仪式性狩猎舞蹈、出发狩猎、发现猎物、包围猎物、击杀猎物及返程。然而,仅凭奥格书中引用的类比材料(如第 23 页),便断言史前存在此类“秩序井然的叙事性壁画”,实为谬误。真相是:史前人类虽能描绘复杂场景,却既无必要亦无能力按事件发生的实际顺序进行线性叙事。

26. From Carl Meinhof, 'Zur Entstehung der Schrift,' *Zeitschrift für ägyptische Sprache*, xlix(1911), pp.1—14, pl.I b.

27. R. E. Dennett, *At the Back of the Black Man's Mind*(London, 1906), pp.71 ff.

28. *Pictographs*, p.17.

29. Erland Nordenskiöld, *Picture-Writings and Other Documents by Néle and Ruben Pérez Kantule*(Göteborg, 1928); David Diringer, *L'alfabeto nella storia della civiltà*(Firenze, 1937), p.605.

30. Diringer, *op. cit.*, pp. 600 ff.; C. F. Lehmann-Haupt in *Zeitschrift der Deutschen Morgenländischen Gesellschaft*, lxxiii(1919), 58 ff.; Johannes Friedrich, *op. cit.*, xci(1937), 333 f. A vast literature is growing on these South American systems. Cf., among others, Dick Edgar Ibarra Grasso, *La escritura indígena Andina*(La Paz, 1953); Porfirio Miranda Rivera, 'Quipus y jeroglíficos,' *Zeitschrift für Ethnologie*, lxxxiii(1958), 118—132. These scripts, used to reproduce modern songs, hymns, and catechisms, are developing under Western influence into logographic systems with strong trends in the direction of phonetization.

31. Diringer, *op. cit.*, p.600.

32. Diringer, *op. cit.*, pp. 56 ff.; Hans Jensen, *Die Schrift* (Glückstadt und Hamburg, 1935), p.112.

33. Marcel Griaule and Germaine Dieterlen, *Signes graphiques soudanais.* (*L'Homme. Cahiers d'ethnologie, de géographie et de linguistique*, iii, Paris, 1951); D. Zahan, 'Pictographic Writing in the Western Sudan,' *Man*, l(1950), 136—138.

34. 如前文所述,真实短语符号(real phraseograms)在速记系论中的具体应用见下。

35. Eduard Seler, *Gesammelte Abhandlungen zur amerikanischen Sprach-und Alterthumskunde*, ii(Berlin, 1904), 35.

36. Theodor-Wilhelm Danzel, *Handbuch der präkolumbischen Kulturen in Lateinamerika*(Hamburg und Berlin, 1927), p.51.

37. Jensen, *op. cit.*, p.122.

38. Seler, *op. cit.*, i(Berlin, 1902), 383.

39. 据我判断,美国语言学家 Benjamin L. Whorf 与俄罗斯民族学家 Yuriy V. Knorozov 近年来的严肃的学术尝试,确实印证了这一观点。参考以下著述:Whorf's work, 'Maya Writing and Its Decipherment,' *Maya Research*, ii(1935), 367—382, and 'Decipherment of the Linguistic Portion of the Maya Hieroglyphs,' *Annual Report of the Smithsonian Institution*, 1941, pp. 479—502, was criticized by J. Eric S. Thompson, *Maya Hieroglyphic Writing*(Washington, D.C., 1950), pp.311 ff., but

favorably received by Archibald A. Hill in *International Journal of American Linguistics*, xviii(1952), 184 ff. Knorozov's work, 'Drevnyaya pis'mennost' Centralnoy Ameriki,' *Sovetskaya Etnografiya*, 1952, Part 3, pp. 100—118; 'Pis'mennost' drevnikh Maiya, Opytrasshifrovki,' *op. cit.*, 1955, Part 1, pp.94—125; 'The Problem of the Study of the Maya Hieroglyphic Writing,' *American Antiquity*, xxiii(1958), 284—291; and 'New Data on the Maya Written Language,' *Journal de la Société des Américanistes*, n. s. xlv (1956), 209—216 (*Proceedings of the Thirty-second International Congress of Americanists* [Copenhagen, 1958], pp. 467—475), was favorably received by Tor Ulving in 'Russian Decipherment of the Maya Glyphs,' *International Journal of American Linguistics*, xxii(1956), 184 ff., and 'A New Decipherment of the Maya Glyphs,' *Ethnos*, xx(1955), 152—158, but criticized by T. S. Barthel in 'Die gegenwärtige Situation in der Erforschung der Maya-Schrift,' *Journal de la Société des Américanistes*, n.s. xlv(1956), 219—227, and by J. Eric S. Thompson in *Yan*, ii(1953), 174—178, and 'Systems of Hieroglyphic Writing in Middle American and Methods of Deciphering Them,' *American Antiquity*, xxiv(1959), 349—364. The preliminary reports by Evreynov, Kosarev, and Ustinov on the 'Siberian' decipherment of the Maya writing with the help of computer machines are not available to me. For a criticism of their work see Knorozov, 'Mashinnaya deshifrovka pis'ma Maiya,' *Voprosy yazykoznaniya*, xi/1(1962), 91—99.

40. Seler, *op. cit.*, i, pl. opp. p.289.

41. J. Leslie Mitchell, 'The End of the Maya Old Empire,' *Antiquity*, iv(1930), 285—302.

42. Paul Schellhas, 'Probleme der Mayaforschung,' *Forschungen und Fortschritte*, xvi(1940), 122.

43. 例如,图 9 中以三个"日"符号书写"3 天",以及马勒里《图画文字》(*Picture-Writing*)中阿拉斯加图画以五个"貂"符号表示"5 只貂"(第 581 页)。同理,图 9 的"51 人"与图 10 的"$53"亦属此类符号重复表数系统。

44. Richard C. E. Long, 'Maya and Mexican Writing,' *Maya Research*, ii(1935), 24—32, esp. p.31.

45. P. Schellhas, 'Fifty Years of Maya Research,' *op. cit.*, iii(1936), 129—139, esp. p.138.

第三章

1. 关于这些铭文的注释将由作者于近期发表。暂可参考:R. D. Barnett and N. Gökce, 'The Find of Urartian Bronzes at Altintepe, Near Erzincan,' *Anatolian Studies*, iii(1953), 121—129.

2. The Easter Island 'inscriptions' were taken seriously as writing by H. Jensen, *Die Schrift* (2nd ed.; Berlin, 1958), pp.334—338; James G. Février, *Histoire de*

l'écriture(nouv. ed.; Paris, 1959), pp. 147—149; and D. Diringer, *The Alphabet* (London, 1948), pp.136—140. M. Cohen, in his *La grande invention de l'écriture et son évolution*(Paris, 1958), pp. 31—33, first placed the Easter Island 'inscriptions' under forerunners of writing; then, impressed by recent works of such scholars as Thomas Barthel, *Grundlagen zur Entzifferung der Osterinselschrift*(Hamburg, 1958), and N. A. Butinov and Y. V. Knorozov, 'Preliminary Report on the Study of the Written Language of Easter Island,' *The Journal of the Polynesian Society*, lxvi (1957), 5—17, changed his mind, and in his *Documentation*, pp.49 ff., assigned them to the 'picto-ideographic stage,' together with the Aztec and Maya writings. The plain fact is that if we were to assign the Easter Island 'inscriptions' to a stage of writing, any stage of writing however primitive, we would have to reckon with the existence of a completely unique type of writing from the point of view of the form and composition of its signary. The object of writing being communication, the forms of signs in accepted writings are construed normally in such a way as to permit easy and quick recognition of the different signs. By contrast, the great majority of the Easter Island signs look so alike and are differentiated by such minute details as to cause the greatest difficulties in the recognition of the different signs. Note further that scholars who have worked in the Easter Island field have not succeeded in providing us with a clear-cut list of different signs occurring in the texts. Barthel, for example, talks about '120 Grundbestandteile' and 'etwa 1500—2000 verschiedene Kompositionen' (*op. cit.*, p. 314), and then proceeds to group them in '790 Kennziffern' in his Formentafeln 1—8. Cf. also J. Imbelloni, 'Las "tabletes parlantes" de Pascua, monumentos de un sistema gráfico indo-oceánico,' *Runa*, iv(1951), 89—177; Alfred Métraux, *Easter Island*, translated from French(Oxford, 1957), esp. pp.183—207.

3. Tablets published and discussed by A. Falkenstein, *Archaische Texte aus Uruk* (Berlin, 1936).

4. P. Delougaz and S. Lloyd, *Pre-Sargonid Temples in the Diyala Region* (Chicago, 1942), p.135.

5. F. Wachtsmuth in *Archiv für Orientforschung*, xiii(1939—1941), 203, and S. N. Kramer in *American Journal of Archaeology*, lii(1948), 164.

6. *Op. cit.*, pp.32 f.

7. *Op. cit.*, pl.1, nos.1—3 and 7—8.

8. *Op. cit.*, pl.31, no.339. 此处文本以我们熟知的后期形式复制,且泥板的原始方位已通过逆时针旋转 90 度进行调整。

9. E. A. Speiser, in *Studies in the History of Science*, University of Pennsylvania Bicentennial Conference(Philadelphia, 1941), pp. 57 f.; also in the *Journal of the American Oriental Society*, Supplement to vol.lix, no.4(1939), pp.20 ff. and 26.

10. As justly observed by Falkenstein, *op. cit.*, p. 32, and Johannes Friedrich in *Zeitschrift der Deutschen Morgenländischen Gesellschaft*, xci(1937), 325 f.

11. 美洲印第安人通过图像化表达传递与语言元素无关联或关联有限的观念;而苏

美尔人则以符号直接表征语言中的词汇。在美洲印第安人的符号系统中,图像常以无明确顺序的方式排列;而苏美尔系统的书写符号则严格遵循对应语言形式的线性序列。类似具象艺术的平行发展,印第安人通过绘制与计数对象数量相等的图像来表数,而苏美尔人仅用两个符号——一个表数量,另一个表被计数的事物。

12. C. K. Ogden and I. A. Richards, *The Meaning of Meaning* (2nd ed.; New York, 1927), Supplement I, pp.306 ff.

13. 完全语音转换(即"谐音原则"或"画谜原则")可见于纹章符号中,例如牛津市徽中以"牛(ox)涉水(ford)"象征地名"Oxford"(牛津),或格里芬家族纹章以神话生物"格里芬(griffon)"象征家族姓氏。参见 A. C. Moorhouse 的相关研究。*The Triumph of the Alphabet* (New York, 1953), p.18。

14. Falkenstein, *op. cit.*, pp.33 and 38.

15. *Op. cit.*, pp.34 and 40.

16. *Op. cit.*, p.112, no.408.

17. *Op. cit.*, p.43, quoting nos.340, 539, 594 f., etc.

18. 在最近发表的文章中,本人已经证明,楔形符号 WA 可以表示音值 *wa*, *wi*, *wu*,也可以表示 *aw*, *iw*, *uw*。

19. Adolf Erman, *Ägyptische Grammatik* (2nd ed.; Berlin, 1902), §§11 ff., later revised in the third and fourth editions. Erman 的旧术语体系仍然被一些埃及学家所沿用。

20. Kurt Sethe, 'Zur Reform der ägyptischen Schriftlehre,' *Zeitschrift für ägyptische Sprache*, xlv(1908—1909), 36—43.

21. *Op. cit.*, pp.37 f.; also *mēne*, *mīne*, *mno*, not clearly indicated by Sethe.

22. 出于实用考量,在埃及学领域继续沿用辅音转写(consonantal transliterations)或许是可取的;但若接受我的理论,此类转写方式在关于文字的综合性研究中将引发误解。

23. W. F. Edgerton 在 *Journal of Near Eastern Studies* (xi, 1952, 288)中,对我关于"数十种音节文字系统从词文字阶段演化而来"的论断提出质疑。我提出这一数量是基于对以下系统的评估。苏美尔语及其衍生的音节文字系统,如亚述-巴比伦语、埃兰语、胡里安语、乌拉尔图语、赫梯语等;部分波斯楔形文字、赫梯象形文字(安纳托利亚地区);克里特线形文字 B(Linear B)、塞浦路斯音节文字,可能源自克里特的其他系统:线形文字 A、费斯托斯圆盘符号、塞浦路斯-米诺斯文字;汉字及其衍生系统:古朝鲜语(吏读)、日语(万叶假名)、中国西南部的若干少数民族文字(如纳西东巴文、水书);印度佉卢文、婆罗米文及其南亚衍生文字(如僧伽罗文、泰米尔文);埃塞俄比亚吉兹字母及其衍生系统;伊比利亚文字 A 与 B(部分音节化);切罗基文、北美克里族(Cree)与福克斯族(Fox)原住民文字、阿拉斯加土著符号系统;非洲瓦伊文(Vai)、巴姆文(Barnum)及其衍生系统(门德文、巴萨文)等。

24. ᵓ 表示词首元音前的喉塞音,*u* 表示辅音 *w*.

25. Alan H. Gardiner, *Egyptian Grammar* (Oxford, 1927), §7.

26. Cf. Curtius H. Sethe, *De aleph prosthetico in lingua Aegyptiaca verbi formis praeposito* (Dissertation; Berolini, 1892), and *idem*, 'Die Vokalisation des Ägypti-

schen,' *Zeitschrift der Deutschen Morgenländischen Gesellschaft*, lxxvii(1923), 144—207, esp. pp.201 ff.

27. Bossert 及其合作团队在 Cilicia 的 Karatepe 发现的赫梯语与腓尼基双语铭文，为破译赫梯象形文字带来了重大突破。参见本书作者的论文'The Contribution of the New Cilician Bilinguals to the Decipherment of Hieroglyphic Hittite,' *Bibliotheca Orientalis*, vii(1950), 129—141.

28. Cf. Wou Yu-Tchang, 'La reforme de l'écriture chinoise', *Recherches internationales à la lumière du marxisme*, no.7. Linguistique(1958), pp.127—135, and Lo Tchang-Pei and Liu Chou-Shiang, 'Vers la unification de la langue chinoise,' *op. cit.*, pp.94—126.

29. A. Forke, 'Neuere Versuche mit chinesischer Buchstabenschrift,' *Mitteilungen des Seminars für Orientalische Sprachen*, vol.ix, Abt.1(1906), pp.401—408.

30. 本文难以展开叙述中国少数民族文字的情况。

31. 原始埃兰文字的特征，主要参考 C. Frank in Max Ebert, *Reallexikon der Vorgeschichte*, iii(1925), 83 f.

32. 古印度文字的讨论参见 G. R. Hunter, *The Script of Harappa and Mohenjodaro and Its Connection with Other Scripts*(London, 1934). 此类铭文通常非常简短，平均约由六个符号组成。书写方向多为牛耕式转行(boustrophedon)，首行从右向写书写。

33. Arthur J. Evans, *The Palace of Minos*(4 vols, and index; London, 1921—1936), and *idem*, *Scripta Minoa*, i(Oxford, 1909).

34. Michael Ventris and John Chadwick, 'Evidence for Greek Dialects in the Mycenaean Archives,' *Journal of Hellenic Studies*, lxxiii(1953), 84—105; Ventris, 'King Nestor's Four-Handled Cups,' *Archaeology*, vii(1954), 15—21; Chadwick and Ventris, 'Greek Records in the Minoan Script,' *Antiquity*, xxvii(1953), 196—206; Ventris and Chadwick, *Documents in Mycenaean Greek*(Cambridge, 1956); Chadwick, *The Decipherment of Linear B*(Cambridge, 1958); Michel Lejeune, *Mémoires de philologie mycénienne*, Première série(Paris, 1958), esp. pp.321—330.

35. G. Pugliese Carratelli, *Le iscrizioni preelleniche di Haghia Triada in Creta e della Grecia peninsulare* in *Monumenti Antichi*, xi, 4ª(1945), pp.422—610; *idem*, 'La decifrazione dei testi micenei e il problema della lineare A,' *Annuario della Scuola Archeologica di Atene*, xiv—xvi(1952—1954), 7—21; G. P. Gould and M. Pope, *Preliminary Investigations into the Cretan Linear A Script*(mimeographed, University of Cape Town, 1955); Arne Furumark, *Linear A und die altkretische Sprache. Entzifferung und Deutung*(2 parts, multigraphed; Berlin, 1956); P. Meriggi, *Primi elementi di Minoico A*(Salamanca, 1956); W. C. Brice, *Inscriptions in the Minoan Linear Script of Class A*(Oxford, 1961).

36. 就上述四种文字系统而言，苏美尔文字与汉字的碑铭体(monumental)与草书体(cursive)符号均以线性结构为主；而埃及圣书体与赫梯象形文字的碑铭体符号多为图画性(pictorial),但在草书体中则趋于线性化。

37. Tai T'ung, *The Six Scripts, Or the Principles of Chinese Writing*, a translation by L. C. Hopkins(Cambridge, 1954), and Tchang Tcheng-Ming, *L'écriture chinoise et le geste humain*(Changhai and Paris, n.d.), pp.5 ff. For a discussion of the classification of word signs as proposed in this book, cf. Tai Chün-Jên, 'Mr. Gelb's Six Principles of Writing,' *Academic Review Quarterly*, iv/1(1955), 37—42, in Chinese.

38. Alan H. Gardiner, *Egyptian Grammar*(Oxford, 1927), § 266.

39. E. T. Peet, *The Rhind Mathematical Papyrus* ...(Liverpool, 1923), pp.25 f. Cf. also O. Neugebauer in *Zeitschrift für ägyptische Sprache*, lxv(1930), 42—48.

40. 关于美洲印第安人由手势发展而来的图画符号的例子在第二章中多有引用,更多的例子可参见 Garrick Mallery, *Picture-Writing of the American Indians* (*Tenth Annual Report of the Bureau of Ethnology*; Washington, 1893), pp.637—648. An exhaustive study of Chinese word signs derived from gestures can be found in a study of Tchang Tcheng-Ming, *L'écriture chinoise et le geste humain* (Shanghai and Paris, n. d.); he calls such signs 'dactylograms.' No account can be taken of the exaggerated opinions of Jacques van Ginneken, 'La reconstruction typologique des langues archaïques de l'humanité,' *Verhandelingen der K. Nederlandsche Akademie van Wetenschappen*. Letterkunde, N. R. xliv(Amsterdam, 1940), and *idem*, 'Die Bilderschrift-Sprachen,' *Travaux du Cercle Linguistique de Prague*, viii(1939), 247—254, who makes spoken language derivative of both gesture and pictography.

41. Alan H. Gardiner, *The Theory of Speech and Language* (Oxford, 1932), p.122.

42. R. O. Faulkner in *Antiquity*, xvii(1943), 207.

43. The term 术语"苏美尔词符"(Sumerogram)数年前由芝加哥亚述学者群体提出,但如今已无法确定其确切首创者。

44. Cf. below, pp.207 f., and Johannes Friedrich in *Zeitschrift der Deutschen Morgenländischen Gesellschaft*, xcv(1941), 381 f.

45. Siegfried Schott 明确阐述了这一点。他指出,埃及语中的"muss lernen"(必须学习)和"er muss wissen"(他必须知道)这类符号,是约定俗成地与特定词汇关联,而非模糊的概念或意义(*Hieroglyphen. Untersuchungen zum Ursprung der Schrift* (*Akademie der Wissenschaften und der Literatur in Mainz*, *Abhandlungen der Geistes-und Sozialwissenschaftlichen Klasse*, Jahrgang 1950, Nr. 24, pp.115 f.)。

46. 但是可对比肖特在前引新著中的开明见解。

47. I. J. Gelb, *Hittite Hieroglyphs*, ii(Chicago, 1935), 3.

48. *Idem*, *Hurrians and Subarians*(Chicago, 1944).

49. Cf. Yuen Ren Chao in *Harvard Journal of Asiatic Studies*, v(1940), 189—191; and Franklin Edgerton in *Proceedings of the American Philosophical Society*, lxxxvii(1944), 29.

50. In *T'oung Pao*, xxxii(1936), 85—161, and xxxiv(1938), 265—294.

51. In *Harvard Journal of Asiatic Studies*, ii(1937), 329—372, and in *T'oung*

Pao, xxxv (1940), 266—288. On the history of the terms ‘logography’ versus ‘ideography’ and their present usage, see the discussion by Gelb in *Language*, xxxviii (1962), 208—211.

52. Cf. Fig.40.

53. On this problem cf. Gelb, *Memorandum on Transliteration and Transcription of Cuneiform*, submitted to the 21st International Congress of Orientalists, Paris (Chicago, 1948), § § 80—87.

54. E. g., Alan H. Gardiner, *Egyptian Grammar* (Oxford, 1927), § 17, and Gustave Lefebvre, *Grammaire de l'Égyptien classique* (Le Caire, 1940), § 14, partly qualified by the statement in § 15.

55. Siegfried Schott 在 Sethe 的著作(同前引书,第 78 页及以下)中已公正地指出这一点。另参见 H. W. Fairman 的权威研究。费尔曼将"截头表音法(acrophony)称为'一匹死马'(第 52 页)",明确质疑这一原则是否存在于埃及托勒密时期的文字中。

56. 可参见本人中对赫梯象形文字中所谓"截头表音"的讨论,文中还援引了埃及与克里特文字的例证。

57. 例外情况是用于标识词分界的符号(如笔画、点或间距)。此类表示停顿或连接的标记,通常称为"超音段音位"(suprasegmental phonemes),应归类于语言的韵律特征(prosodic features)范畴内。

58. Cf. J. Friedrich, ‘Die Parallel-Entwicklung der drei alten Schrift-Erfindungen,’ *Analecta Biblica*, xii(1959), 95—101.

59. See the discussion by Battiscombe Gunn in the *Journal of Egyptian Archaeology*, xxix(1943), 55—59(reference from Professor Keith C. Seele).

60. 这一点已由 Abel Rémusat 在稍早研究中阐释清楚,‘Remarques sur quelques écritures syllabiques tirées des caractères chinois, et sur le passage de l'écriture figurative à l'écriture alphabétique,’ *Mémoires de l'Institut Royal de France, Académie des Inscriptions et Belles-Lettres*, viii(1827), 34—59.

第四章

1. Friedrich Wilhelm König, *Corpus inscriptionum Elamicarum*, i (Hannover, 1928), ‘Schrifttafel’ at end of publication.

2. F. H. Weissbach, *Die Keilinschriften der Achämeniden* (Leipzig, 1911), pp.xxxix ff. The exact statistics should be corrected in accordance with George C. Cameron, *Persepolis Treasury Tablets* (*Oriental Institute Publications*, lxv; Chicago, 1948), chapter ix.

3. Johannes Friedrich, *Kleinasiatische Sprachdenkmäler* (Berlin, 1932), pp. 8 ff. Only the introduction to the letter is written almost entirely with Akkadian word signs.

4. ‘The Egyptian Origin of the Semitic Alphabet,’ *Journal of Egyptian Archaeology*, iii(1916), 1—16.

5. 'The Early Alphabetic Inscriptions from Sinai and Their Decipherment,' *Bulletin of the American Schools of Oriental Research* No.110(1948), 6—22.

6. J. Leibovitch, 'Sur quelques inscriptions indéchiffrables,' *Bulletin de l'Institut d'Égypte*, xvi(1934), 177—183.

7. J. Leibovitch, 'Les inscriptions Protosinaïtiques,' *Mémoires présentés à l'Institut d'Égypte*, xxiv(1934), pls.iv—vi.

8. All these texts are discussed in David Diringer, 'The Origins of the Alphabet,' *Antiquity*, xvii(1943), 77—90 and 208 f., and 'The Palestinian Inscriptions and the Origin of the Alphabet,' *Journal of the American Oriental Society*, lxiii(1943), 24—30.

9. 最后，出土于别是巴(Tell es-Sārem)的陶片，以及由伯利恒附近村庄埃尔哈德尔(El-Hadr)的农民发现的、具有重要铭文意义的矛头，年代均被判定为约公元前 1100 年。参见 Ruth B. Kallner, 'Two Inscribed Sherds,' *Kedem*, ii(1945), 11—14 and vii, and E. L. Sukenik, 'Note on the Sherd from Tell eṣ-Ṣarem,' *op. cit.*, pp.15 and vii; J. T. Milik and Frank M. Cross, Jr., 'Inscribed Javelin-Heads from the Period of the Judges: A Recent Discovery in Palestine,' *Bulletin of the American Schools of Oriental Research*, No. 134(1954), 5—15, and Cross, *op. cit.*, pp.15—24.

10. 关于不同的巴勒斯坦铭文时间和释读观点的分歧，可参看作者在注 8 中所引，另见 Frank M. Cross, Jr., and David N. Friedman, *Early Hebrew Orthography*(New Haven, Connecticut, 1952), pp. 8 f., and G. R. Driver, *Semitic Writing from Pictograph to Alphabet*(rev. ed.; London, 1954), pp.98—103 and 198 f.

11. W. M. Flinders Petrie, 'The Alphabet in the XIIth Dynasty,' *Ancient Egypt*, vi(1921), pp.1—3.

12. G. Horsfield et L. H. Vincent, 'Une stèle Égypto-Moabite au Balou'a,' *Revue Biblique*, xli(1932), 417—444.

13. 'Á propos de la stèle du Balou'a,' *op. cit.*, xlii(1933), 353—365.

14. Maurice Dunand, in *Mélanges Maspero*, i(Le Caire, 1935—1938), pl. opp. p. 570; *idem*, *Byblia grammata*(Beyrouth, 1945), pp.135 ff. Interpreted as West Semitic by W. F. Albright, in *Bulletin of the American Schools of Oriental Research*, no. 116 (1949), 12 ff., following H. Grimme; cf., however, the difficulties discussed by Frank M. Cross, Jr., in *Bulletin of the American Schools of Oriental Research*, no. 134 (1954), 22 ff.

15. *Byblia grammata*, p.143.

16. General discussion in Hans Bauer, *Das Alphabet von Ras Schamra* (Halle, 1932).

17. Cf. the discussion by A. Herdner, 'A-t-il existé une variété palestinienne de l'écriture cunéiforme alphabetique?,' *Syria*, xxv(1946—1948), 165—168. 参见 Cyrus H. Gordon, 'The Ugaritic "A B C",' *Orientalia*, n. s. xix(1950), 374 ff.; W. F. Albright, 'Some Important Recent Discoveries: Alphabetic Origins and the Idrimi Statue,' *Bulletin of the American Schools of Oriental Research*, no.118(1950), 11—

20; *idem*, *op. cit.*, no.119(1950), 23 f.; E. A. Speiser, *op. cit.*, no.121(1951), 17—21; Frank M. Cross and Thomas O. Lambdin, *op. cit.*, no.160(1960), 21—26; William W. Hallo, 'Isaiah 28: 7—13 and the Ugaritic Abecedaries,' *Journal of Biblical Literature*, lxxvii(1958), 324—338; Gelb in *Bibliotheca Orientalis*, xv (1958), 6 f.

18. P. Montet, *Byblos et l'Égypte*(Paris, 1928—29), Texte, pp.215—238, and Atlas, pls. cxxvi—cxli; S. Ronzevalle, 'L'alphabet du sarcophage d' Aḥīrām,' *Mélanges de l'Université Saint Joseph*, xii(1927), 3—40.

19. Dunand, 'Spatule de bronze avec épigraphe phénicienne du xiiie siécle,' *Bulletin du Musée de Beyrouth*, ii(1938), 99—107; *idem*, *Fouilles de Byblos*(Paris, 1937), Atlas, pl.xxxii, no.1125; *idem*, *Byblia grammata*, pp.155 ff. and pl.xiii, no.2.

20. *Idem*, 'Nouvelle inscription phénicienne archaïque,' *Revue Biblique*, xxxix (1930), 321—331.

21. P.-É. Guiges, 'Pointe de flèche en bronze à inscription phénicienne,' *Mélanges de l'Université Saint Joseph*, xi(1926), 325—328; and S. Ronzevalle, 'Note sur le texte phénicien de la flèche publiée par M. P.-É. Guiges,' *op. cit.*, pp.329—358. Cross and Friedman, in works quoted on p. 285, n. 10, date the ᶜAzarbaᶜal and Ruweiseh inscriptions to a period before Aḥīrâm, in the eleventh century.

22. René Dussaud, 'L'inscription du roi Abiba'al,' *Syria*, v(1924), 145—147.

23. René Dussaud, 'Dédicace d'une statue d'Osorkon I par Eliba'al, roi de Byblos,' *Syria*, vi(1925), 101—117.

24. Dunand, *Byblia grammata*, pp.146 ff.

25. As observed by W. F. Albright in the *Bulletin of the American Schools of Oriental Research*, no.102(1946), p.20, who dates these two inscriptions to the early ninth century B.C.

26. 将阿希拉姆铭文(Aḥīrâm inscription)的年代下调至约公元前 1000 年的观点，早年由多位学者提出，近期得到奥布莱特(Albright)的辩护。('The Phoenician Inscriptions of the Tenth Century B.C. from Byblos,' *Journal of the American Oriental Society*, lxvii(1947), 153—160)这一年代修正也得到了考古证据的支持。(a *Post-scriptum* by Dunand, *Byblia grammata*, pp.197 ff.)

27. A. T. Olmstead, 'Excursus on the Cuneiform Alphabet of Ras Shamra and Its Relation to the Sinaitic Inscriptions,' in Martin Sprengling, *The Alphabet*(Chicago, 1931), pp.57 ff. The West Semitic origin of the Ugaritic writing was defended by H. Buchman, 'Die Enstehung der Formen des Keilschriftalphabets von Ras Schamra,' *Przeglad Historyczny*, 1934, pp. 213—234; E. Burrows, 'The Origin of the Ras Shamra Alphabet,' *The Journal of the Royal Asiatic Society*, 1936, pp.271—277; and B. Rosenkranz, 'Der Ursprung des Alphabets von Ras Schamra,' *Zeitschrift der Deutschen Morgenländischen Gesellschaft*, xcii(1938), 178—182.

28. E. Ebeling, 'Zur Entstehungsgeschichte des Keilschriftalphabets von Ras Schamra,' *Sitzungsberichte der Preussischen Akademie der Wissenschaften*, *Philos.*-

hist. Kl., 1934, pp.10—15.

29. A. Jamme, 'An Archaic South-Arabian Inscription in Vertical Column,' *Bulletin of the American Schools of Oriental Research*, no.137(1955), 32—38, dates one inscription, recently discovered, to the ninth or the tenth century B.C.

30. Heinrich Schäfer, 'Die Vokallosigkeit des "phönizischen" Alphabets,' *Zeitschrift für ägyptische Sprache*, lii(1914), 95—98.

31. This theory is best represented in Martin Sprengling, *The Alphabet* (Chicago, 1931).

32. 'Ein Beitrag zur Entwicklung der Schrift,' *Archiv für die Gesamte Psychologie*, xxxvi (1917), 359—390; *idem*, 'Die Entstehung der Sinaischrift und des phönizischen Alphabets,' *Journal of the Society of Oriental Research*, xii (1928), 131—145; *idem*, 'Les débuts de l'écriture,' *Revue archéologique*, Série vi, Tome iv (1934), pp.109—134.

33. 'Zur Herkunft des Alphabets,' *Zeitschrift der Deutschen Morgenländischen Gesellschaft*, lxxiii(1919), 51—79.

34. 'Einige Kapitel aus der inneren Geschichte der Schrift,' *Archiv für Schreib- und Buchwesen*, n.F. ii(1935), 8—18; *idem*, 'Schriftgeschichtliche Betrachtungen,' *Zeitschrift der Deutschen Morgenländischen Gesellschaft*, xci(1937), 319—342; *idem*, 'Zu einigen Schrifterfindungen der neuesten Zeit,' *op. cit.*, xcii (1938), 183—218; *idem*, 'Noch eine moderne Parallele zu den alten Schrifterfindungen,' *op. cit.*, xcv (1940), 374—414.

35. 'L'origine de l'alphabet et son évolution première d'après les découvertes de Byblos,' *Syria*, xxv(1946—1948), 36—52, and previously in *Syria*, xi(1930), 185 ff., and xix(1938), 88 ff.

36. *Der Ursprung des Alphabets* (*Der Alte Orient*, xxxvi, 1—2; Leipzig, 1937).

37. Cf. also Vittore Pisani, 'Origini dell'alfabeto,' *Annali della R. Scuola Normale Superiore di Pisa. Letere*, *Storia e Filosofia*, serie ii, vol. v(1936), 267—277; *idem*, review of Diringer, *L'alfabeto nella storia della civiltà*, *op. cit.*, vi (1937), 371—376.

38. Cf. the long discussion in G. R. Driver, *Semitic Writing* (London, 1948), pp.152—171.

39. 部分符号名称可归类为遵循特定语音模式(而非图形形态)创造的证据如下。第一组包括 *wāw*、*tāw*、*ṣāw*、*qāw* 等,见于《以赛亚书》;第二组包括*ḥēth*、*ṭēth*、*bēth*(若非表房屋义的 *bêth*)和 *zēth*(与希腊语 *zēta* 对应)。西闪米特文字符号名称的尾辅音结构亦见于格鲁尼亚语字母名称,其通常(非绝对)以-*n* 结尾,如 *an*、*ban*、*gan*、*don*、*en* 等。

40. 关于闪米特文字符号名称的释读难题,最权威的讨论见于 Th. Nöldeke, *Beiträge zur semitischen Sprachwissenschaft* (Strassburg, 1904), pp.124—136, and Mark Lidzbarski, *Ephemeris für semitische Epigraphik*, ii(Giessen, 1908), 125—139.

41. W. M. Flinders Petrie, *The Formation of the Alphabet* (London, 1912), pls.

ii—iv.

42. From Hans Bauer in *Der Alte Orient*, xxxvi, 1/2, p.36.

43. In *Nieuwe Theologische Studiën*, xiv(1931), 137 f.

44. Cf. the discussion by S. Yeivin in *Archiv Orientální*, iv(1932), 77, and by A. Poebel, *Studies in Akkadian Grammar*(Chicago, 1939), pp.62 f.

45. Wolf Leslau 在 *Word* 中提出的观点——即埃塞俄比亚元音系统的创造者因元音 a 在语言中的高频出现而将其视为基础元音——在统计数据面前难以成立:通过统计 G. Bergsträsser 的 Einführung in die semitischen Sprachen 中的四段文本,我发现含元音 a 的音节符号出现 126 次,而含 shewa(半元音/弱化标记)的符号出现 139 次。

46. Enno Littmann in *Nachrichten von der K. Gesellschaft der Wissenschaften zu Göttingen*, Philos.-hist. KI., 1917, p.677. Edward Ullendorff, 'Studies in the Ethiopic Syllabary,' *Africa*, xxi(1951), 207—217, argues that the Ethiopic names *hā*, *lā*, etc., were original in Ethiopic, while the *hōi*, *lāwī* type of names was probably borrowed secondarily from Hebrew.

47. Note also that the mark for *sukūn* is derived formally from the number zero.

48. Sigurd C. Ylvisaker, *Zur babylonischen und assyrischen Grammatik*(Leipzig, 1912), pp.15 f.

49. *Op. cit.*, p.13, and James Philip Hyatt, *The Treatment of Final Vowels in Early Neo-Babylonian*(New Haven, 1941), p.20.

50. *Op. cit.*, p.15.

51. In his review of Hyatt's book published in *Classical Weekly*, xxxvi(1942), 100 f.

52. Cf. the discussion in Poebel, *op. cit.*, pp.61 f.

53. 关于更多支持西闪文字音节性质的证据,基于伊比利亚文字、伊特鲁里亚文字及早期希腊文字的例证,参见 Gelb, 'New Evidence in Favor of the West Semitic Writing,' *Bibliotheca Orientalis*, xv(1958), 2—7, esp. pp.4—6. For the Ugaritic evidence bearing on the subject, see *op. cit.*, pp.6 f., and William W. Hallo, 'Isaiah 28:9—13 and the Ugaritic Abecedaries,' *Journal of Biblical Literature*, lxxvii(1958), 324—338.

54. Franz Praetorius, *Über den Ursprung des kanaanäischen Alphabets*(Berlin, 1906), pp.1 ff.

55. A. Seidel, *Sprachlaut und Schrift*(Wien und Leipzig, 1920), pp.130 and 133.

56. 'The Sign ꞉ and the True Nature of the Early Alphabets,' *Archiv Orientální*, iv(1932), 71—78.

57. David Diringer in *Antiquity*, xvii(1943), 89.

58. *Griechische Grammatik*, i(München, 1939), 145.

59. *Studies in Akkadian Grammar*(Chicago, 1939), pp.61—64.

60. *An Introduction to Linguistic Science*(New Haven, 1947), p.22.

61. *Linguistic Science in the Nineteenth Century*(Cambridge, 1931), pp.142 ff. and 180 ff.

62. *Op. cit.*, p.142.

63. In addition to Praetorius, Seidel, Yeivin, Poebel, Schwyzer, Sturtevant, and Pedersen, noted in the preceding footnotes, the following scholars argued in favor of the syllabic character of the West Semitic writing: Roland G. Kent, Donald C. Swanson, Marcel Cohen, Edmond Sollberger, Antoine Meillet, Herbert H. Paper, E. A. Speiser, Paul Kretschmer, and Alfred Schmitt, all noted in my article in *Bibliotheca Orientalis*, xv(1958), 4; add to this list also William W. Hallo in *Journal of Biblical Literature*, lxxvii(1958), 324—338, and Elizabeth Bowman in *Journal of Near Eastern Studies*, xix(1960), 46—48. For the opposite point of view, see the two articles by Stanislaw Segert, 'Charakter des westsemitischen Alphabets, eine Entgegnung an Ignace J. Gelb,' and 'Charakter des westsemitischen Alphabets,' *Archiv Orientální*, xxvi (1958), 243—247 and 657—659.

64. Last stated in his *Scripta Minoa*, i(Oxford, 1909), pp.68—77.

65. 'Prolegomena to the Cypro-Minoan Script,' *American Journal of Archaeology*, xlv(1941), 249—282.

66. 近期发现的塞浦路斯-米诺斯文字短篇铭文及大型泥板(含数百符号),极大拓展了我们对这一文字系统的认知,参见以下文献。Olivier Masson, 'Nouvelles inscriptions en caractères chypro-minoens' in C. F. A. Schaeffer, *Enkomi-Alasia*, i (Paris, 1952), pp.391—409; Porphyrios Dikaios in *Antiquity*, xxvii(1953), 103 ff., 233—237; xxx(1956), 40 f.; Claude F. A. Schaeffer, *op. cit.*, xxviii(1954), 38 f. Cf. also the discussion of P. Meriggi, 'I primi testi ciprominoici e l'eteociprio,' *Athenaeum*, n. s. xxxiv (1956), 3—38, and P. Meriggi, O. Masson, and others in *Etudes mycéniennes*, ed. Michel Lejeune(Paris, 1956), pp.193—206 and 268—271.

67. Otto Schroeder, 'Gesetzte assyrische Ziegelstempel,' *Zeitschrift für Assyriologie*, xxxiv(1922), 157—161.

68. *Byblia grammata*(Beyrouth, 1945), chapter iv.

69. Cf. *Comptes Rendus de l'Académie des Inscriptions et Belles Lettres*, 1946, pp.360—365 and 472—479, and 'Déchiffrement des inscriptions pseudo-hiéroglyphiques de Byblos,' *Syria*, xxv(1946—1948), 1—35.

70. Following *Byblia grammata*, pp.88 ff.

71. *Op. cit.*, pp.85 f., 155 ff., and pl. xiii, 2.

72. In modern times a large measure of standardization of forms has been achieved.

73. 1900年,日本文部省法令大幅减少了汉字字数,但小学教育仍需掌握至少1200字。1946年11月16日,日本内阁与文部省发布《当用汉字表》(1850字)建议通用,并可能禁用印刷厂字库中四五千个其他汉字。学者普遍质疑该改革的成效。参考文献见下。Joseph K. Yamagiwa, 'Reforms in the Language and Orthography of Newspapers in Japan,' *Journal of the American Oriental Society*, lxviii(1948), 45—52, and a 'Note' by F. J. Daniels in *Bulletin of the School of Oriental and African Studies*, xvi(1954), 393 f. Criticisms of the first edition of this work by Daniels(*loc. cit.*) as well as helpful suggestions of Professor Yamagiwa contributed to the improved form of the Japanese portion of the present edition.

74. S. Kanazawa, *Über den Einfluss des Sanskrits auf das japanische und koreanische Schriftsystem*(Tokio, 1907).

75. 在爱琴海文字系统中其他较不为人知的成员里:塞浦路斯-米诺斯文字约含 63 个音节符号;费斯托斯文字约含 60 个;比布洛斯音节文字约含 80—90 个。而此前讨论的语素-音节混合文字中,线形文字 A 与线形文字 B 的音节符号数量分别为 80 个和 88 个。

第五章

1. Hans Bauer and Pontus Leander, *Historische Grammatik der hebräischen Sprache des Alten Testamentes* (Halle, 1918), p. 92; citation to be corrected in accordance with *David Ḳimḥi's Hebrew Grammar*(*Mikhlol*), ed. by William Chomsky (Philadelphia, 1933), p.12.

2. Cf., e.g., S. Yeivin, 'The Sign כ and the True Nature of the Early Alphabets,' *Archiv Orientální*, iv(1932), 71—78; Frank R. Blake, 'The Development of Symbols for the Vowels in the Alphabets Derived from the Phoenician,' *Journal of the American Oriental Society*, lx(1940), 391—413; William Chomsky, 'The History of Our Vowel-System in Hebrew,' *The Jewish Quarterly Review*, xxxii(1941—42), 27—49.

3. Cf. the discussion in Frank Moore Cross, Jr., and David Noel Friedman, *Early Hebrew Orthography. A Study of the Epigraphic Evidence*(New Haven, Connecticut, 1952).

4. All examples taken from Mark Lidzbarski, *Handbuch der nordsemitischen Epigraphik*(Weimar, 1898).

5. 新普尼克文字拼写中通过 *ʿaiin*,表示元音 O 的现象,如$B^{x\,ʿx}m^{x}l^{x}q^{x}r^{x}t^{x}$(对应拉丁语中的 *Bomilcar*)极具启发性,这表明某些闪米特方言中,辅音 ʿaiin 促使 a 向 o 音变,而这一音表可能最终导致希腊文字中从 *ʿayin* 演化出元音 o。

6. *The Vocalization of the Egyptian Syllabic Orthography*(New Haven, 1934). For recent material on the subject, cf. Elmar Edel in *Journal of Near Eastern Studies*, vii(1948), 11—24; *idem*, *op. cit.*, viii(1949), 44—47; W. F. Albright in *Journal of the American Oriental Society*, lxxiv(1954), 222—233; and especially W. F. Albright and T. O. Lambdin, 'New Material for the Egyptian Syllabic Orthography,' *Journal of Semitic Studies*, ii(1957), 113—127.

7. 'Egyptian Phonetic Writing, from Its Invention to the Close of the Nineteenth Dynasty,' *Journal of the American Oriental Society*, lx(1940), 473—506, esp. p.486.

8. Albright, *Vocalization*, pp.6—15.

9. Edgerton, *op. cit.*, pp.486—990.

10. 即便在楔形文字中,也存在此类插音拼写(anaptyctic spellings),如 *Ki-iz-zu-wa-ta-na*, *Ki-iz-wa-ta-na* 等变体,参见 Gerhard Rudolf Meyer in *Mitteilungen des*

Instituts für Orientforschung, i(1953), 121。

11. According to Albright, *Journal of the American Oriental Society*, lxxiv (1954), 224,新王国时期(埃及)使用的音节组合约 60 个,这与前文讨论的音节系统的符号数量高度吻合。

12. *Op. cit.*, p.506.

13. Johannes Friedrich, *Phönizisch-punische Grammatik* (*Analecta Orientalia*, xxxii; Roma, 1951), pp. 42 f., and 'Vulgärpunisch und Vulgärlatein in den neupunischen Inschriften,' *Cahiers de Byrsa*, iii(1953), 100 f., has tried to establish two different methods of vowel indication in the late Neo-Punic (Friedrich's 'Vulgarpunisch') inscriptions: one method, in which ᵓ=*e*, *o*, ᶜ=*a*, Y=*i*, W=*u*, and another, much rarer method, in which ᵓ=*a*, H=*e*, ᶜ=*o*, Y=*i*, W=*u*.

14. Erich Ebeling, *Keilschrifttexte aus Assur juristischen Inhalts*(Leipzig, 1927), no.121 a, rev.2, and elsewhere.

15. Leroy Waterman, *Royal Correspondence of the Assyrian Empire*, i(Ann Arbor, 1930), Nos.258:4, 263:5, 345:3, etc.

16. E. Forrer in *Zeitschrift der Deutschen Morgenländischen Gesellschaft*, lxxvi (1922), 227, 231, etc., and H. Otten in *Zeitschrift für Assyriologie*, xlviii(1944), 123.

17. Examples quoted in E. A. Speiser, *Introduction to Hurrian* (New Haven, 1941), pp.15 ff.

18. See on this problem the discussion by J. Friedrich in *Archiv für Schreib-und Buchwesen*, n.F. ii(1935), 15. Among recent studies supporting the view of an *ad hoc* creation of the Old Persian syllabary rather than its survival from a fuller, as yet unattested, syllabary, cf. Herbert H. Paper, 'The Old Persian/L/Phoneme,' *Journal of the American Oriental Society*, lxxvi (1956), 24—26, and, with different arguments, Walther Hinz, 'Die Einführung der altpersischen Schrift,' *Zeitschrift der Deutschen Morgenländischen Gesellschaft*, cii(1952), 28—38.

19. *Ibid.*; later modified in *Zeitschrift der Deutschen Morgenländischen Gesellschaft*, xcii(1938), 207, and xcv(1941), 414.

20. Cf. the extensive literature in M. Dunand, *Byblia grammata* (Beyrouth, 1945), pp.189—192, and G. R. Driver, *Semitic Writing*(London, 1948), pp.128 f.

21. *Beiträge zur semitischen Sprachwissenschaft*(Strassburg, 1904), p.135.

22. 'Die Urgeschichte des Alphabets,' *Rheinisches Museum für Philologie*, n.F. lxxxv(1936), 347—366.

23. 'How Old Is the Greek Alphabet?' *American Journal of Archaeology*, xxxviii (1934), 359—381.

24. 'The Antiquity of the Greek Alphabet,' *op. cit.*, xxxvii(1933), 8—29.

25. *Handbuch der Archäologie*, hrsg. von Walter Otto, i(München, 1939), 195. The Greek inscriptions referred to in footnotes 25—30, as well as several other early Greek inscriptions, are republished and discussed in L. H. Jeffery, *The Local Scripts of*

Archaic Greece(Oxford, 1961).

26. Ullman, *op. cit.*, p.365, and many other scholars.

27. Carpenter, *op. cit.*, p.24.

28. *Op. cit.*, p.26.

29. Carl W. Blegen, 'Inscriptions on Geometric Pottery from Hymettos,' *American Journal of Archaeology*, xxxviii(1934), 10—28.

30. Agnes N. Stillwell, 'Eighth Century B.C. Inscriptions from Corinth,' *op. cit.*, xxxvii(1933), 605—610.

31. W. F. Albright, 'New Light on the Early History of Phoenician Colonization,' *Bulletin of the American Schools of Oriental Research*, No.83(1941), 14—22.

32. In recent times, Margit Falkner, 'Zur Frühgeschichte des griechischen Alphabets,' *Frühgeschichte und Sprachwissenschaft*, hrsg. von Wilhelm Brandenstein (Wien, 1948), pp.110—133, came out in favour of the ninth century, while Franklin P. Johnson, 'Notes on the Early Greek Writing,' *American Journal of Philology*, lxxvii (1956), 29—37, favored the tenth century. R. M. Cook and A. G. Woodhead, 'The Diffusion of the Greek Alphabet,' *American Journal of Archaeology*, lxiii(1959), 175—178, and L. H. Jeffery, *The Local Scripts of Archaic Greece*(Oxford, 1961), pp.1—21. 倾向于认为希腊字母表起源于公元前八世纪后半叶,另有观点主张公元前八世纪中叶。学界普遍认同,希腊字母由当时在叙利亚和腓尼基沿海城邦居住经商的希腊人借鉴而来。

33. 该陶罐显然是作为奖品,授予比赛选出的最欢快的舞者。

34. Johannes Friedrich in the two studies quoted on p.293, n.13,默认新普尼克文字中元音书写体系的发展是受拉丁语影响所致。

35. In *Archiv für Schreib-und Buchwesen*, n.F. ii(1935), 17 f. Adolf Grohman, 'Über den Ursprung und die Entwicklung der äthiopischen Schrift,' *Archiv für Schriftkunde*, i(1915), 57—87, esp. pp.80 ff.,该研究因若干元音标记的外形差异,否定了埃塞俄比亚语元音体系源自印度语系的说法,却完全忽略了两大体系基于共同结构的内在关联。

36. 抑或我们应当认为:即便速记系统中的 ka 符号也是字母化的,可分解为基本辅音符号 k 加粗体形式的元音 a 标记?同理,埃塞俄比亚语中的此类元音标记,或可解析为基本符号叠加某种形态变异。至于埃塞俄比亚语与印度语系中表示"辅音+a"的基本符号,则可理解为基本符号加零形式来指示元音 a 的存在。

37. *Die Schrift*(Glückstadt und Hamburg, 1935) and the older edition entitled *Geschichte der Schrift*(Hannover, 1925).

38. *L'alfabeto nella storia della civiltà*(Firenze, 1937).

39. *Histoire de l'écriture*(Paris, 1948).

40. *The Alphabet*, 2 vols. (London, 1883) = *The History of the Alphabet*, 2 vols. (New York, 1899).

41. *The Alphabet. A Key to the History of Mankind*(London and New York, 1948; 2nd ed. in 1949).

42. *Notices sur les charactères étrangers anciens et modernes*, rédigées par un groupe de savants, réunies par Charles Fossey(Paris, 1927); nouvelle édition in 1948.

43. Marcel Cohen, *La grande invention de l'écriture et son évolution*. Three volumes: *Texte*, *Documentation et index*, *Planches*(Paris, 1958).

第六章

1. For the definition of a syllabic sign, see p.271, n.31.

2. 本人难以认同 Ralph Linton 提出的观点,他将"发现"定义为"对知识的任何增补",而将"基础性发明"与"改进性发明"统称为"知识的新应用"。

3. 主要借自希腊字母的科普特字母,有一个符号来源于埃及民书字,音值为 *ti*。

4. See Giuliano Bonfante's article on 'Semantics,' *Encyclopaedia of Psychology* (New York, 1946), p.844, and 'On Reconstruction and Linguistic Method,' *Word*, i (1945), 85 ff.

5. 请注意汉语的演变轨迹,原本属于孤立语,如今几乎具有黏着语特征;而英语最初为屈折语,现正朝着孤立语方向发展。

6. Observe Indo-European: **pəṫ ê r* (Latin *pater*): Old Norse *faðir* (English *father*): Old Saxon and Gothic *fadar*: German *Vater* or Indo-European **dheu-*: English *dead*: German *tot*: dialectal German *thot*. C. Meinhof, *Die moderne Sprachforschung in Afrika*(Berlin, 1910), p.59, observed that 'Grimm's Law' holds good for eighteen different Bantu languages.

7. 这一点在分析现代原始社会文字系统的学者中得到了强烈拥护,认为诸如阿拉斯加因纽特人与非洲巴姆人等族群所创的文字类型皆在此列。See J. Friedrich in *Zeitschrift der Deutschen Morgenländischen Gesellschaft*, civ(1954), 322, 325, 328 f.; *idem* in *Archiv Orientální*, xix(1951), 256 ff.; Alfred Schmitt, *Die Alaska Schrift und ihre schriftgeschichtliche Bedeutung* (*Münstersche Forschungen*, Heft 4; Marburg, 1951), pp.100, 107; *idem* in *Indogermanische Forschungen*, lxi(1954), 225; Egerton R. Young, *The Apostle of the North—Rev. James Evans*(New York, 1899), pp.181 ff.; Louis-Philippe Vaillancourt, 'L'origine des caractères syllabiques,' *Anthropologica*, v(1957), 127 f.; K. L. Pike, *Phonemics*(Ann Arbor, Michigan, 1947), chapter 16; J. Berry, 'The Making of Alphabets,' *Proceedings of the VIII Internanational Congress of Linguistics*(Oslo, 1957), 752—764.

8. Kurt Sethe, *Vom Bilde zum Buchstaben*(Leipzig, 1939), p.66.

9. *Op. cit.*, pp.26 ff.

10. *Op. cit.*, pp.44 and 52; this discrepancy was clearly observed by S. Schott *apud* Sethe, *op. cit.*, p.71. An opinion identical with that of Sethe is expressed by G. R. Driver, *Semitic Writing*(London, 1954), p.138: 'Syllabic writing is a blind alley from which there is no escape.'

11. David Diringer, *L'alfabeto nella storia delta civiltà*(Firenze, 1937), p.704.

12. *Op. cit.*, p. 88; Diringer uses the term 'syllabic' in the sense 'multiconsonantal' criticized on pp.76 ff. of this study.

13. *In Antiquity*, xvii(1943), 88.

第七章

1. Hans Jensen, *Die Schrift* (Glükstadt und Hamburg, 1935), pp. 166; David Diringer, *L'alfabeto nella storia della civiltà* (Firenze, 1937), pp. 602 f.; C. F. Lehmann-Haupt in *Zeitschrift der Deutschen Morgen-ländischen Gesellschaft* (hereinafter referred to as *Zeitschrift*), lxxiii(1919), 60—65; Johannes Friedrich, *Zeitschrift*, xci(1937), 331 f.

2. Jensen, *op. cit.*, pp. 168 f.; Diringer, *op. cit.*, p. 604; Louis-Philippe Vaillancourt, 'L'origine des caractères syllabiques,' *Anthropologica*, v(1957), 125—129. From *The Gospel in Many Tongues Published by the British and Foreign Bible Society* (London, 1954), I learn that systems similar to those used by the Gree Indians are at home among the Eskimos of the Baffin Land(No. 199) and the Slave or Tinne in the Mackenzie River area(No. 708). Cf. also the article 'Eskimo in Print,' in *Time* magazine, June 29, 1959, p.37.

3. Diringer, *op. cit.*, pp. 601 f.; Garrick Mallery, *Picture-Writing of the American Indians* (Tenth Annual Report of the Bureau of Ethnology, Smithsonian Institution; Washington, 1886), pp.666—671. Nothing much can be learned from the standard manuals about the *actual* use of the Micmac writing. However, from an article by Wilhelm Schlag, 'Austrian Missionaries to American Indians,' *Austrian Information*, published by the Austrian Information Service of New York, vol.xv, no.2 (January 31, 1962), p.5, republished from *Österreich und die angelsächsische Welt*, ed. Otto Hietzsch(Wien-Stuttgart, 1961, not available to me), we learn the following: 'In the Austrian National Library may be found two presentation copies of a curious one volume catechism, prayer book and abridged Biblical history, printed in pictographs. The book was written by Christian Kauder for his congregation of Micmac Indians in Nova Scotia. The two copies are all that is left of the entire edition printed gratuitously by the Imperial and Royal Government Printing Office in Vienna. The ship which was to bring the books to the New World sank.' A two-line excerpt from a Micmac manuscript preserved in the Bibliothèque Nationale, Paris, reproduced in M. Cohen, *La grande invention de l'écriture*, *Planches* 86A, and discussed in his *Documentation*, pp.123 f., apparently is written in a Micmac writing of unknown origin.

4. William Jones, 'An Algonquin Syllabary,' in *Boas Anniversary Volume* (New York, 1906), pp.88—93. Jones 认为阿尔冈昆文字属于音节文字而非字母文字。研究者通过以下现象论证这一观点:"通常将辅音与元音组合关联,在学习音节表时先列出所有元音，随后才展示辅音与元音的组合。其排列顺序并非'一个元音＋所有辅音'的循环模式，而是先完整呈现所有元音，再逐个辅音与全部四个元音配对。"这一音节文字特性在阿尔冈昆文字的演化形态中进一步得到印证：在表示辅音＋u元音的音节行中，该符号无需额外元音标记，而其他音节行则需完整标注元音。

5. Alice C. Fletcher, 'A Phonetic Alphabet Used by the Winnebago Tribe of Indians,' *The Journal of American Folk-Lore*, iii(1890), 299—301(reference from Dr. Thomas Sebeok, of Indiana University). It is reported about another Fox syllabic system that it 'employs our ordinary Arabic numbers in place of letters or symbols.' See Truman Michelson, 'Fox Linguistic Notes. An Unknown Fox Syllabary,' in *Festschrift Meinhof*(Hamburg, 1927), pp.405—406.

6. Alfred Schmitt, *Untersuchungen zur Geschichte der Schrift. Eine Schrifterfundung um 1900 in Alaska*(3 vols.; Leipzig, 1940); Friedrich, *Zeitschrift*, xcv(1941), 374—414; H. Dewey Anderson and Walter Crosby Eells, *Alaska Natives* (Stanford University, 1935), pp.191 ff.; W. J. Hoffman, 'The Graphic Art of the Eskimos,' *Annual Report of the Board of Regents of the Smithsonian Institution for the Year 1895*(Washington, 1897), pp.739—968. Much new and important information on the Alaska writing can be found in Alfred Schmitt, *Die Alaska-Schrift und ihre schriftgeschichtliche Bedeutung*(*Münstersche Forschungen*, Heft 4; Marburg, 1951); Friedrich, *Zeitschrift*, civ(1954), 325—329; *idem*, *Archiv Orientální*, xix(1951), 252—259. 由于纯表意文字的局限性，阿拉斯加文字在演变过程中逐渐发展出语音化特征：对于难以用图画表达的词(如人名"Peter"，当地发音为/pita/)，便借用原本表示"他抓住"(pita)的象形符号来表音。这种音节-语音符号的使用持续增加，在文字发展的最后阶段完全取代了表意书写。与此同时，该文字逐渐丧失象形特征，演变为线性符号。其最终形成的音节文字系统包含约70至80个符号，其中部分符号的字母化使用方式已十分接近巴姆文字(见第209页)。例如，单词"qánertog"(意为"他说")最初由象形符号表示，其演变过程依次为：音节式书写(qa-ner-tuq)→逐步字母化(qa-n-ner-tuq→qa-n-ner-r-tuq→qa-a-n-ne-r-t-tu-q→qa-a-n-ne-r-ri-t-tu-q)。

7. Jensen, *op. cit.*, pp.115 ff.; Diringer, *op. cit.*, pp.222 ff.; A. Klingenheben, 'The Vai Script,' *Africa*, vi(1933), 158—171; Friedrich, *Zeitschrift*, xci(1937), 328 f.

8. Jensen, *op. cit.*, p.118; Friedrich, *Zeitschrift*, xci(1937), 329 ff. and 505; *idem*, *op. cit.*, xcii(1938), 189—208.

9. Friedrich, *Zeitschrift*, xci(1937), p.328, n.2, and p.508; Joseph Joffre, *Man*, xliii(1943), 112, quoting H. Baumann, D. Westermann, R. Thurnwald, *Völkerkunde von Afrika*(Essen, 1940), p.380, not available here.

10. Cf. Friedrich, *Zeitschrift*, xci(1937), 331, and *op. cit.*, xcii(1938), p.185, n.1.

11. Joseph Joffre, 'A New West-African Alphabet: Used by the Toma, French Guinea and Liberia,' *Man*, xliii(1943), 108—112; *idem*, 'Sur un nouvel alphabet

ouest-africain: le Toma (frontière francolibérienne),' *Bulletin de l'Institut Français d'Afrique Noire*, vii(1945), 160—173.

12. Cf. Joffre in *Man*, xliii, p.112, and A. Lassort, 'L'écriture guerzée,' *Première conférence internationale des africanistes de l'ouest*, *Comptes rendus*, ii(Paris, 1951), 209—215. 关于科特迪瓦的贝特文字(Bété writing)目前所知甚少。该文字由受过法国教育的当地人 Frédéric Bruly-Bouabré 于 1956 年左右创制,其最终发展形态包含 401 个音节符号,主要源于象形文字。Bruly-Bouabré 亲笔描绘这一新文字特征的重要文献,已发表,参见'Un nouvel alphabet ouest-africain: le bété(Côte d'Ivoire),' *Bulletin de l'Institut Français d'Afrique Noire*, xx(1958), 432—553.

13. Jensen, *op. cit.*, pp. 112—115; Diringer, *op. cit.*, pp. 206 f.; Friedrich, *Zeitschrift*, xci(1937), 326 ff.; Maurice Delafosse, 'Naissance et évolution d'un système d'écriture de création contemporaine,' *Revue d'ethnographie*, iii(1922), 11—36; O. G. S. Crawford, 'The Writing of Njoya,' *Antiquity*, ix(1935), 435—442; I. Dugast et M. D. W. Jeffreys, *L'écriture des Bamum*, *sa naissance*, *son évolution*, *sa valeur phonétique*, *son utilisation Mémoires de l'Institut Français d'Afrique Noire. Centre du Cameroun. Série*: *Populations*, no. 4(1950); Friedrich, *Zeitschrift*, civ (1954), 317—325.

14. 在新文字系统中,原本用一个表意符号书写的单词 *mfɔn*(意为国王),现在被分解为四个符号,书写形式为 *m-fu-ɔ-n*;同理,单词 *lam*(意为婚姻)也被拆解为 *la-a-m*。Described by Delafosse, *op. cit.*, pp. 17 f. and 33—36, but not discussed in the otherwise admirable work of Dugast and Jeffreys cited in the preceding footnote.

15. An artificial new language and script were reported from the extreme southeast of Nigeria as being used from 1936 on by a band of professing Christians called Oberi Ɔkaime. According to R. F. G. Adams, 'Oberi Ɔkaime, a New African Language and Script,' *Africa*, xvii(1947), 24—34, 'there appear to be thirty-two main symbols, most of them taking very strange forms, while diacritic marks are found as well as special letters. All the thirty-two symbols have both small and capital forms.' Adams' description is not sufficient to get a clear idea of the character of the syllabary. Two slightly differing forms of a Nubian alphabet, apparently based on Arabic, are reproduced and discussed in H. A. MacMichael, *A History of the Arabs in the Sudan* (Cambridge, 1922), ii, 328; M. Delafosse in *Revue d'ethnographie et des traditions populaires*, iv(1923), 106f.; M. Cohen, 'Inscriptions arabes en caractères séparés recueillies en Mauritanie par P. Boëry,' *Hespéris*, xiv(1932), 17—21, esp. pp.18 f. A writing of unknown character and origin is used among the Galla in Ethiopia. Cf. A. d'Abbadie in *Bulletin de la Société de Géographie*, 1842(not available to me), cited by Cohen in *Hespéris*, xiv, 20 f.

16. E. Cerulli, 'Tentativo indigeno di formare un alfabeto somalo,' *Oriente Moderno*, xii(1932), 212 f.; Friedrich, *Zeitschrift*, xcii(1938), 186—189; Mario Maino, 'L'alfabeto "osmania" in Somalia,' *Rassegna di Studi Etiopici*, x(1951),

108—121.

17. Friedrich, *Zeitschrift*, xcii (1938), 209—218, referring to a Russian publication by V. G. Bogoraz, not available here.

18. *The Gospel in Many Languages*. Specimens of 665 Languages in Which the British and Foreign Bible Society Has Published or Circulated Some Portions of the Word of God(London, 1933), Nos.286(Kopu), 308(Laka), 322 f. (Lisu), 387 ff. (Miao), 442(Nosu), and 656 (Na-hsi). The recently published book by D. Diringer, *The Alphabet*(London, 1948), pp.184 f., has a short discussion of some of these systems.

19. Theodor-Wilhelm Danzel, *Die Anfänge der Schrift*(Leipzig, 1912), p.219.

20. J. Macmillan Brown, 'A New Pacific Ocean Script,' *Man*, xiv(1914), 89 ff.; *idem*, *Peoples and Problems of the Pacific*, i(London, 1927), pp.117—120. The following information on this writing is found in Saul H. Riesenberg and Shigeru Kaneshiro, 'A Caroline Islands Script,' *Smithsonian Institution*, *Bureau of American Ethnology*, Bulletin 173(1960), 273—333. 该群岛现存两种文字系统:较古老的文字 2 由 19 个基于罗马字母改造的符号组成;较新的文字 1 则包含至少 78 个完全自创的符号。这些符号均表示"辅音+元音"类型的音节。这两种文字于 1907 至 1909 年间通过西方的刺激传播(stimulus diffusion)引入该群岛,目前使用范围极为有限。关于加罗林群岛文字的信息,参见 I owe the information on the Caroline Islands scripts to Messrs. Eric P. Hamp and Saul H. Riesenberg。

21. *Vom Bilde zum Buchstaben*(Leipzig, 1939), pp.44 and 52, supported by J. Friedrich in *Zeitschrift der Deutschen Morgenländischen Gesellschaft*, xcv(1941), 405, and G. R. Driver, *Semitic Writing*(London, 1948), p.138.

第八章

1. *Die Erfindung der Schrift*(Erlangen, 1938), p.8.

2. In *Reallexikon der Assyriologie*, ii (1938), 92, and previously in *Wiener Zeitschrift für die Kunde des Morgenlandes*, xxxiv(1927), 79 f.

3. Cf. W. Norman Brown, 'The Beginnings of Civilization in India,' *Journal of the American Oriental Society*, Supplement to vol. lix, no. 4 (1939), pp.32—44; Henri Frankfort, in *Annual Bibliography of Indian Archaeology for the Year 1932*, pp.1—12; *idem*, *Cylinder Seals* (London, 1939), pp.304—307; Heinz Mode, *Indische Frühkulturen und ihre Beziehungen zum Westen*(Basel, 1944).

4. Herrlee Glessner Creel, *Studies in Early Chinese Culture* (Baltimore, 1937), and *The Birth of China*(London, 1936).

5. This approach is represented, e.g., by Carl W. Bishop, 'The Beginnings of Civilization in Eastern Asia,' *Journal of the American Oriental Society*, Supplement to vol.lix, no.4(1939), pp.45—61.

6. According to Professor Ludwig Bachhofer; see provisionally his article 'Zur Frühgeschichte Chinas,' *Die Welt als Geschichte*, iii(1937), 257—279, esp. p.279.

7. E. g., Terrien de Lacouperie, *Western Origin of the Chinese Civilisation* (London, 1894); *idem*, 'The Old Babylonian Characters and Their Chinese Derivates,' *The Babylonian and Oriental Record*, ii(1887—1888), 73—99; and C. J. Ball, *Chinese and Sumerian*(Oxford, 1913).

8. H. Frankfort, 'The Origin of Monumental Architecture in Egypt,' *American Journal of Semitic Languages and Literatures*, lviii(1941), 329—358; A. Scharff, *Die Frühkulturen Ägyptens und Mesopotamiens*(*Der Alte Orient*, xli; Leipzig, 1941). Cf. also Helene J. Kantor, 'The Early Relations of Egypt with Asia,' *Journal of Near Eastern Studies*, i(1942), 174—213, and 'The Aegean and the Orient in the Second Millennium B.C.,' *American Journal of Archaeology*, li(1947), 1—103.

9. Cf. 'Die Entstehungszeit der ägyptischen Hieroglyphenschrift in archäologischer Beleuchtung,' *Forschungen und Fortschritte*, xviii (1942), 172 f., with a fuller discussion in his *Archäologische Beiträge zur Frage der Enstehung der Hieroglyphenschrift*(*Sitzungsberichte der Bayerischen Akademie der Wissenschaften*, Philos.-hist. Abt., 1942, Heft 3).

10. I. J. Gelb, *Hittite Hieroglyphs*, i(Chicago, 1931), 81.

11. Helmuth Th. Bossert, *Šantaš und Kupapa*(Leipzig, 1932), pp.7 ff.

12. A. L. Kroeber, 'Stimulus Diffusion,' *American Anthropologist*, n. s. xlii (1940), 1—20.

第九章

1. *The Conquest of Civilization*(New York, 1926), pp.53 f.

2. *Seven Pillars of Wisdom*(London, 1935), p.25.

3. Leonard Bloomfield, *Language*(New York, 1933), pp.292 f.

4. *Op. cit.*, pp.448 and 494.

5. Cf. the sections on the artistic value of writing by F. W. von Bissing, Albert Rehm, and Helmut Arntz in Walter Otto, *Handbuch der Archäologie*, i(München, 1939), 174 ff., 213 ff., and 348 f.; also 'Schrift als Ornament' in *Buck und Schrift*, Jahrbuch des Deutschen Vereins für Buchwesen und Schrifttum, ii(1928).

6. Cf., e.g., Samuel Flury, 'Le décor épigraphique des monuments fatimides du Caire,' *Syria*, xvii(1936), 365—376; Ernst Kühnel, *Islamische Schriftkunst*(Berlin-Leipzig, 1942), pp.77 ff.; Kurt Erdmann, *Arabische Schriftzeichen als Ornamente in der abendländischen Kunst des Mittelalters*(Wiesbaden, 1953).

7. B. L. Ullman, *Ancient Writing and Its Influence*(New York, 1932), pp.118 ff.

8. Cf. the full documentation in A. Bertholet, *Die Macht der Schrift in Glauben*

und Aberglauben (*Abhandlungen der Deutschen Akademie der Wissenschaften zu Berlin*. Philos.-hist. Klasse, Jahrgang 1948, Nr. 1; Berlin, 1949); for attestation in the Mohammedan tradition, see H. A. Winkler, *Siegel und Charaktere in der muhammedanischen Zauberei* (Berlin and Leipzig, 1930).

9. For more examples cf. Franz Dornseiff, *Das Alphabet in Mystik und Magie* (2nd ed.; Berlin, 1925), pp.2—10.

10. Joseph Joffre and Théodore Monod, 'A New West-African Alphabet: Used by the Toma, French Guinea and Liberia,' *Man*, xliii(1943), 108—112.

11. As observed by Dornseiff, *op. cit.*, p.5.

12. Lucien Lévy-Brühl, *La mentalité primitive* (4th ed.; Paris, 1925), pp.424—433.

13. *Annual Report of the Smithsonian Institution for the Year 1864*, p.379.

14. Baldwin Spencer, *Native Tribes of the Northern Territory of Australia* (London, 1914), p.36.

15. Erland Nordenskiöld, *Picture-Writing and Other Documents by Néle and Ruben Pérez Kantule* (Goteborg, 1928), pp.18 f.

16. François Haab, *Divination de l'alphabet latin* (Paris, 1948), p.9.

17. Described in *The Times* of 29th June, 1910, and reported by S. H. Hooke in *Antiquity*, xi(1937), 261. This custom is known also elsewhere; cf. Guido Mazzoni *apud* David Diringer, *L'alfabeto nella storia della civiltà* (Firenze, 1937), pp.xliii f.

18. Lucien Lévy-Brühl, *How Natives Think* (London, 1926), p. 179.

第十章

1. Marion L. Starkey, *The Cherokee Nation* (New York, 1946), p.85.

2. See *L'adoption universelle des caractères latins*, edited by the Société des Nations. Institut International de Cooperation Intellectuelle(Paris, 1934).

3. (Otto Jespersen and Holger Pedersen), *Phonetic Transcription and Transliteration*. Supplement to *Maître phonétique* (Oxford, 1926).

4. *What Is Man? and Other Essays* (New York and London, 1917), p.262.

5. Professor Giorgio Levi Delia Vida calls my attention to the fact that 'visible speech' is a Dantesque expression; cf. 'visibile parlare' in *Purgatorio* 10, 95, where the cinema is anticipated.

6. Henry Sweet, *A Primer of Phonetics* (3rd ed.; Oxford, 1906), p.1.

7. Sweet, *op. cit.*, and Wilhelm Viëtor, *Elemente der Phonetik* (6th ed.; Leipzig, 1915), pp.16 f.

8. Ralph K. Potter, 'Visible Patterns of Sound,' *Science*, cii(1945), 463—470; R. K. Potter, G. A. Kopp, and H. C. Green, *Visible Speech* (New York, 1947).

9. Otto Jespersen, *Lehrbuch der Phonetik*(2nd ed.; Leipzig und Berlin, 1913), and Viëtor, *op. cit.*, pp.17 f.

10. *Phonetics*(Ann Arbor, 1943), p.155.

11. Th. W. Danzel, *Die Anfänge der Schrift*(Leipzig, 1912), pp.212—218.

12. Otto Neurath, *International Picture Language* (London, 1936), and *idem*, *Basic by Isotype*(London, 1937).

13. *Op. cit.*, p.263.

索　引